"十三五"应用型人才培养规划教材

大学生礼仪修养

张岩松／主　编

清华大学出版社
北京

内容简介

本书系统全面、体例新颖、案例丰富。本书以现代大学生在学习、生活中常见的活动为载体，通过认识礼仪与礼仪修养、个人形象礼仪、家庭生活礼仪、日常交际礼仪、公共生活礼仪五章内容，展现了不同交际场景和交际活动中的礼仪规范与操作程序。

本书既可作为本科及高职高专院校各专业学生礼仪公共基础课程、公共选修课程教材，也可作为企事业单位进行礼仪培训的参考书。

图书在版编目(CIP)数据

大学生礼仪修养/张岩松主编. —北京：清华大学出版社，2020.1(2021.8 重印)
"十三五"应用型人才培养规划教材
ISBN 978-7-302-53850-9

Ⅰ.①大… Ⅱ.①张… Ⅲ.①大学生—礼仪—高等学校—教材 Ⅳ.①G645.5

中国版本图书馆 CIP 数据核字(2019)第 209021 号

责任编辑：张龙卿
封面设计：范春燕
责任校对：李 梅
责任印制：杨 艳

出版发行：清华大学出版社
网 址：http://www.tup.com.cn，http://www.wqbook.com
地 址：北京清华大学学研大厦 A 座　　**邮 编**：100084
社 总 机：010-62770175　　**邮 购**：010-62786544
投稿与读者服务：010-62776969，c-service@tup.tsinghua.edu.cn
质量反馈：010-62772015，zhiliang@tup.tsinghua.edu.cn
课件下载：http://www.tup.com.cn，010-83470410
印 装 者：三河市春园印刷有限公司
经 销：全国新华书店
开 本：185mm×260mm　　**印 张**：15.25　　**字 数**：337 千字
版 次：2020 年 1 月第 1 版　　**印 次**：2021 年 8 月第 3 次印刷
定 价：45.00 元

产品编号：083329-01

FOREWORD 前言

我国自古以来就是礼仪之邦、文明之国。大学生是现代社会青年的杰出代表，是社会文明的传播者和建设者，是未来社会发展的中坚力量。促进大学生的全面发展，不仅应重视其理论知识水平的提高，更应注重其礼仪文化修养的提升。加强大学生礼仪修养有利于大学生进行自我形象设计和自身魅力展示，增进人际交往，也有利于提升大学生身心健康水平，促进其社会化，提高其社交能力，更有利于有效提高大学生的道德文化总体素养。有鉴于此，我们编写了这本《大学生礼仪修养》。

本书是大连高校的张岩松教授负责的“现代交际礼仪”国家精品课程建设成果之一，是其为在校大学生讲授20多年礼仪公共选修课教学经验的结晶。它以现代大学生在学习、生活中常见的礼仪活动为载体，介绍了不同交际场景和交际活动中的礼仪规范与操作程序。本书内容全面、案例丰富，具有较强的实用性和可读性，在介绍礼仪的历史沿革、内容、特性、原则以及礼仪修养的内涵、特征、内容、作用、过程、方法的基础上，重点阐述了个人形象礼仪、家庭生活礼仪、日常交际礼仪和公共生活礼仪。在礼仪基本内容介绍中充实了大量“小贴士”“小案例”“小故事”“小幽默”“课堂训练”“课堂讨论”等栏目内容，适应了新时代读者碎片化阅读的特点，增加了全书的可读性、趣味性、指导性和可操作性。为了帮助大学生掌握并在实践中更好地应用礼仪知识、提高礼仪素养，每章前设计了“学习目标”和“案例导入”栏目，其中“学习目标”又具体设计了“知识目标”“能力目标”和“思政目标”，为教师突出“课程思政”提供指导。每章后还设计了“案例讨论”“实训项目”和“课后练习”，以帮助学生提高礼仪知识的应用能力。

本书由张岩松担任主编，孙小杰担任副主编。具体分工如下：张岩松编写第一章和第三章；孙小杰编写第二章和第五章；韩金、薛大明编写第四章；由孙小杰统稿并完成PPT课件以及“案例讨论”“课后练习”答案等教学资源。

本书在编写过程中，集采众家之说，参考颇多，限于篇幅仅列出了主要参考书目，在此，向各位专家学者深表谢意。有些资料参考了互联网上发布或转发的信息，在此也向各位原作者所付出的辛勤劳动表示衷心的感谢！

由于编写时间和条件所限，书中的不当之处，敬请读者指正。

最后，让我们以先哲的话共勉：“人无礼则不生，事无礼则不成，国无礼则不宁。”

编　者

2019年10月

CONTENTS 目录

第一章
认识礼仪与礼仪修养

人有礼则安，无礼则危。故曰：礼者不可不学也。

——《礼记·曲礼》

表面上礼仪有无数清规戒律，但其根本目的在于使世界成为一个充满生活乐趣的地方，使人变得平易近人。

——［美］米莉·波斯特

学习目标

通过本章的学习，应该达到以下目标。

知识目标：了解礼仪的历史沿革、内容和特性；了解礼仪修养的内涵、特征和意义；掌握礼仪修养的内容。

能力目标：按照礼仪修养的过程，运用礼仪修养的方法，规范修正自身行为，强化自身的礼仪修养，提高模范遵守礼仪规范的能力。

思政目标：在与人交往过程中，时刻做到文明、和谐、诚信、友善，处处体现出对他人的尊重，营造出良好的“人和”环境。

案例导入

酒店老板与无赖

一个人走进饭店要了酒菜，吃罢摸摸口袋发现忘了带钱，便对饭店老板说：“店家，今日忘了带钱，改日送来。”饭店老板连声说：“不碍事，不碍事。”并恭敬地把他送出了门。

这个过程被一个无赖看到了，他也走进饭店要了酒菜，吃完后摸了一下口袋，对饭店老板说：“店家，今日忘了带钱，改日送来。”

谁知饭店老板脸色一变，揪住他，非剥他衣服不可。

无赖不服，说：“为什么刚才那人可以赊账，我就不行？”

饭店老板说：“人家吃菜，筷子在桌子上找齐，喝酒一盅盅地筛，斯斯文文，吃罢掏出手绢擦嘴，是个有德行的人，岂能赖我几个钱。你呢？筷子往胸前找齐，狼吞虎咽，吃上瘾来，脚踏上条凳，端起酒壶直往嘴里灌，吃罢用袖子擦嘴，分明是个居无定室、食无定餐的无赖之徒，我岂能信你！”

一席话说得无赖哑口无言，只得留下外衣，狼狈而去。

思考题：

1. 一个人的礼仪修养表现在哪些方面？
2. 礼仪在个人修养中处于怎样的地位？
3. 本案例对你有何启示？

第一节　认识礼仪

礼仪是人们步入文明社会的“通行证”。人类自诞生那天起，便开始了对文明与美的追求。礼仪体现了人类社会不断摆脱愚昧、野蛮、落后，以及整个社会进化的程度，它也是一个国家、一个民族进步、开化与兴旺的标志。我国作为东方文明古国和东方文化的发源地，素有“礼仪之邦”的美誉。数千年来对文明的不懈追求，形成了丰富多彩的东方文化和礼仪。

今天，随着社会生产力的不断发展、物质生活条件的逐步改善和社会文明程度的日益提高，人们对礼仪倍加推崇。讲文明、懂礼貌，尊重他人，服务社会已成为人们的共识。无论是人际的、社会的乃至国与国之间的交往，抑或是旅游业、商业、服务业等行业的接待服务工作，都离不开对礼仪规范的遵守。现代人都应注重文明修养，讲究礼仪，每个人都应成为礼仪的载体、文明的化身。这里我们首先探讨礼仪的历史沿革、内容和特性。

【小贴士】

“礼”字的由来

从“礼”字的发展演化来看，“礼”的最初含义与礼仪的起源——原始宗教祭祀活动有密切关系。“礼”字在甲骨文里写为“豊”，其下半部分的“豆”字是指古代的一种器具，上半部分的“丰丰”表示一块块整齐摆放的玉，然后将“玉”放在盒子里，反映了古人祭祀活动的一个侧面。后来在其基础上又繁化为“禮”，左边加的这个“示”字旁，为古代的神祇，整个字为敬神之意。随着人类对自然与社会各种关系的认知逐渐加深，礼的范围和内容就从各种神事扩大到了人事。

一、礼仪的历史沿革

礼仪是人们在社会交往过程中形成的并得到共同认可的各种行为规范，它是人们以一定的程序、方式来表现的律己、敬人的完整行为。它体现了一个国家、一个民族、一个地区的道德风尚和人们的精神面貌，所以，礼仪是人类精神文明的产物。

礼仪的历史是漫长而久远的。它随着人类社会的产生而产生，随着经济的发展、社会的进步而不断发展。

1. 古代的礼仪

在原始社会，人类还处在蒙昧时期，生产力水平极端低下，靠“天”吃饭，人们对许多自然现象无法解释，就把“天”“神”作为宇宙间最高的主宰，对之顶礼膜拜，进行祭祀，这时就产生了最早的也是最简单的以祭天、敬神(即“图腾”)为主要内容的“礼”。当时只有简单的交际，只要不违背“图腾”，就可以继续交往下去。

随着原始社会的解体，人类进入奴隶社会，“礼”开始打上阶级的烙印，“礼”的含义也有所变化。在周代，礼除了用于祭祀之外，还作为治国之本。孔子认为：“为国以礼。”《礼记·经解》上说：“朝觐之礼，所以明君臣子之义也；聘问之礼，所以使诸侯相尊敬也；丧祭之礼，所以明臣子之恩也；乡饮酒之礼，所以明长幼之序也；婚姻之礼，所以明男女之别也。”由此可见，周礼不但内容已大为增加，而且还包含着社会政治制度的结构形式和社会生活行为规范。礼已成为阶级统治的工具，成为社会等级制度的表征，成为区分贵贱、尊卑、顺逆、贤愚的准则。

春秋时期，“礼崩乐坏”，于是有人提出了“仪”这一概念。据《左传·昭公五年》记载，鲁昭公到晋国去访问，晋平公对女叔齐说，鲁昭公很懂得礼，女叔齐却不以为然，答曰：“鲁昭公哪里知礼？”晋平公觉得很奇怪，就反问道：“鲁昭公从效劳一直到赠贿，从没有失礼之处，为何说他不知礼？”女叔齐说：“鲁昭公在外交上善于应酬，那只不过是仪，根本算不上礼。”在他看来，礼乃立国治政的大法，仪是指一种礼节、仪式、仪文。这在当时是较流行的观点。如齐国的晏子认为：“在礼，家施不及国、民不迁、农不移、工贾不变、士不滥、官不滔、大夫不收公利。”礼可以治国，礼能改变政局发展的趋势。在先秦时期人们的心目中，礼和仪的含义是不同的。不过，在当时礼和仪也很难明确区分，其实他们所谓的“礼”中也包含着一定成分的“仪”。

到了封建社会，礼仪逐渐成为统治阶级进行封建统治的工具，有些还以法律的形式固定下来，形成“礼制”，成为束缚人们行为的工具。

【小贴士】

古代生活礼仪

① 诞生礼。从妇女未孕时的求子到婴儿周岁，一切礼仪都围绕着长命的主题。高禖之祭即是乞子礼仪，设坛于南郊，后妃九嫔都参加。诞生礼还包括“三朝”(婴儿降生三日时接受各方面的贺礼)、“满月”(婴儿满一个月时剃胎发)、“百日”(行认舅礼、命名礼)和“周岁”(行抓周礼，以预测小儿一生命运、事业吉凶等)。

② 成年礼。成年礼也叫冠礼，是跨入成年人行列的男子加冠礼仪。冠礼由氏族社会盛行的男女青年发育成熟时参加的成丁礼演变而来。汉代沿袭周代的冠礼制度，魏晋时开始用音乐伴奏，清代废止。

③ 飨燕饮食礼仪。飨在太庙举行，烹太牢以饮宾客，重点在于礼仪往来而不在于饮食；燕即宴，燕礼在寝宫举行，主宾可以开怀畅饮。燕礼对中国饮食文化的形成具有深远的影响。节日设宴在中国民间食俗上形成节日饮食礼仪。正月十五吃元宵，清明节吃冷饭寒食，五月端阳的粽子和雄黄酒、中秋月饼、腊八粥、辞岁饺子等都是节日仪礼的饮食。在特定的节日吃特定的食物，这也是一种饮食礼仪。宴席上的座次，上菜的顺序，劝酒、敬酒的礼节，也都有社会往来习俗中男女、尊卑、长幼关系和祈福避讳上的要求。

④ 宾礼。主要是对客人的接待之礼。与客人往来的馈赠礼仪有等级差别。士相见，宾见主人要以雉为贽；下大夫相见，以雁为贽；上大夫相见，以羔为贽。

⑤ 五祀。指祭门、户、井、灶、中(中室)。周代是春祀户,夏祀灶,六月祀中,秋祀门,冬祭井。汉魏时按季节行五祀,孟冬三月“腊五祀”,总祭一次。清康熙之后,只在十二月二十三日祭灶,这与民间传说的灶王爷腊月二十四朝天言事的故事相合,国家祀典采用了民间形式。

2. 近现代的礼仪

辛亥革命在推翻了封建帝制的同时,也结束了封建礼制,新文化运动、五四运动使中华民族开始了新文化建设的征程。

随着无产阶级的觉醒,社会主义礼仪具备了雏形。无产阶级是历史上最先进、最革命的阶级,以解放全人类为己任,他们具有高尚的情操。为了处理其内部以及与其他劳动阶级之间的关系,完成共同的历史使命,无产阶级更需要讲究文明礼貌,更需有自己的礼仪规范。

早在民主革命时期,中国共产党领导的人民军队区别于国民党军队的显著标志之一就是讲“三大纪律,八项注意”。其中的“说话要和气”“买卖要公平”“不许打人骂人”“不许调戏妇女”“不虐待俘虏”等,都是适应当时斗争需要的纪律,也可视为公德、礼仪的组成部分。埃德加·斯诺(Edgar Snow)在其《西行漫记》中曾经记述了以下这样一个耐人寻味的生动故事。

【小故事】

斯诺与陕北抗日根据地的少先队员

我坐下来和驻扎这里的交通处的一部分人员一起吃饭……像平常一样,除了热开水以外,没有别的喝的,而开水又烫得不能入口,因此我口渴得要命。

饭是由两个态度冷淡的孩子侍候的,确切地说是由他们端来的……他们最初不高兴地看着我,可是在几分钟后,我就设法得到了其中一个孩子的友善微笑。这使我胆子大了一些,他从我身边走过时,我就招呼他:“喂,给我们拿点冷水来。”

那个孩子压根儿不理我,几分钟后,我又招呼另外一个孩子,结果也是一样。

这时我发现戴着厚厚玻璃眼镜的交通处处长李克农在笑我。他拉拉我的袖子,对我说:“你可以叫他‘小鬼’,或者可以叫他‘同志’,可是,你不能叫他‘喂’。这里所有的人都是同志。这些孩子是少年先锋队员,他们是革命者,所以志愿到这里来帮忙。他们不是佣人。他们是未来的红军战士。”

正好这个时候,冷水来了。

“谢谢你——同志!”我道歉地说。

那个少先队员大胆地看着我。“不要紧,”他说,“你不用为了这样一件事情感谢一个同志!”

我想,这些孩子真了不起。我从来没有在中国儿童中间看到这样高度的个人自尊。

(资料来源:埃德加·斯诺.西行漫记[M].2版.董乐山,译.北京:东方出版社,2010.)

这个故事是斯诺1936年6月刚刚进入陕北抗日根据地采访时碰到的一件小事。由此不难看出,在革命队伍内部人与人之间建立起了真正的平等、亲密的同志关系,以及在此基础上形成的道德观念和礼仪规范，为以后建立崭新的社会主义的人际关系、礼仪规范等奠定了坚实的基础。

新中国成立以后，随着社会制度的彻底变革，人与人之间的关系也出现了前所未有的变化。在人民内部合作代替了对抗，互助、互利代替了尔虞我诈，从而建立起真正平等的、亲密的同志关系，由此而建立的礼仪规范为世人所称赞。至今，人们仍对20世纪50年代好的社会风尚留有深刻的印象。在人际和社会交往的过程中，真正做到了只有分工不同，没有高低贵贱之分，诚挚相处，互谅互让；舍己救人，助人为乐蔚然成风，不少地方真正形成路不拾遗，夜不闭户；敬老、爱幼、尊贤的优良传统得到了充分的弘扬。不少外国友人对此惊叹不已。

改革开放以来，人们对礼仪重新进行了文化审视和理性思考，不仅汲取了西方文明的优秀成果，还使东西方文化和东西方礼仪有机地交融，并逐步地加以完善和发展。

【小贴士】

英语中的“礼仪”词汇

在英语中，可译为“礼仪”“礼”的词大致有以下这些。它们各自的含义显然是有区别的，了解其中的异同点，不但有助于我们对英汉有关“礼仪”之词的翻译，而且有利于我们理解“礼仪”的含义和本质。

① etiquette 即“礼仪、礼节”，还可译为“规矩、成规”，有“约定俗成的规范礼仪”之意，这是相应汉语“礼仪”的基本词。

② protocol 原意为“（条约的）草案、草约；（外交或贸易）议定书、备忘录”等，引申为“礼仪、外交礼节”。如“礼宾司”就译为“the Protocol Department”。

③ courtesy 有“礼貌、谦恭、殷勤”之意，还可理解为“好意、礼遇”。此外，表示恭敬、礼让之类的“礼貌礼节”也可译成 courtesy。

④ manner 有“礼貌、举止、风度”之意，指仪表仪态方面表现出来的礼貌。

⑤ politeness 是“有礼貌、有教养、斯文、优雅”之意，指在气质、内涵方面显示出来的礼貌。

⑥ civility 有“礼仪、礼貌、客气、端庄”之意，指接受教育、开化后形成的文明礼仪教养。

⑦ ceremony 有“典礼、仪式”之意，引申为“礼仪、礼节”，主要指国家团体较为隆重、正式的庆典及其相应的礼仪、礼节。

⑧ rite 有“仪式、典礼、礼拜、习俗、惯例”之意，也可理解为“民间习俗、宗教仪式”等方面的礼仪。

⑨ present 有“礼物、赠送品、礼品”之意，也有“介绍、引见、赠送、呈献”之别义，可译为送礼、赠礼的“礼”，但不能直译或理解为“礼仪、礼节或礼貌”。

⑩ gift 有“赠品、礼物”之意，也不能直译为“礼仪、礼节或礼貌”。

二、礼仪的内容

随着时代的变迁、社会的进步，人们的文明程度也在不断地提高。现代礼仪在扬弃我国古代礼仪的基础上，不断推陈出新，内容更加完善、合理、丰富多彩。

1. 礼节

礼节是人们在交际过程中逐渐形成的、约定俗成的和惯用的各种行为规范之总和。礼节是社会外在文明的组成部分，具有严格的礼仪性质，它反映着一定的道德原则的内容，反映着对人对己的尊重，是人们心灵美的外化。在阶级社会，由于不同阶级的人在利益上的根本冲突，礼节多流于形式。在现代社会中，由于人与人之间地位平等，其礼节从形式到内容都体现出人与人之间相互平等、相互尊重和相互关心。现代礼节主要包括介绍的礼节、握手的礼节、打招呼的礼节、鞠躬的礼节、拥抱的礼节、亲吻的礼节、举手的礼节、脱帽的礼节、致意的礼节、作揖的礼节、使用名片的礼节、使用电话的礼节、聚会的礼节、舞会的礼节、宴会的礼节，等等。

当今世界是个多元化世界。不同国家、不同民族、不同地区的人们在各自生存环境中形成了各自不同的价值观、世界观和风俗习惯，其礼节从形式到内容都不尽相同。

2. 礼貌

礼貌是指人们在社会交往过程中良好的言谈和行为。它主要包括口头语言的礼貌、书面语言的礼貌、态度和行为举止的礼貌。礼貌是人的道德品质修养的最简单、最直接的体现，也是人类文明行为的最基本的要求。在现代社会，使用礼貌用语，对他人态度和蔼，举止适度，彬彬有礼，尊重他人已成为日常的行为规范。

3. 仪表

仪表是指人的外表，包括仪容、服饰、体态等。仪表属于美的外在因素，反映人的精神状态。仪表美是一个人心灵美与外在美的和谐统一，美好纯正的仪表来自高尚的道德品质，它和人的精神境界融为一体。端庄的仪表既是对他人的一种尊重，也是自尊、自重、自爱的一种表现。

4. 仪式

仪式是指行礼的具体过程或程序。它是礼仪的具体表现形式。仪式是一种比较正规、隆重的礼仪形式。人们在社会交往过程中或是在组织开展各项专题活动过程中，常常要举办各种仪式，以体现对某人或某事的重视，或是为了纪念等。常见的仪式包括成人仪式、结婚仪式、安葬仪式、凭吊仪式、告别仪式、开业或开幕仪式、闭幕仪式、欢迎仪式、升旗仪式、入场仪式、签字仪式、剪彩仪式、揭匾挂牌仪式、颁奖授勋仪式、宣誓就职仪式、交接仪式、奠基仪式、洗礼仪式、捐赠仪式，等等。仪式往往具有程序化的特点，这种程序有些是约定俗成的。在现代礼仪中，仪式中有些程序是必要的，有些则可以简化，因此，仪式也大有越来越简化的趋势。但是，有些仪式的程序是不可省略的，否则就是失礼。

【小贴士】

参加升国旗仪式时的礼仪

严格地遵守升国旗的礼仪是维护国旗尊严，增强公民国家观念的体现，所有人都要按《中华人民共和国国旗法》的要求以规范、统一的礼仪参加升国旗仪式。应做到以下几点。

① 举行升旗仪式时，起身站立，目视前方，双手下垂，神态庄严，聚精会神，面向国旗，

肃立致敬。

② 每个人要仪表规范，仪态庄重，穿着整齐，脱帽肃立。

③ 在升国旗的过程中要保持安静，不许喧哗、走动、打闹、东张西望、心不在焉。

④ 当参加升旗仪式迟到时，恰逢升国旗奏国歌要立即停止走路，严肃立正，等待升旗仪式完毕，方可继续行走。

⑤ 需要唱国歌的时候要有激情，曲调准确，声音洪亮。

⑥ 升旗仪式结束，主持人宣布解散时方可走动。

5. 礼俗

礼俗即民俗礼仪，是指各种风俗习惯，它是礼仪的一种特殊形式。礼俗是由历史形成的，普及于社会和群体之中并根植于人们心中，在一定的环境经常重复出现的行为方式。不同国家、不同民族、不同地区在长期的社会实践中形成了各具特色的风俗习惯。“十里不同风，百里不同俗。”不但每一个民族、地区，甚至一个小小的村落都可能形成自己的风俗习惯。

【小贴士】

男左女右的由来

“男左女右”的习俗和古代人的哲学观关系非常密切。我国古代哲学家认为，宇宙中通贯事物和人事的两个对立面就是阴阳。自然界的事物有大小、长短、上下、左右等，古人将其归类分为大、长、上、左为阳，小、短、下、右为阴。阳者刚强，阴者柔弱。人的性格，男子性情刚强属于阳属于左，女子性情柔和属于阴属于右。“男左女右”在中医应用上也有实际的科学意义，“男左女右”在医学上是表示男女生理上的差异。在社会风俗上是划分区别的一种秩序安排。这种习俗早在两千多年前的战国时期就被广为流传。

三、礼仪的特性

礼仪是人们在漫长的社会实践中逐步形成、演变和发展的。现代礼仪是在一番脱胎换骨之后形成的，它具有文明性、共通性、多样性、变化性和规范性等特性。

1. 文明性

礼仪是人类文明的结晶，是现代文明的重要组成部分。人类从降世那天起就开始了对文明的追求。人类从茹毛饮血到共享狩猎成果，从盲目迷信、敬畏鬼神到崇尚科学、论证无神，从战争到和平无不体现出这点，尤其是文字的发明，人类更是学会了运用语言文字来表达文明、宣传文明、建设文明。文明的体现宗旨是尊重，既是对人也是对己的尊重，这种尊重总是同人们的生活方式有机地、自然地、和谐地融合在一起，成为人们日常生活、工作中的行为规范。这种行为规范包含着个人的文明素养，比如，待人接物热情周到、彬彬有礼；人们彼此间互帮互助、彼此尊重、和睦相处，体现出人们日常生活中的文明、友好；注重个人卫生，穿着适时得体，见人总是微笑着问候致意，礼貌交谈，文明用语，这也体现出人们的品行修养。总之，礼仪是人们内心文明与外在文明的综合体现。

2. 共通性

无论是交际礼仪、商务礼仪还是公关礼仪，都是人们在社会交往过程中形成并得到共同认可的行为规范。我们今天生活的世界可谓千姿百态，人们尽管分散居住于五大洲、四大洋的不同角落，但是，许多礼仪都是世界通用的。例如，问候、打招呼、礼貌用语、各种庆典仪式、签字仪式等，大体上是世界通用的。虽然各个国家、各个地区、各个民族形成了许多特有的风俗习惯，但就礼仪本身的内涵和作用来说，仍具有共通性。正是由于礼仪拥有共通性，才形成了国际交往礼仪。

3. 多样性

世界是丰富多彩的，其中礼仪也是五花八门、绚烂多姿的。世界各地民俗礼仪千姿百态，几乎没有人能说清楚世界上到底有多少种礼仪形式。从语言的表达礼仪到文字的使用礼仪，从举止礼仪到规范化礼仪，从服饰礼仪到仪表礼仪，从风俗礼仪到宗教礼仪等，在不同的国家、不同的场合，礼仪的表达方式也有所不同。比如，在人们常见的国际交往礼仪中，仅见面礼节就有握手礼、点头礼、亲吻礼、鞠躬礼、合十礼、拱手礼、脱帽礼、问候礼，等等。礼仪可谓多种多样，纷繁复杂。有些礼仪所表达的方式和内容，在甲国家或地区与乙国家或地区可能截然相反。

不仅如此，有些礼仪形式所表达的内容，在不同国家或地区也可能截然相反，甚至一个国家不同地区也可能有不同的含义，表 1-1 为手势在不同国家所表达的含义。

表 1-1　手势在不同国家所表达的含义

手势	中国	美国	英国	法国	日本	印度	其他国家
	棒、厉害	顺利	搭车	搭车	男人、父亲	搭车	在孟加拉国意味着侮辱和挑衅
	最小的或倒数第一	打赌			女人、女孩、恋人	想去厕所	在缅甸表示想去厕所；在尼日利亚等国家表示打赌
	数字 0 或 3、同意	征求对方意见或表示同意、赞扬、了不起		0、一钱不值	金钱	正确，不错	在韩国、缅甸表示金钱；在菲律宾表示想得到钱或没有钱；在印度尼西亚表示一无所有或一事无成；在突尼斯表示无用、傻瓜

资料来源：张铭．现代实用社交礼仪[M]．北京：人民邮电出版社，2017.

4. 变化性

礼仪并不存在僵死不变的永恒模式，随着时间的推移，礼仪会发生巨大的变化。可以说，每一种礼仪都有其产生、形成、演变、发展的过程。礼仪在运用时也具有灵活性。一般来说，在非正式场合，有些礼仪可不必拘于约定俗成的规范，可增可减，随意性较大。在正式场合，讲究礼仪规范是十分必要的。但如果双方已非常熟悉，即使是较正式的场合，有时也不必过于讲究礼仪规范。

5. 规范性

礼仪是指人们在交际场合待人接物时必须遵守的行为规范。这种规范性，不仅约束着人们在一切交际场合的言谈话语、行为举止，使之合乎礼仪，也是人们在一切交际场合必须采用的一种"通用语言"，是衡量他人、判断自己是否自律、敬人的一种尺度。中国WTO首席谈判代表龙永图曾讲了一个耐人寻味的故事。

【小故事】

修理抽水马桶的外国小男孩

一次在瑞士，龙永图与几个朋友去公园散步，上厕所时，听到隔壁的卫生间里传来“砰砰”的响声，他有点纳闷。出来之后，一位女士很着急地问他有没有看到她的孩子，她的小孩进厕所十多分钟了，还没有出来，她又不能进去找。龙永图想起了隔壁厕所间里的响声，便进去打开厕所门，看到一个七八岁的小孩正在修抽水马桶，怎么弄都抽不出水来，急得满头大汗，这个小孩觉得他上厕所不冲水是违背规范的。这个小孩自觉遵守礼仪规范的精神是很值得我们学习的。

礼仪是约定俗成的一种自尊、敬人的惯用形式，任何人要想在交际场合表现得合乎礼仪、彬彬有礼，都必须对礼仪无条件地加以遵守。另起炉灶，自搞一套，或是只遵守个人适应的部分，而不遵守不适应自己的部分，都难以被交往对象所接受、理解。

【课堂讨论】

你如何理解遵守礼仪规范与提倡个性之间的关系？

四、礼仪的原则

礼仪的原则主要包括以下几个方面。

1. 严格律己

礼仪规范分为对个人的要求以及对待他人两方面。对个人的要求，才是礼仪的基础。学习和运用礼仪，最主要的还是自我要求、自我约束、自我反省。若想提高自己的礼商，就要严格要求自己，让自己的言谈举止都符合礼仪要求。若已经知道自己的行为有待改善，就要坚持一点点改善，对自己严格要求。

2. 尊重他人

对待他人是礼仪的重点和核心。与人相处，要葆有一颗敬人之心。在意他人的尊严，不可失敬于人，更不可诋毁他人的人格，要尊重他人的人格，尊重他人的努力，尊重他人的意见，尊重他人的爱好和兴趣。

【小故事】

士光敏夫的做法

日本东芝电器公司董事长士光敏夫的做法就是对尊重他人的很好的说明。日本东芝电器公司曾一度陷入困境，员工士气低落。当士光敏夫出任董事长时，他经常不带秘书，一个人深入各工厂与工人聊天，听取工人的意见。更有意思的是，士光敏夫还经常提着一瓶酒去慰问员工，和他们共饮。他终于赢得了公司上下的支持，员工的士气也高涨了起来。在三年内，士光敏夫终于重振了暮日穷途的东芝公司。士光敏夫的诀窍就是关心、重视、尊重每一个员工，“敬人者，人恒敬之”，他同时也赢得了员工的信服与支持。

3. 宽容他人

人与人之间免不了会出现一些摩擦，因此，在交际中，不仅要严于律己，还要宽以待人。对待他人，要保持一颗宽容心。对方犯了错，不要斤斤计较；对方已经做得很好，就不要过分苛求；即使你有理，也不要咄咄逼人……要用自己的宽容之心去包容他人。

【小故事】

六 尺 巷

“我家两堵墙，前后百米长。德义中间走，礼让站两旁。”除夕夜，由安徽宿松籍著名诗人贺东久作词，安徽桐城籍青年歌手张正扬作曲，安徽芜湖籍演员赵薇演唱的歌曲《六尺巷》亮相2016央视猴年春晚。歌曲《六尺巷》取材于桐城六尺巷的典故，融合了黄梅小调、京剧及现代流行音乐等元素，受到人们的普遍欢迎，六尺巷也受到了人们的普遍关注，从2016年正月初一开始，六尺巷从原先的冷冷清清变得人潮涌动。

位于安徽桐城的六尺巷，其得名源于清康熙朝宰辅张英对邻居“让出三尺”的故事。

据史料记载，清康熙年间，文华殿大学士、礼部尚书张英(1637—1708)的桐城老家人，与邻居吴家在宅基问题上发生争执，两家各不相让，将官司打到县衙。因双方都是官位显赫的名门望族，县官不敢轻易了断。

于是，张家人千里传书给在京城的张英求援。收书后，这位当朝宰辅批诗一首寄回老家，便是这首流传至今的打油诗：“一纸书来只为墙，让他三尺又何妨。长城万里今犹在，不见当年秦始皇。”

一见回信，张家人豁然开朗，将围墙退让了三尺。吴家见状深受感动，也让出三尺，形成了一条六尺宽的巷子，如图1-1所示。

图1-1 六尺巷

从此以后，这条六尺宽的巷子就以“六尺巷”之名闻名乡里，成为民间佳话。

时至今日，虽然张、吴两家的老宅都已在300多年的时光里走进了历史，但这条巷子却依然安静地伫立在那里，并引得人们慕名而来，领悟体会其宽容他人、互敬礼让、和谐包容、进退有度的文化内涵。

4. 平等对待

对人际交往中的每个对象都要平等对待，给予相同的礼遇。每个人的年龄、性别、种族、文化、身份、财富以及关系的亲疏远近等都是不同的，不能因此而厚此薄彼，给予对方不平等的待遇，当然，针对不同的交往对象，可以使用不同的方法。当你能够平等对待他人时，他人也会毫无偏见地对待你。

【小故事】

萧伯纳与苏联小姑娘

英国著名戏剧家、诺贝尔文学奖获得者萧伯纳(George Bernard Shaw)对“平等”二字有很深的体会。一次他访问苏联，漫步在莫斯科街头，遇到一位聪明伶俐的苏联小姑娘，便与她玩了很长时间。分手时，萧伯纳对小姑娘说："回去告诉你妈妈，今天同你玩的是世界有名的萧伯纳。"小姑娘望了萧伯纳一眼，学着大人的口气说："回去告诉你妈妈，今天同你玩的是苏联小姑娘安妮娜。"这使萧伯纳大吃一惊，立刻意识到自己太傲慢了。后来，他常回忆起这件事，并感慨万分地说："一个人不论有多大成就，对任何人都应该平等相待。要永远谦虚，这就是苏联小姑娘给我的教训，我一辈子也忘不了她！"

5. 真诚相处

真诚是人与人交往的前提条件，只要"敞开心扉，知己便不再难寻"。

在人际交往中，一定不要撒谎，不要言行不一。只有真诚对待对方，表里如一，才能体现出对对方的尊敬与友好，才能更合理地被对方理解并接受。

【小案例】

日本人的诚信

日本雅虎网站上有一个拍卖网，是一个个人物品交易的虚拟空间。大家可以拿不用的东西到上面拍卖，以增互通有无之乐。成交后按规定是买方先付款，卖方再发货。但某女士是个急性子，往往买家的款还没到账就将东西发出去，有时甚至是人家还没划款东西就先寄到了。但是事实证明没有一家买主赖账，而且先收到东西的人几乎都以最快的速度划款到账，以使卖者放心。这是因为日本人认为，一旦违约就会从根本上动摇一个人的信用基础，这甚至关系到个体生命的尊严。

（资料来源：赵淑清. 日本："守时"和"守信"是一项非常重要礼仪[EB/OL]. [2008-04-23]. http://archive. wenming. cn/sjwm/2008-04/23/content_14237215. htm.）

6. 入乡随俗

与人交往，还要懂得入乡随俗，也就是人们常说的"到什么山头唱什么歌"，一定要尊重交往对象的风俗习惯。与交往对象的习惯做法保持一致，尊重交往对象，定然会受到对方的欢迎和礼遇，千万不可目中无人、自以为是。[①]

【小故事】

入乡随俗的邓小平

美国著名中国问题专家兰普顿教授在接受采访时曾说："邓小平的'入乡随俗'，改变了美国人对中国领导人和中国的传统看法，这是他在外交战略上成功的一个具体体现。"1979年访美期间，邓小平在得克萨斯州一个小镇观看牛仔竞技表演时，表演马术的美女把她的牛仔帽戴在邓小平头上，邓小平欣然戴上牛仔帽观看美式牛仔表演。邓小平头戴牛仔帽向美国公民挥手致意的友好和自信形象已定格在历史中，这张照片后来出现在美国以及华人的各种媒体上。

（资料来源：郭丽湘. 邓小平与"牛仔帽"[EB/OL]. [2004-08-15]. https://news. sina. com. cn/c/2004-08-15/05483395813s. shtml.）

---

① 张伟丽. 礼商决定成败[M]. 北京：经济管理出版社，2017：5-6.

第二节　认识礼仪修养

知书达礼、待人以礼应当是大学生的一个基本素养，一个优秀的大学生，不仅应当有高水平的专业知识，知书达礼，还必须有良好的道德品质修养和礼仪修养。这里就让我们认识一下礼仪修养。

一、礼仪修养的内涵和特征

礼仪是人与人之间在交往接触中，相互表示敬重和友好的行为规范。它体现了时代的风尚与人们的道德品质，体现了人们的文化层次和文明程度。在不同民族、不同时代以及不同行为处境中，礼仪表达的形式和要求虽然不同，但其基本要求是一致的，即做到诚恳、谦恭、和善和有分寸。

修养，在古代儒家多指按照其学说的要求培养完善的人格，使言行合乎规矩。对于当今社会我们每个人来说，修养是指一个人在道德、学问、技艺等方面通过自己的刻苦学习、艰苦磨炼以及情操的陶冶逐渐使自己具备某一方面的品质和能力，是一个人的品德、知识、能力、才华的一种积淀，还是一个人世界观、人生观、价值观的一种反映。礼仪也需要修养。礼仪作为一种修养的内容，是多层次的道德规范体系中最基本的行为规范之一，它属于道德体系中社会公德的内容。

“礼仪修养”一词，便是礼仪与修养的结合。它是指人们为了达到某种社交目的，按照一定的礼仪规范要求，结合自己的实际情况，在礼仪的品质、意识等方面所进行的自我锻炼和自我改造，从而形成一种境界和涵养。简单地说，礼仪修养就是把礼仪规范，经过不断的积累和修炼，内化为个体高尚的礼仪品质、自觉的礼仪意识和良好的礼仪习惯的修养过程。礼仪修养具有以下基本特征。

1. 尊重性

“礼者，敬人也。”具备礼仪文化修养的人，懂得尊重他人，宽容他人，理解他人，自然也能赢得他人的尊重。如孟子所言：“敬人者，人恒敬之。”在社会交往中，礼仪修养的尊重性体现了人与人之间的和谐相处，还可以避免或化解某些不必要的冲突。

【小故事】

一双景泰蓝食筷

在某大酒店，一位外宾吃完最后一道菜，顺手把精美的景泰蓝食筷悄悄地“插入”自己的内衣口袋里。服务员小姐不露声色地走上前去，双手擎着一只装有一双景泰蓝食筷的绸面小匣说：“我发现先生在用餐时，对我国的景泰蓝颇有爱不释手之意。非常感谢您对这种精美工艺品的赏识。为表达我们的感激之情，经餐厅主管批准，我代表大酒店将这双图案最为精美的并且经严格消毒处理的景泰蓝食筷送给您，但您要按照大酒店的优惠价格付一下费，您看好吗?”曲径通幽，那位外宾很快明白了这弦外之音，表示谢意后，说自己多喝了两杯，头发晕，顺手将食筷插入内衣口袋里，并聪明地下台阶，说：“既然它不消毒不能使用，我就以旧换新吧！”说着取出口袋里的食筷恭恭敬敬地放回桌上，接过了服务员小姐递给他的小匣。

（资料来源：申维.时来运转的秘密[M].北京：中华工商联合出版社，2010：15.）

2. 道德性

道德是礼仪的基础和核心，礼仪修养是道德修养的外在表现形式，是道德修养的重要组成部分。有德才会有礼，缺德必定无礼。良好的礼仪修养可以帮助人们增强内心的道德信念，塑造出遵纪守法、有良好社会公德的公民，养成以礼处世、以礼处人的行为准则和习惯。

【小故事】

职业道德的典范——张秉贵

张秉贵1955年11月到百货大楼站柜台，三十多年的时间里接待顾客400万人，没有跟顾客红过一次脸、吵过一次嘴，没有怠慢过任何一个人。他把为人民服务的信念与本职工作密切联系起来，他认为："站柜台不单是经济工作，也是政治工作；不单是买与卖的关系，还是相互服务的关系。""一个营业员服务态度不好，外地人会说你那个城市服务态度不好，港澳台同胞会感到祖国不温暖，外国人会说中华人民共和国不文明。我们真是工作平凡，岗位光荣，责任重大！"

从为国家争光、为人民服务的政治信念出发，他练就了"一抓准"和"一口清"的过硬本领，通过眼神、语言、动作、表情、步伐、姿态等调动各个器官的功能，几乎成了那个时代商业领域的服务规范，商业、服务业的简单操作，被他升华为艺术境界。

在北京，传统的"燕京八景"名扬天下，而张秉贵售货艺术被人们誉为"第九景"。张秉贵不但技术过硬，而且注重仪表，天天服装整洁，容光焕发。他认为："站柜台就得有个干净利落的精神劲儿，顾客见了才会高兴地买我们的东西。特别是我们卖食品的，如果不干不净，顾客就先倒了胃口，谁还会再买我们的东西啊！"他坚持每周理发，每天刮胡子、换衬衣、擦皮鞋。

张秉贵一进柜台，就像战士进入阵地。普通售货员一般早晨精神饱满，服务态度较好，下午人疲倦了，不太爱说话了，也懒得动弹，对顾客就容易冷漠。张秉贵却不然，从清晨开门接待第一个顾客，到晚上送走最后一个顾客，自始至终都能春风满面、笑容可掬。他到了退休年龄，体力明显不济，一上柜台还是表现得生龙活虎，下班后，他却往往步履蹒跚。同志们说他是"上班三步并作一步走，下班一步变为三步迈"。

看张秉贵工作，也成了许多人的享受。有一位拄着拐杖的老人，经常来观看他卖货。这位老人对他说："我是因病休息的人，每天来看看您站柜台的精神劲儿，我的病也仿佛好了许多。"一位音乐家看他售货后说："你的动作优美，富有节奏感，如果配上音乐，是非常动人的旋律。"

3. 可塑性

一个人具备良好的礼仪修养不是先天就有的，而是依靠后天的学习、家庭和学校的培养、社会健康舆论的引导及良好环境塑造而成的。一个人只有通过学习礼仪教育，在实践中不断磨合，才能理性地辨别是非，树立做人标准，为进一步自我修养的内在修炼创造条件。

4. 个体性

礼仪修养是对个人行为的规范，并非是对任何社会组织或其他群体行为的限定。但个人是社会的细胞，个人修养的好坏直接关系到某一个群体。因此，个人行为的良好与否将直接影响着这一群体、社会组织乃至整个社会的生存与发展。①

【小案例】

修养的作用

有一批应届毕业生22个人，实习时被导师带到北京国家某部委实验室参观。全体学生坐在会议室里等待部长的到来，这时有秘书给大家倒水，同学们表情木然地看着她忙活，其中一个还问了句："有绿茶吗？天太热了。"秘书回答说："抱歉，刚刚用完了。"林晖看着有点别扭，心里嘀咕："人家给你水还挑三拣四的。"轮到他时，他轻声地说："谢谢，大热天的，辛苦了。"秘书抬头看了他一眼，满含着惊奇，虽然这是很普通的客气话，却是她今天唯一听到的一句反馈。

门开了，部长走进来和大家打招呼，不知怎么回事，静悄悄的，没有一个人回应。林晖左右看了看，犹犹豫豫地鼓了几下掌，同学们这才稀稀落落地跟着拍手，由于不整齐，越发显得凌乱。部长挥了挥手："欢迎同学们到这里来参观。平时这些事一般都是由办公室负责接待，因为我和你们的导师是老同学，非常要好，所以这次我来给大家讲一些有关情况。我看同学们好像都没有带笔记本，这样吧，王秘书，请你去拿一些我们部里印的纪念手册，送给同学们做纪念。"接下来，更尴尬的事情发生了，大家都坐在那里，很随意地用一只手接过部长双手递过来的手册。部长脸色越来越难看，来到林晖面前时，已经快要没有耐心了。就在这时，林晖礼貌地站起来，身体微倾，双手握住手册，恭敬地说了一声："谢谢您！"部长闻听此言，不觉眼前一亮，伸手拍了拍林晖的肩膀："你叫什么名字？"林晖照实作答，部长微笑点头，回到自己的座位上。早已汗颜的导师看到此景，微微松了一口气。

两个月后，毕业分配表上，林晖的"去向"栏里赫然写着国家某部委实验室。有几位颇感不满的同学找到导师："林晖的学习成绩最多算是中等，凭什么选他而没选我们？"导师看了看这几张尚属稚嫩的脸，笑着说："是人家点名来要的。其实你们的机会是完全一样的，你们的成绩甚至比林晖还要好，但是除了学习之外，你们需要学的东西太多了，修养是第一课。"

思考题：本案例对你有何启示？

二、礼仪修养的内容

礼仪修养内涵丰富，概括起来主要有以下几个方面。

① 田丽艳，王培，石晓庆. 浅析礼仪修养在大学生求职中的作用[J]. 人力资源，2011(3)：253.

1. 道德品质的修养

交际礼仪行为从广义上来说就是一种道德行为，因此，一方面，一个人要拥有一种高尚的道德品质，就应在日常生活中遵从交际礼仪规范，并从这一最基础的层次做起；另一方面，一个时刻注意道德品质修养的人，才会把交际礼仪活动变成一种自觉的和具有道德意义的活动。可见，道德品质的修养和交际礼仪行为的养成是个相辅相成的统一过程，交际礼仪处处渗透和体现着一定的道德精神，一个人要想在交际礼仪方面具有较高的造诣，离开了道德品质的修养是不可能实现的。

2. 文化知识的修养

交际礼仪的内涵丰富而深刻，和许多学科都有着密切的联系，一个人只有拥有广博的文化知识，才能深刻地理解交际礼仪的原则和规范。例如，学习民俗学可以使我们更好地了解一个民族的文化传统、风土人情；学习美学可以使我们更好地懂得什么是美，什么是丑，怎样才能做到内在美与外在美的和谐统一；学习心理学可以使我们更好地理解和尊重他人的人格与情感，提高自我控制能力；学习公共关系学可以使我们更好地懂得协调沟通、塑造组织形象和个人形象的方法等。显然，注重文化知识的学习，对交际礼仪的修养来说是不可或缺的。

3. 心理素质的修养

一个人的心理素质会直接影响到交际质量。一个具有良好心理素质的人在交际活动中遇到各种困难和情况时，都能始终保持沉着稳定的心理状态，根据所掌握的信息，迅速采取最合理的行为方式，化险为夷，争取主动；相反，一些缺乏良好心理素质的人，在参加重大交际活动前，常会出现惊慌惧怕、心神不定、坐卧不安的状况，有的在交际活动开始后，甚至会出现心跳加快、四肢颤抖、说话声调不正常的现象。这充分说明一个人是否具有良好的心理素质，是能否顺利参加交际活动、完美地运用交际礼仪形式的重要因素。因此，心理素质的修养也应成为礼仪修养中的一个重要内容。

4. 行为习惯的修养

习惯在人们生活中有着不可低估的作用，它是一个人后天养成的行为在一定情况下自动地进行某些动作的特殊倾向。交际礼仪是人们交际生活中的一种行为模式，这种行为模式只有通过一个人的长期自觉练习，变成自身的一种自动行为，形成习惯，才能在交际活动中更好地发挥作用。可以说，交际礼仪的修养，说到底就是一个人自觉的行为习惯的形成过程。检验一个人礼仪修养如何，很重要的一条标准也是看其是否已经把交际礼仪规范化，并成为自身个性中的一种稳定成分，最终能在各种交际场合自然而然地遵守交际礼仪规范。如果一个人只会矫揉造作地做几个礼仪动作，而在日常的交际活动中我行我素，违背礼仪规范，那只能说明此人的个人礼仪修养是十分失败的。

【小故事】

日本木村事务所

日本有一家叫木村事务所的企业想扩建厂房，他们看中了一块近郊土地意欲购买。同时也有其他几家企业也想购买这块土地。为购得这块土地，木村事务所的董事长多次登门，费尽口舌，但土地的所有者——一位倔强的老太太，说什么也不卖。

一个下雪天，老太太进城购物顺便来到木村事务所，她本意是想告诉木村先生死了这条心。

老太太推门刚要进去，突然犹豫起来，原来屋内整洁干净，而自己脚下的木屐沾满了雪水，肮脏不堪。正当老太太欲进又退之时，一位年轻的女职员出现在老太太面前："欢迎光临！"女职员看到老太太的窘态，马上回屋想为她找一双拖鞋，不巧的是拖鞋正好没有了。女职员便毫不犹豫地把自己的拖鞋脱下来，整齐地放在老太太脚前，笑着说："很抱歉，请穿这个好吗？"老太太犹豫了，心想："她不在乎脚冷？""别客气，请穿吧！我没有什么关系。"等老太太换好鞋，女职员才问道："女士，请问我能为您做些什么？""哦，我要找木村先生。"老太太说。"他在楼上，我带您去。"女职员就像女儿扶母亲那样，小心翼翼地把老太太扶上楼。老太太在踏进木村办公室的一瞬间改变了主意，决定把地卖给木村事务所。那位老太太后来告诉木村先生说："在我漫长的一生里，遇到的大多数人是冷漠的。我也去过其他几家想买我地的公司，他们的接待人员没有一个像你这里的职员对我这么好，你的女职员年纪这么轻，就对人这么善良、体贴，真令我感动。真的，我不缺钱花，我不是为了钱才卖地的。"就这样，一个大企业家倾其全力交涉半年也徒劳无功的事情，竟然因为一位女职员有礼而亲切的举动无意促成了，真是奇妙至极。

思考题：本案例对你有何启示？

三、礼仪修养的作用

礼仪修养具有以下4个作用。

1. 建立良好的人际关系，促进大学生的身心健康

人类在社会生活中离不开交际，而交际离不开礼仪。礼仪是人类交往活动的首要条件，也是人类相互交往的钥匙。社会越进步越文明，礼仪在交际活动中的地位就越重要。在大学生活中，部分学生刚进入大学时对大学的生活环境能够快速适应，也有不少学生进入大学时会有"没有朋友""孤独寂寞"的情绪体验，出现"自我封闭"的倾向。产生这样的问题，一般是两个方面的原因：一是大学生对集体生活不适应。大学生活属于集体生活，同学之间属于平等关系，而家庭中更多的是对父母血缘的无条件依赖。大学生需要从"依赖"的人变成"独立"的人，要学会通过同学之间的交际，建立友谊，逐步适应大学生活中新的人际环境。在大学阶段建立良好的人际关系，才能够更好地适应大学生活，将来才能顺利进入社会。大学生活中良好的人际关系对大学生的学习成长有着重要的影响。二是部分大学生表达能力和理解能力欠缺。他们没有社会交际的经验，不能合理传达自身的想法和意愿，也不能理解他人的想法和感受，从而导致自己的交际受挫，交际圈越来越窄。长此以往，朋友就越来越少，自己的性格也容易变得孤僻，影响心理健康。因此，注重培养大学生的礼仪修养，有针对性地训练大学生的交际能力，让他们养成良好的礼仪修养，不仅有利于他们融入社会生活，还有利于他们的心理健康发展。

【小贴士】

人际交往黄金规则：助人即助己

现代社会的一个显著特点，就是人与人之间的相互依存性越来越强。任何一个人的

成功，都离不开他人的帮助与协作。而要得到他人的帮助，就必须首先帮助他人，善结良缘，"助人即助己"，这是一条黄金规则。美国的《福布斯》杂志每年都要公布 400 位巨富的排行榜。这 400 位巨富中各式各样的人都有，然而，他们都拥有一个共同点：优秀的人格素质。美国心理学家韦克斯勒总结了 40 余名诺贝尔奖得主的经历，发现他们在儿童时期的智商大都为中等或中等偏上，并非神童，后天的成才主要取决于良好的人格素质。有关学者认为，21 世纪在高等教育基本普及、人的文化素质普遍提高的情况下，对人才的选择主要看其人格素质的优劣。由此看来，作为一个现代人，应当具备三本"护照"：即学术方面的、职业方面的和人格素质方面的。只有这样，才能适应当前高技术化、竞争激烈和人际互动频繁的社会需要。而礼仪正是塑造高品质、高素质人格的重要途径。

2. 提高社会心理承受力，促进大学生的社会化

生活中人们都自觉或者不自觉地受到社会环境或者生活中的某些礼仪习俗约束，礼仪是人生旅途中的必修课。大学生有着走向社会的强烈需要，但又存在着诸多的困难。比如，在工作岗位上该怎样和领导与同事交往，该怎样获得良好的人际关系，如何尽快地适应社会生活等。缺乏良好心理承受能力的学生，在大型交际活动之前心里会忐忑不安，而在活动进行期间又会异常紧张，出现四肢颤抖等现象。心理素质过硬的人在交际活动中能始终保持着稳定的心态，遇事不慌张，沉着应对，迅速实施合理的处置方案，主动出击，化险为夷。因此，培养大学生的礼仪修养，不仅可以促使大学生顺利地融入社会，还能够提高大学生的社会适应能力和心理承受能力。①

3. 规范个人行为，培养礼貌品质，促进大学生全面发展

行为是人类活动的特征，是人类有意识、有目的的活动，是人类所特有的生存方式。礼貌行为就是人们在一定的礼貌意识的支配下，在人与人之间的交往过程中表现出来的行为。因此，讲究礼仪修养不但是文明社会公民应有的行为规范，而且是为人们创造和谐环境的润滑剂。礼仪修养不仅能陶冶人们的情操，还可以规范社会成员的个人行为，可以形成一种具有约束力的道德力量。每个人都应该将自己的言行纳入符合社会期望和时代要求的礼仪轨道，并按照社会需要和期望来调整自己的个人行为。

礼貌品质是指一定社会的礼貌原则和规范在人的思想与行动中的体现，是人在礼貌行为中所表现出来的比较稳定的特征。礼貌品质的形成不是先天的。礼貌品质的形成，既不能离开一定的社会环境和物质生活条件，也不能离开人们的生活实践和主观修养，它是在一定的社会环境和物质生活条件中，通过一定的社会生活实践、教育的熏陶和个人自觉的修养逐步形成和培养起来的。礼仪修养对于培养一个人的礼貌品质，起着十分重要的作用。

加强礼仪修养方面的培养也是大学生全面发展的必然条件。随着社会的不断发展及时代的变迁，社会对人才的要求不断提高，不仅仅追求学生成绩优秀及工作出众，还追求全面发展。而大学生要全面发展并且提高自己的综合素质，必须重视礼仪的学习及应用，让自己成为一个全面发展且德才兼备的人，进而更好地融入社会，为国家的发展贡献

---

① 顾敏. 当代大学生礼仪修养培养研究[J]. 职业，2017(4)：124-125.

力量。

【小故事】

小节的象征

一位先生要雇一个没带任何介绍信的小伙子到他的办公室做事，先生的朋友挺奇怪。先生说："其实，他带来了不止一封介绍信。你看，他在进门前先蹭掉脚上的泥土，进门后又先脱帽，随手关上了门，这说明他很懂礼貌，做事很仔细；当看到那位残疾老人时，他立即起身让座，这表明他心地善良，知道体贴别人；那本书是我故意放在地上的，所有的应试者都不屑一顾，只有他俯身捡起，放在桌上；当我和他交谈时，我发现他衣着整洁，头发梳得整整齐齐，指甲修得干干净净，谈吐温文尔雅，思维十分敏捷。怎么，难道你不认为这些小节是极好的介绍信吗？"

4. 塑造良好的个人形象，提高大学生就业竞争力

歌德说："一个人的礼貌，就是一面照出他的肖像的镜子。"在求职面试过程中，面试官常常根据对方的外貌、举止、表情、谈吐、服饰及应对进退等表面特征，对对方做出初步的评价和形成第一印象，形成某种心理定位。因此，对于大学生求职者而言，除了具备扎实的专业知识和熟练的技能外，在求职面试过程中所表现出来的礼仪修养毋宁是保证求职成功的一种角色重塑与形象自审的关键。

讲究仪表美不只是追求一种外在的东西，更多的是使人不断地获得一种精神上的振奋，培养个人的自信心，消除在面试中的紧张感、自卑和羞怯心理。具备良好礼仪修养的人通常具有健康的心理，在面试求职中能够表现得不卑不亢、落落大方、自信从容，给人留下良好的形象，能够赢得招聘者的青睐。作为一名大学生，具备良好的礼仪修养对个人能起到良好的自律和规范作用，防止在求职过程中因小节而误事。同样，在众多优秀的应聘者当中，可能就是因为你的某个小细节打动了考官，最终能在众多的优秀者中脱颖而出。一个优秀的求职者，在求职过程中也能够按照求职面试的礼仪表现出自己良好的教养，使用人单位愿意与你交谈，有兴趣和耐心进一步了解你。而且一个具备良好礼仪修养的人能够做到敬人律己，真诚友善，善于与人合作，从而把握和创造就业机遇，提高就业竞争力。

【小案例】

花3分钟感谢

一家大公司的公关部招聘一位职员，许多人参与了角逐。公司的面试和笔试十分烦琐，一轮轮淘汰下来，最后只剩下五个人。五个人都优秀，都有较好的外表条件和学识，都毕业于名牌大学。公司通知五个人，聘用谁得由经理层会议讨论通过才能决定。于是五个人安心地回家，等待公司最后的决定。

几天后，其中一个人的电子邮箱里收到一封信，信是公司人事部发来的，内容是："经过公司研究决定，你落聘了，但是我们欣赏你的学识、气质，因为名额所限，实是割爱之举。公司以后若有招聘名额，必会优先通知你。你所提交的材料录入计算机存档后，不

日将邮寄返还于你。另外，为感谢你对本公司的信任，还随信寄上本公司的优惠券一份。祝你开心！”

她在收到电子邮件的一刻知道自己落聘了，十分伤心，但又为外资公司的诚意所感动。两天后，她收到了寄给她的材料和一份优惠券，另加一个电子邮件中没有提及的带有公司标志的小饰物。她十分感动，顺手花了3分钟时间用电子邮件给那家公司发了一封简短的感谢信。

但两个星期后，她接到了那家大公司的电话，说经过经理层会议讨论，她已被正式录用为该公司职员。后来，她才明白这是公司的最后一道考题。公司给其他四个人也发了同样的电子邮件，也送了优惠券和小饰物。但是回信感谢的人只有她一个。她能胜出，只不过因为多花了3分钟时间去感谢。

思考题：

(1) 本案例中的“她”为什么能够被大公司录取？

(2) 本案例对你有何启示？

四、礼仪修养的过程

社交礼仪的修养不仅指对礼仪的学习、练习，还包括将所习之礼培养成一种习性或者说是品性的过程，非一朝一夕可练就。一般来说，应注重于知、情、意、行的统一，把握以下几个方面。①

1. 丰富礼仪认知

礼仪认知是将礼仪规范逐渐内化的过程，提高礼仪认知是进行礼仪修养的起点，通过学习、评价、认同、模仿和实践过程，逐渐学习、构造、完善自己的社交礼仪规范体系，并以此来评价他人的行为，调整自己的社交行为。

就个人方面而言，要学礼仪史，掌握伦理学、心理学、公共关系学等方面的一般知识，并通过日常的浏览、学习，了解社会习俗和风土人情，积累各方面的社会知识，这些对开阔眼界、提高礼仪认知大有裨益。

就社会方面而言，为适应现代市场经济发展的需要，开办一些礼仪的学校或短期培训班，也可通过电视、广播等传播媒介开办专题系列讲座，发挥大众传媒的示范作用，这些都是人们丰富礼仪知识的良好方法。

【小贴士】

新加坡的礼仪教育

新加坡的国民素质极高，这是世界人民公认的。凡是到新加坡的人，都会对这个美丽的花园岛国留下深刻的印象。而这种良好的国民素质，源自每一位国家的公民都必须接受的礼仪教育，遵守礼仪规范是新加坡政府在国民中长期开展的礼仪教育。20世纪70年代后期，时任新加坡总理的李光耀先生就提出了要把新加坡建设成一个“富而有礼”

① 何浩然. 中外礼仪[M]. 大连：东北财经大学出版社，2015：10.

的国家。在大力发展国民经济的同时，将以“礼仪”教育为中心的国民素质教育，提高到一个非常重要的位置。为规范国民的行为，使其养成良好的礼仪习惯，新加坡政府甚至运用了法律手段来强化新加坡人的礼仪意识。

2. 陶冶礼仪情感

在礼仪修养过程中，情感是由知到行的桥梁，有了礼仪认知，还必须得到情感上的认可，才会使人“心甘情愿”，甚至“情不自禁”地去遵循礼仪规范。如果没有真挚的情感，仅凭理智去遵循礼仪规范，会显得勉强、不自然。所谓陶冶礼仪情感，就是要使受教育者产生一种尊重他人的真挚的情感，能够时时处处替他人着想，对人始终抱有一种热情友好的态度。我们大概都有这样的体验，在交际活动中如果遇到一个对人热情诚恳的人，那么就能与其建立起一种良好的关系；相反，如果碰到的是一个冷漠无情或虚情假意的人，则难以产生一种融洽交流的气氛。由此可以看出，情感比认知具有更大的保守性，改变情感比改变认知要困难得多，陶冶情感是礼仪修养中更为艰巨的一项任务。

陶冶礼仪情感包括两方面的内容：一是形成与应有的礼仪认知相一致的礼仪情感；二是改变与应有的礼仪认知相抵触的礼仪情感。比如，日本许多企业很注重培养员工对企业的热爱，员工过生日、生孩子，经理会送上礼品，并亲自前往祝贺。员工可以骂经理，或在专设的出气室对仿造的经理模型揍上几拳、踢上几脚。这大大减少了员工的抵触情绪，加强了员工对企业的感情，上下级之间的相处也更加融洽。

【小故事】

我不愿意在礼貌上不如任何人

《林肯传》中有这样一件事：一天，林肯总统与一位南方绅士乘坐马车外出，途遇一位老年黑人向他深深地鞠了一躬，林肯点头微笑并摘帽还礼。同行的绅士问道：“为什么你要向黑鬼摘帽？”林肯回答说：“因为我不愿意在礼貌上不如任何人。”可见，林肯深受美国人民的爱戴是有其原因的。1982 年美国进行民意测验，要求人们在美国历届的 40 位总统中挑选一位“最佳总统”，名列前茅的就有林肯。

3. 把握礼仪角色

在现实生活中，每个人总处在一定的位置上，扮演一定的社会角色，说话办事应符合“剧本”的安排。如到别人家中拜访，一定要“客随主便”，不可喧宾夺主，未经许可不能在别人家里乱翻、乱动，否则就会被人视为缺乏教养或素质不高，成为不受欢迎的人。在交往中，要根据交际的需要、对象、环境、时间等的变化扮演好与自己的身份和地位相适应的角色，并随时随地注意角色的调整与转换。尤其是在参加仪式、出席宴会等重要礼仪活动中，席位的安排都有较严格的礼仪规范，对自己的角色定位一点也马虎不得、“将就”不得。如果不按席位安排就座，很容易因此得罪他人。

【小贴士】

白居易与禅师

白居易请教一位著名禅师“佛法最重要的道理是什么”？答曰：“诸恶莫做，众善奉行。"白居易很不以为然地说:"这两句话有什么稀奇?三岁的小孩也懂得呀!"禅师很郑重地答曰:"尽管三岁小孩也懂得,可是八十岁的老公公却不一定能做得到!"要知道真理并未离我们很远,其实就在我们日常生活中。不要轻视这两句平凡的话,你如果能够好好地在日常生活中把这两句话的道理实行起来,那你的前途将是光明灿烂的!

【点评】 礼仪修养也同理,实际上礼仪就在我们每个人心中,只不过有时会忘却;它就在我们身边发生,可就有人看不见,可它确实是人的立足之本、生存之道。

4. 锻炼礼仪意志

要使礼仪规范变成自觉的行为,没有坚韧不拔的意志是办不到的。意志坚强的人能有效地控制自己的言行,特别是在不顺利的情况下也能不畏困难、矢志不渝地按照自己的信念待人处世。例如,空姐在上岗之前要在教官的指导下进行 6 个月左右的微笑训练,训练在各种乘客面前、各种飞行条件下始终保持微笑。没有毅力和苦练不能成功,只有意志坚定,礼仪行为训练才能坚持下去,保证人们克服困难、排除干扰,使礼仪行为从一而终,取得良好的效果。

【小故事】

华盛顿的小本子

二百多年前,当美国第一任总统乔治·华盛顿只有 15 岁时,他有一个小本子,上面有一些针对自己用的社交礼仪,他的建议虽然简单,却很实用,具有普遍意义。

比如说他告诉自己:不要批评别人;父母或教师有责任教育孩子;如果你看到一个长辈或比你重要的人从身边走过,你应该表示尊重;如果你看到一个遭受不幸的人,即使他是你的敌人,你也要表示你的仁慈和善良;在公众场合不能大笑,过于张扬;在写信的时候或介绍自己的时候,要适当注意自己的姓名和抬头;要注意自己的名誉;宁可自己"孤家寡人",也不要做一个不受欢迎的参与者;做一个十分有趣的、健谈的人……

后来在弗吉尼亚州,一位很有钱的英国庄园主、爵士很看重乔治·华盛顿,他邀请乔治·华盛顿来参加家里所有的重要活动,因为乔治·华盛顿具有了很完美的礼貌和社交的技巧。这种道德基础对他后来成为军队的统帅及美国总统很有帮助。他自己定的这些规矩也造就了日后良好的礼貌、道德规范以及人生价值观等。

(资料来源:靳羽西.魅力何来[M].上海:上海文艺出版社,2004.)

5. 养成礼仪习惯

礼仪修养达到的最终目标,就是使人们养成良好的礼仪行为习惯。习惯是已经自觉化了的行为活动,习惯一旦形成,就会以无意识的行为表现出来。以日本人行鞠躬礼为例,他们一天到晚都在弯腰、鞠躬。据东京的一家报纸调查统计,百货商店、旅馆、饭店的服务员平均每人每天要向顾客鞠躬近 1000 次,电梯服务员则平均每人每天要向乘客鞠躬 2560 次。日本人即使在电话里与人问安或道别、承诺、请求时,也会不自觉地鞠躬。对他们来说,弯腰、鞠躬已成习惯。

俗话说:"习惯成自然。"一个养成了待人接物有礼貌习惯的人,在交际场合遇到他人时,就会自然而然地主动向对方问好;看现场体育比赛和文艺演出时,就会自然而然地用掌声来表达情感，而不是无节制地乱喊乱叫；若不慎碰到他人时，会自然地说声“对不起”。做到“明礼诚信”，有助于建立良好的人际关系；反之，就容易引起他人反感，伤害情感。例如，苏联领导人赫鲁晓夫在这方面就有前车之鉴。他在一次联合国会议上为了让人们安静下来，竟然脱下鞋子，并用鞋子敲打会议桌子。他的不雅举止显然违背了礼仪规范，更有损他本人及苏联的国际形象。在这次会议上，联合国做出决定：对苏联代表团罚款一万美元。可见，社会上的每个成员不论身份高低、职位大小、财富多寡，都有自觉遵守、应用礼仪的义务，都要以礼仪去规范自己的一言一行、一举一动，从一件件具体、琐碎的小事做起，点滴养成，大处着眼，小处着手，寓礼仪于细微之中，逐渐养成良好的礼仪习惯。

【小案例】

令人尴尬的女经理

某省会城市一家三星级饭店的女经理，衣着得体大方，语言热情适宜，正在宴请北京来的专家。席间，秘书突然过来说有急事，请她暂时离席去送外宾，可是这位女经理迟迟未起身。原来双脚不堪忍受高跟鞋束缚，出来“解放”了一会儿，突然有了情况，一时找不到“归宿”，令女经理好不难堪。造成这种情况的原因恐怕不是不懂礼仪知识，而是还没有养成良好的习惯，对礼仪规则遵守得不够造成的。所以，养成遵从礼仪的行为是十分必要的。

在礼仪修养过程中，知、情、意、行是相互联系、相互渗透、相互促进、缺一不可的。没有知，情就失去了理性指导，意和行就会是盲目的；没有情，就难以形成意，知就无法转化为行；没有意，行即缺乏巨大的力量，知和情也就无法落到实处；没有行，知、情、意都没有具体的表现，也就变成了空谈。因此，在礼仪教育过程中，要坚持晓之以理、动之以情、炼之以意、守之以行。

【小贴士】

有教养者的十大特征

① 守时。无论是开会、赴约，有教养的人从不迟到。他们懂得，即使是无意迟到，对其他准时到场的人来说，也是不尊重的表现。

② 谈吐有节。注意从不随便打断他人的谈话，总是先听完对方的发言，然后再去反驳或者补充对方的看法和意见。

③ 态度和蔼。在同他人谈话的时候，总是望着对方的眼睛，保持注意力集中，而不是翻东西、看书报，心不在焉，显出一副无所谓的样子。

④ 语气中肯。避免高声喧哗，在待人接物上，心平气和，以理服人，往往能取得满意的效果。扯开嗓子说话，不但不能达到预期目的，反而会影响周围的人，甚至使人讨厌。

⑤ 注意交谈技巧。尊重他人的观点和看法，即使自己不能接受或明确同意，也不当着他人的面指责对方是“瞎说”“废话”“胡说八道”等，而是陈述己见，分析事物，讲清道理。

⑥ 不自傲。在与人交往相处时，从不强调个人特殊的一面，也不有意表现自己的优

越感。

⑦ 信守诺言。即使遇到某种困难也不食言。自己说出来的话,要竭尽全力去完成,身体力行是最好的诺言。

⑧ 关怀他人。不论何时何地,对妇女、儿童及上了年纪的老人,总是表示出关心并给予最大的照顾和方便。

⑨ 大度。与人相处胸襟开阔,不会为一点小事情而和朋友、同事闹意见,甚至断绝来往。

⑩ 富有同情心。在他人遇到某种不幸时,尽量给予同情和支持。

五、礼仪修养的方法

礼仪修养主要有以下 3 个方法。

1. 环境熏染法

一个人的行为是否正确,要以他人为鉴。人们只有在相互交往所形成的礼仪关系中,才能改造自己的礼仪品质。也就是说,一切礼仪修养必须结合人与人之间的交往活动来进行,这样才能认识到自己的礼仪修养是否符合礼仪规范。要从理论上明白礼仪的含义,经常在文明氛围较浓的环境中接受感染和熏陶,将礼仪规范、原则运用到自己的交往实践中,对照检查并改正自己思想中一切与礼仪不相符的东西,从而不断提高自己的礼仪修养。

2. 模仿借鉴法

古人云:“三人行,必有我师焉。”在社交过程中,不论是各种仪式的主持人,还是场上嘉宾等,都可成为我们学习、模仿的对象。通过学习、模仿提高自己的实际操作能力,进而养成良好的礼仪习惯,对以后的社交礼仪实践大有裨益。应善于从他人的言谈举止中发现、挖掘他人的优势与长处,比如,他人在生意场上善于应酬、谈吐不凡、举止稳重、衣饰得体等,这种榜样形象而具体,我们应“以人为镜”,在比较、鉴别的基础上取长补短、完善自己,这对塑造个人形象大有好处。

【小故事】

陈元方说“礼”

汉朝时,有一位名叫陈寔的人和朋友相约同行,约定的时间是某日正午。这天过了正午,朋友还没有来,陈寔便不再等他,径自走了。过了一会儿,这位朋友来了。他见陈寔的儿子元方在门外做游戏,便问道:“你父亲在家吗?”年方七岁的小元方回答说:“他等候您很长时间,您不来,他已经走了。”这位朋友愤愤地说道:“这简直不像话啊! 同别人约定一起动身,却丢掉别人独自走了,太不够朋友了!”

元方听了,回答说:“您同我父亲相约在正午一起动身,到了正午您还不来,这是您对朋友不守信用;您对着他的儿子骂他的父亲,这是您对人不礼貌。为什么您不责怪自己,反倒埋怨别人呢?”这位朋友听了,十分羞愧,赶紧弯下身子抱起元方,并连连向元方赔礼道歉。

3. 自觉自省法

任何事物发展的根本原因在于内部,礼仪修养也不例外。没有高度的自觉性,修养可能只是迫于外力的推动和压力仅仅做做样子、流于形式,养成良好的礼仪习惯只能是一句空谈。在某种意义上,礼仪修养本身是一个自我认知、自我解剖、自我教育、自我改造和自我提高的过程。自省是一种经常化的、自觉的自我检查,是培养礼仪习惯的重要途径,要自觉地按照时代的、社会的、民族的道德要求"吾日三省吾身",严格要求自己,防微杜渐,"勿以善小而不为,勿以恶小而为之"。①

【课堂讨论】

某校志愿者协会长期坚持在图书馆义务管理阅览室的工作。小霞是校志愿者协会的会员,今天轮到她值班。早上8点,她准时来到阅览室,认真地做着工作。一位同学走了进来,一声不吭,这儿瞧瞧,那儿看看,一看就知道是新生。如果你是小霞,接下来会怎么做?

案例讨论

互相尊重是最基本的礼仪

一位外国教授正在给一群留学生上礼仪课,由于学生来自不同的国家,所以大家听得都很认真。

"礼仪就是从细小的地方开始做起。比如我刚才走进教室的时候,轻轻地敲了门。"教授说道。

教授告诉他的学生:"敲门是有讲究的:敲一声,代表试探;敲两声,代表等待对方应答;敲三声,代表询问。而在现实生活中,有八成以上的人却不知道如何敲门。"

接着,教授在课堂上做了一次互动,一名学生扮演餐厅的服务员,送外卖到教授家。"服务员"咚、咚、咚敲了三下门,进门后把外卖轻轻地放在桌子上。教授当场指出了"服务员"的问题:敲门声太重,没有表明自己的身份;也没自带一次性鞋套套住鞋子,弄脏了主人家的地板。于是,那名学生按照教授的指点又表演了一次。

可完成后,那名学生仍站在讲台上看着教授。教授提醒他可以下台了。这时,他认真地对教授说:"老师,如果有人给我送外卖,我不会让他换鞋,我宁可自己再拖一次地板,因为那样会伤害那个人的自尊心。还有,对方离开的时候,我会真诚地对他说一声'谢谢'。"

教授愣了一会儿,继而真诚地说了一句:"你说得对,谢谢你。"

这时讲台下响起了热烈的掌声。

思考题:

(1) 为什么说"互相尊重是最基本的礼仪"?

① 沙风,顾坤华. 大学生社交礼仪[M]. 北京:中国人民大学出版社,2015:15.

(2) 本案例对你有何启示?

"你在家里对你的父母说过'谢谢'吗?"

李娟大学毕业后到一个日本独资企业应聘,面试经理问:"你在家里对你的父母说过'谢谢'吗?"

李娟回答:"没有。"

面试经理说:"你今天回去跟你的父母说声'谢谢',明天你就可以来上班了。否则,你就别再来了。"

李娟回到了家,父亲正在厨房做饭,她悄悄地走进自己的房间,面对着镜子反复练习:"爸爸,您辛苦了,谢谢您!"

其实,李娟早就想对父亲说这句话了,因为她看到了父亲是多么的不容易:自己两岁母亲去世,父亲为了不使她受委屈,没有再娶妻子,小心翼翼地呵护自己长大成人。心里一直想说"谢谢",但就是张不开嘴。李娟暗下决心:今天是个机会,必须说出来!就在此时,父亲喊道:"娟子,吃饭啦!"

李娟坐在饭桌前低着头,脸憋得通红,半天才轻声地说出:"爸爸,您辛苦了,谢谢您。"

李娟说完之后,父亲没有反应,屋内一片寂静。李娟纳闷,偷偷抬眼一看,她的父亲泪流满面!这是欣喜之泪,这是慰藉之泪,这是企盼了20年的话所带给他的感动之泪。此时,李娟才意识到:自己这句话说得太迟了。

第二天,李娟高高兴兴地上班去了。经理看到李娟轻松的神情,知道她已经得到该体会的东西,没有问就把李娟带到了工作岗位上。①

思考题:

(1) 本案例对你有何启示?

(2) 请模仿李娟,把"谢谢"二字说给你身边的同学、亲人、朋友、单位的同事和一切给你帮助的人。

实训项目

1. 礼仪自我完善训练

要有效地改变自己,应该把积极的"自我暗示"与积极的想象和积极的行动结合起来,这里将吴正平的《现代饭店人际关系学》一书中的"改变自己的公式"提供给大家进行礼仪自我完善训练。公式里的"×"可以根据每个人的具体情况,换成适当的词,例如,"彬彬有礼""落落大方""言行得体""举止文雅""沉得住气"等。

举例来说,如果你想让自己从一个沉不住气的人,变成一个能够沉得住气的人,你就应该用"沉得住气"去取代公式中的"×"。

---

① 鲍日新. 社交礼仪,让你的形象更美好:献给大学生朋友[M]. 上海:上海教育出版社,2005:29-30.

改变自己的公式：只要我相信自己是一个×的人，并能像一个×的人那样去行动，且在行动中自我感觉良好，我就是一个×的人。例如，只要我相信自己是一个沉得住气的人，并能像一个沉得住气的人那样去行动，且在行动中自我感觉良好，我就是一个沉得住气的人。

按照“改变自己的公式”的要求，应按照以下几步来做。

第一步，你要进入身心放松的状态，在这种放松的状态中，完全不加怀疑、不加抵制地反复对自己说：“无论遇到什么样的人、什么样的事，我都能沉得住气。”

第二步，仔细地考虑，一个沉得住气的人，遇事是怎样行动的。例如，遇到一个自以为是的、盛气凌人的人，他是怎样行动的；遇到一个蛮不讲理的、胡搅蛮缠的人，他是怎样行动的。

第三步，进行逼真的想象演习，例如，想象你遇到一个自以为是的、盛气凌人的人。因为你是一个无论遇到什么样的人、什么样的事，都能沉得住气的人，你知道，一个沉得住气的人遇到这种情况会怎样做，所以，你就很平静地复述他的意思，然后……在交往的整个过程中，你自我感觉良好。

训练手记：通过训练，我的收获是______________________。

2. 日常礼仪行为养成

实训目标：了解礼仪的基本知识和规范，遵循礼仪的基本原则，并在日常生活、学习、工作中培养良好的礼仪习惯。

实训课时：从开学第一周到第十五周的课外时间，第十六周全班总结。2课时。

实训地点：教室、寝室、食堂、图书馆、社交生活等公共场所。

实训内容：学习礼仪修养基本知识；学习礼仪修养基本规范；从第一节课后起，每天在教室、寝室、食堂、图书馆、社交生活等公共场所，把课堂所学礼仪知识在实践中加以运用，进行待人接物的练习，培养礼仪习惯。

实训要求：把礼仪修养知识与规范融入日常生活、学习、工作及社交实践中；记录你每实践其中一条原则和规范的心得体会，每人不得少于10条；第十六周每位同学上讲台向教师和同学们介绍一下你已掌握了哪些人际交往的礼貌修养基本原则和规范，并思考：哪些是你认为较难做到的？有何感想？今后打算怎样应用这些礼貌基本原则和规范？最后教师总结。

训练手记：通过训练，我的收获是______________________。

课后练习

1. 什么是礼仪？它有哪些特性？
2. 礼仪修养的内容包括哪些？
3. 大学生加强礼仪修养的意义何在？
4. 应该怎样加强礼仪的修养？
5. 观看电影《公主日记》《窈窕绅士》，总结主人公从麻雀变凤凰过程中的诸多礼仪元素以及其礼仪修养方法。

6. 请指出以下人员礼仪修养上存在的问题。

(1) 小王邋里邋遢地站在总经理办公室门前，头发乱蓬蓬的，西装皱皱巴巴，刚一进门就被秘书小姐赶出了办公室。

(2) 小李坐在接待室等待顾客，不耐烦地走过来走过去，还不时地翻看接待室的物品。顾客一来他就迫不及待地开始推销产品，顾客没机会插上一句话。

(3) 拥挤的公共汽车上，小张因一点小事和一位乘客争吵起来。他急匆匆地赶到顾客那儿，发现顾客是刚才和自己在车上争吵的那个人。

(4) 小刘是饭店前厅的接待小姐，客人登记住店时，看了房价后无意中说了一句："这么高的房价？你们的房价为什么这么高呢？"小刘回答："本来还要高，看你不是经商的，这不已经给你打过折了吗？"客人听后极为不悦，大步离开了店堂。

(5) 居民区苏女士正在忙家务，门铃响了，她打开门，迎面而立的是一位戴墨镜的年轻男士。苏女士问："您是……"男士没有摘下墨镜，而是从口袋里摸出一张名片："我是保险公司的。"苏女士接过名片看了看，不错，他的确是保险公司的，但这位男士的形象让她反感，便说："对不起，我们不打算买保险。"说着就要关门，而这位男士动作非常敏捷，已将一只脚迈进门内，挤了进来，一副极不礼貌的样子，在屋内打量，"你们家的房子装修得这么漂亮，真令人羡慕。可天有不测风云，万一发生个火灾什么的，损失就大了，不如现在你就买份保险……"苏女士越听越生气，光天化日之下，竟然有人闯进门来诅咒她的房子，于是，她把年轻男子轰了出去。

7. 讨论题。

大学生怎么啦

在一次人才洽谈会上，笔者与一位用人单位老总聊起人才招聘的事，该老总抱怨说："不是我眼界高，确实在众多的应聘者里很少有让我头一眼就觉得满意的。来应聘的大学生们好像没有礼貌的概念。有的男生一边跟我们说话，一边给女朋友发短信。有的还与女友紧紧相偎，把头发染成红色。还有的竟然口里含着口香糖和我说话。你看刚才那位，一坐下就跷起二郎腿前后摇摆，派头比我还大。"最后，他苦笑着说："现在的大学生怎么啦？"

8. 对下列符合礼仪规范的行为和不符合礼仪规范的行为做一个比较，见表1-2，再在空格中填上相关的内容，请结合其对应的礼仪原则，对符合或不符合礼仪规范的行为做一个解释。[①]

表1-2 符合礼仪规范的行为和不符合礼仪规范的行为的比较

项目 序号	情境	符合礼仪规范的行为	不符合礼仪规范的行为	对应礼仪原则
1	早上，一边吃早餐一边往教室方向走。早餐吃完了，剩下的塑料餐袋……	①找一个最近的垃圾桶扔进去； ②暂时没有看到垃圾桶，将它用餐巾纸包好，放进随身携带的包里	①随手往地上一扔； ②顺手扔在垃圾桶边上	严格律己

① 关小燕. 礼仪：规范行为的行为[M]. 北京：清华大学出版社，2008：36-37.

续表

序号＼项目	情境	符合礼仪规范的行为	不符合礼仪规范的行为	对应礼仪原则
2	教师课堂点名，有的同学没有来上课	事先请假	请同学答“到”	尊重他人
3				
4				

9. 请为自己制订一套“一日礼仪行”计划，并认真执行。在执行的过程中，是否发生过有趣的小故事，或者使你有所感悟，请写成小文章。

第二章 个人形象礼仪

凡人之所以为人者，礼义也。礼义之始，在于正容体、齐颜色、顺辞令。容体正，颜色齐，辞令顺，而后礼义备。

——《礼记·冠义》

面必净，发必理，衣必整，纽必结。

头容止，肩容平，胸容宽，背容直。

气象：勿傲、勿暴、勿怠。

颜色：宜和、宜静、宜庄。

——张伯苓

学习目标

通过本章的学习，应该达到以下目标。

知识目标：了解仪容、着装、仪态的基本知识；掌握通过仪容、着装、仪态塑造个人形象的理论依据。

能力目标：结合自身特点修饰、美化自己的仪容；结合自身特点选择合适的发型；科学地护肤；熟练地进行得体的化妆；能够进行手部修饰；根据自身特点以及交际场合等的不同，有针对性地选择合适的服饰；男士正确地进行西装穿着，并能够熟练地打领带；女士正确地进行西装套裙穿着；服装穿着注重和谐、色彩搭配合理；表现出良好的仪态，符合站姿、坐姿、走姿、蹲姿标准要求；在交际中能够恰当有效地使用眼神和微笑；熟练运用各种规范的手势；举止文明，表现出良好的气质风度。

思政目标：正确认识自己，从自身特点出发，遵循个人形象礼仪规范，做到仪容、着装、仪态三者和谐统一的美。培养恭敬、谦和的职业态度，塑造端庄、文雅的个人形象。

案例导入

小张的形象

小张是一家物流公司的业务员，口头表达能力不错，对公司的业务流程很熟悉，对公司的产品及服务的介绍也很得体，给人感觉朴实又勤快，在业务人员中学历是最高的，可是他的业绩总是上不去。

小张自己非常着急，却不知道问题出在哪里。小张从小有着大大咧咧的性格，不修边幅，头发经常是乱蓬蓬的，双手指甲长长的也不修剪，身上的白衬衣常常皱皱巴巴的并且已经变色，他喜欢吃大饼卷大葱，吃完后却不知道去除异味。小张的大大咧咧能被生活中的朋友所包容，但在工作中常常过不了与客户接洽的第一关。

其实小张的这种形象在与客户接触的第一时间已经给人留下不好的印象，让人觉得他是一个对工作不认真、没有责任感的人，通常很难有机会和客户作进一步的交往，更不用说成功地承接业务了。

思考题：

1. 小张在个人形象上存在哪些不足？
2. 应从哪些方面加强个人形象礼仪修养？
3. 本案例对你有何启示？

个人形象礼仪是一个人在人际交往中，在面部表情、梳妆打扮、着装修饰、举手投足等方面应遵循的行为规范。它是个人道德品质、文化修养、教养良知等精神内涵的外在表现。它包括个人的仪容、仪表和仪态，是人们在日常生活中必须时刻注意的。

个人形象礼仪应遵循的原则：第一，整体和谐。当美的仪容、美的仪表、美的仪态浑然融为一体时，人将会散发出绚丽的美之光华。第二，自然大方。不修边幅、扭捏作态、浓妆艳抹，会让他人产生反感，唯有自然大方的举止、得体的装扮才会让人赏心悦目。第三，扬长避短。人无完人，每个人的外观也许有不尽如人意的地方，但我们可以扬长避短，寻求完善，追求完美。

第一节 仪容礼仪

在社交中，交往对象对自己发自内心的好恶亲疏，往往都是根据其在见面之初对于自己仪容的基本印象"有感而发"的，这种对他人仪容的观感除了先入为主之外，在一般情况下还往往一成不变，其作用可谓大矣。日本松下电器产业株式会社创始人松下幸之助一次到银座的一家理发厅去理发，理发师对他说："你毫不重视自己的容貌修饰，就好像把产品弄脏一样，你作为公司代表都如此，产品还会有销路吗？"一席话说得他无言以对，以后他接受了理发师的建议，十分注意自己的仪表并不惜破费到东京理发。可见仪容、仪表的巨大作用是不可忽视的。

【小故事】

尼克松败北

1960 年 9 月，尼克松(Nixon)和肯尼迪(Kennedy)在全美的电视观众面前，举行他们竞选总统的第一次辩论。当时，这两个人的名望和才能大体上相当，棋逢对手，但大多数评论员预料，尼克松素以经验丰富的"电视演员"著称，可以击败比他缺乏电视演讲经验的肯尼迪。但事实并非如此，为什么呢？肯尼迪事先进行了练习和彩排，还专门跑到海滩晒太阳，养精蓄锐。结果，他在屏幕上出现时，精神焕发，满面红光，挥洒自如。而尼克松没听从电视导演的规劝，加之那一阵十分劳累，更失策的是面部化妆用了深色的粉，因而在屏幕上显得精神疲惫，表情痛苦，声嘶力竭。正如一位历史学家所形容："他让全世界看来，好像是一个不爱刮胡子和出汗过多的人带着忧郁感等待着电视广告告诉他怎么不要失礼。"正是仪容、仪表上的差异和对比，帮助肯尼迪取胜，使竞选的结果出人意料。

（资料来源：佚名.美国候选人梦碎电视辩论：尼克松因形象输给肯尼迪[EB/OL].[2012-07-19].http://history.people.com.cn/n/2012/0719/c198306-18554560.html.）

一个人的仪容，大体上受两大因素的左右。其一，本人的先天条件。一个人相貌如何，通常主要受制于血缘遗传。不管一个人是"天生丽质难自弃"，还是长得丑陋不堪，实际上一降生到人世便已"命中注定如此"，其后的发展变化往往不会与之相去甚远。其二，本人的修饰维护。每个人的先天条件固然头等重要，然而这并非意味着一个在仪容方面先天条件优越的人，便可以过分地自恃其长，而不去进行任何后天的修饰与维护。事实上，修饰与维护，对于仪容的优劣而言往往起着一定的作用。在任何情况下，一个正常人倘若不注意对本人的仪容进行合乎常规的修饰与维护，往往在他人的心目中也难有良好的个人形象可言。所以，我们在平时必须时刻不忘对自己的仪容进行必要的修饰和整理，做到"内正其心，外正其容"。

一、讲究仪容卫生

个人卫生可以反映社会的文明程度，体现社会风尚。讲究仪容卫生，要求做到干净整洁，这是对现代人仪容的基本要求。那么，如何做到仪容干净整洁呢？最重要的是需要长年累月、坚持不懈、不厌其烦地进行以下仪容细节的修饰工作。

1. 坚持洗澡、洗脸

洗澡可以除去身上的尘土、油垢和汗味，并且使人精神焕发。如果有条件要经常洗澡，在参加重大礼仪活动之前还要加洗一次澡。若脸上常有灰尘、污垢、泪痕或汤渍，难免会让人觉得此人又懒又脏。所以，除了早上起床后、晚上睡觉前洗脸之外，只要有必要、有可能，随时随地都要抽出一点时间洗脸净面。

【小贴士】

正确的洗脸方法

取适量洁面乳分别点在下巴、鼻尖、额头、脸的两颊，用中指和无名指轻轻地从下巴至耳根→从嘴角至耳中→从鼻翼至太阳穴→从眉心至太阳穴→从眉心至鼻尖→从眼睛沿眉到眉尾再到眼角打圈→在嘴周围打括号，这样毛孔才能完全打开，把里面的脏东西清洗干净，洗完以后用接近体温的水冲洗干净。

2. 保持手部卫生

在每个人的身上，手是与外界直接接触最多的一个部位，它最容易沾染脏东西，所以，必须勤洗手。此外，还要常剪手指甲，绝不要留长指甲，因为它不仅不符合礼仪人员的身份，还会藏污纳垢，给人不讲卫生的印象。手指甲的长度以不长过手指指尖为宜。

3. 注意口腔卫生

坚持每天刷牙，清除口腔异味，保持口腔卫生，是非常必要的。刷牙应坚持"三三原则”,即每天3餐后刷牙,并且每次刷唇颊面、舌面、咬合面3个面,每次刷3分钟。切勿用饮水漱口和咀嚼口香糖一类无效的方法来替代刷牙。此外,还要养成工作时间不吃生蒜、生葱和韭菜一类带刺激性气味的食物的良好习惯,以免给他人带来不快。

4. 保持发部整洁

头发是人体的制高点,颇受他人的关注。首先要清洗头发。只有经常洗头,才能确保头发不粘连、不板结,无头屑、无汗馊气味。一般认为,每周至少应当清洗头发两三次。其次要修剪头发。与清洗头发一样,修剪头发同样需要定期进行。在正常情况下,通常应当每半个月左右修剪一次头发,至少也要确保每个月修剪头发一次。否则,头发便难有“秩序”可言。最后要梳理头发。梳理头发是每天必做之事。按照常规,在下述情况下皆应自觉梳理头发:①出门上班前;②换装上岗前;③摘下帽子时;④下班回家时;⑤其他必要时。在梳理头发时,还有三点应予注意:①梳理头发不宜当众进行。作为私人事务,梳理头发时应当避开他人。②梳理头发不宜直接下手,最好随身携带一把发梳,以便必要时梳理头发之用。不到万不得已,千万不要用手指代替发梳。③断发头屑不宜随手乱扔。梳理头发时,难免会产生少许断发、头屑等,随手乱扔,是缺乏教养的表现。

5. 保持脚部清洁

每天要进行运动。它会分泌出大量汗液,恶化脚底环境,为真菌繁衍提供温床,如不及时改善,就会导致各种脚部疾病,如脱皮、脚癣、脚部溃烂等。所以,平时要注意清洗脚部,让其通气,擦些护脚霜,还要加以适当保健按摩,美化脚部肌肤。

6. 保持衣裳整洁

要勤换内衣,外衣也要定期清洗、消毒。要勤换鞋袜,保持鞋袜舒适干净,不要在集会或看演出等公众场合脱鞋。

此外,要使用自己的毛巾、口杯、脸盆、牙刷和香皂,养成良好的卫生习惯。

二、注重规范妆容

规范妆容要从以下方面入手。

1. 护肤得法

正常健康的人的皮肤具有光泽,且柔软、细腻洁净、富有弹性;而当人处于病态或衰老的时候,其皮肤就会失去光泽、弹性,出现皱纹或色斑。对皮肤进行经常性的护理和保养,有助于保持皮肤的青春活力。

(1) 分类型保养。皮肤一般分为干性皮肤、中性皮肤、油性皮肤、混合性皮肤和敏感性皮肤。对于不同类型的皮肤,需用不同的方法加以护理和保养。

① 干性皮肤红白细嫩,油脂分泌较少,经不起风吹日晒,对外界的刺激十分敏感,极易出现色素沉着和皱纹。有些干性皮肤的人苦于自己的皮肤少了一份“亮光”,使劲往脸上涂抹“增亮”的油脂。殊不知,此举减少了皮肤的透气性。其实对于这种皮肤,每天在洗脸的时候,可以在水中加入少许蜂蜜,湿润整个面部,用手拍干。坚持一段时间,就能改善面部肌肤,使其光滑细腻。保养要点是补充油脂和保湿。

② 中性皮肤比较润泽细嫩,对外界的刺激不太敏感。这种皮肤比较易于护理,可以在晚上用水洗脸后,再用热毛巾捂脸片刻,然后轻轻擦干。保养要点是维持水油平衡。

③ 油性皮肤肤色较深，毛孔粗大，油光满面，易生痤疮等皮脂性皮肤病，但适应性强，不易显皱。洗脸时可在热水中加入少许白醋，以便有效地去除皮肤上过多的皮脂、皮屑和尘埃，使皮肤富有光泽和弹性。保养要点是控制油脂分泌和保湿。

④ 混合性皮肤看起来很健康且质地光滑，但 T 形区（额头、鼻子、下巴的区域）有些油腻，而两颊及脸部的外缘有一些干燥的迹象。混合性皮肤在护肤时可考虑分区护肤的法则，对于干燥的部位除了更多地补水保养外，可以适当选择一些营养成分较丰富的护肤品，而偏油部分可以使用清爽护肤品。保养要点是控制 T 形区油脂分泌，消除两颊的干燥现象并保湿。

⑤ 敏感性皮肤的表皮较薄，毛细血管明显，使用保养品时很容易过敏，出现发炎、泛红、起斑疹、瘙痒等症状。保养要点是适度清洁，不过度去角质，不频繁更换保养品，不使用含有致敏成分的化妆品。

【小贴士】

确定皮肤类型的简单方法

在早晨起床前，准备三张干纸片，分别贴在额头、鼻子、面颊上，两分钟后揭下，放在亮处观察，就可判断自己的皮肤类型。如果满纸油迹即为油性皮肤；极少油迹即为干性皮肤；如果额头、鼻子有油迹，脸颊上几乎没有即为中性皮肤；额头、鼻子有较多油迹，脸颊上没有则为混合性皮肤。

（2）饮食合理。合理的饮食是美容保健的根本。人体需要多种养分，有了养分，皮肤才有自然健康的美。因此，我们在日常生活中应注意饮食上的多种多样，多吃富含维生素的食物，少吃刺激性食物，保持吸收、消化系统的畅通。一项研究表明，美好容颜的养成，内在营养占 80%，外在营养占 20%。

（3）情绪乐观。乐观的情绪是最好的“润肤剂”。俗话说“笑一笑，十年少”，笑是一种化学刺激的反应，它激发人体各器官，尤其是激发头脑、内分泌系统的活动。笑的时候，脸部肌肉舒展，使面部皮肤新陈代谢加快，促进血液循环，增强皮肤弹性，起到美容作用。经常笑能使面色红润，容光焕发，给人年轻健康的美感。放松是保持乐观情绪的一剂良药，每天平躺在床上，使脚高于头，什么也不想，可以听轻音乐，10 分钟后，即可增加面部的供血量，收到护肤的功效。

（4）保证睡眠。保持卧室的良好环境，卧室的温度、床垫和枕头的软硬，都要适合自己入睡的要求。如有可能，特别是北方的冬季，可在室内装置加湿器，防止皮肤干裂。良好的睡眠使皮肤可以获得更多的氧气，满足代谢的需要。

（5）皮肤保湿。皮肤的弹性和光泽是由含水量决定的，要使皮肤滋润，每天要保证喝水 2000 毫升。每天晚上临睡前饮一杯凉开水，睡眠时，水分会融入细胞，为细胞所吸收。早晨起床后，也要饮一杯凉开水，使肠胃畅通，使水随血液循环分布全身，滋润皮肤。皮肤角质层水分也可以从体外吸收，保持环境湿度，在化妆品中配合上保湿剂，是保持皮肤水分的好方法。

（6）避免不良刺激。紫外线对皮肤有破坏作用，过度暴晒会使皮肤变黑、粗糙并出现皱纹，因此阳光太强的天气，要注意防晒。应化淡妆，不要浓妆艳抹，以减轻对皮肤的刺激。不要使用伪劣化妆品。

(7) 按摩皮肤。具体方法是两手掌相互摩擦发热，然后两手掌由前额顺着脸的两旁轻轻向下擦，擦至下巴时，再上擦至前额，如此一上一下将脸的各处均擦到，上下共36次，每天早晚洗脸后进行。在按摩时手法要轻柔，不可过分用力。

总之，只有自觉地、习惯地在日常生活和工作中保养皮肤，坚持皮肤"锻炼"，才能使皮肤细腻、光泽、柔嫩、红润，富有弹性，青春永驻。

【小贴士】

对付暗疮的方法

在清除暗疮时要非常小心，如果暗疮尚未冒出前发现小红点，可涂些抗菌药膏。如果暗疮已有白色脓头出现，应该先用毛巾热敷，然后轻轻挤掉脓头。这个工作最好在晚间做，好让伤口有时间充分愈合。不过，对于爱生暗疮的人，最好的办法是"防患于未然"。平日不要经常洗脸，因为皮肤表面的油脂如果被清除得过于干净，会产生反作用，刺激皮肤产生更多的油脂。洗脸后等一会儿，待皮肤自己平衡分泌后，再涂上润肤霜，只涂在干燥部位。涂用暗疮膏时，不要只涂在暗疮上，暗疮周围的皮肤也要涂抹，并要经常做此项工作。化妆时，应首选不含油分、不呈粉状的化妆品。

2. 化妆得法

【小案例】

百变公主

小李是一名刚刚走上工作岗位的大学毕业生，对新的职场生活充满了憧憬与期待。为了尽快地融入职场，她在家人的支持下添置了不少行头，有职业装、化妆品、配饰等，可以说是应有尽有。可是每天早上上班前的化妆是她最痛苦的事情，一是花费时间多；二是她根本不知道自己适合化什么样的妆，每次都弄得很花，有时自己感觉很尴尬。有一次她还被一名男同事笑话是百变公主。还有一次她使用了咖啡色的眼影，吓坏了同事们。她自己也很苦恼，本来想用深色眼影让自己的脸看起来立体感强一些，为什么却适得其反呢？

(1) 化妆的原则。美容化妆必须坚持的三个原则。

① 美化的原则。每一个化妆的人都希望化妆能使自己变得更美丽，这是无疑的，但事实上，这些人以为把各种色彩涂抹在脸的相应部位就自然美了，这是错误的。我们看到许多幼儿园的孩子被阿姨化妆化得脸上一团红、眼睛一团黑，变得又凶又老气，孩子的天真可爱荡然无存，这样的化妆不是美了，而是丑了。因此，美化的原则是从效果上来说的。要使化妆达到美的效果，首先必须了解自己的脸的各部位特点，孰优孰劣要心中有数；其次清楚怎样化妆和矫正才能扬长避短，变拙陋为俏丽，使容貌更迷人。这些，要在把握脸部个性特征和正确的审美观的指导下进行。

【小案例】

李霞，你过得好吗

今天是李霞的大学同学毕业20周年聚会的日子。李霞在毕业后就没有见过任何一位同学。对于今天的同学聚会，李霞非常激动。平时不怎么化妆的她觉得应该把自己好好地打扮打扮。于是她涂上厚厚的白粉，抹上深紫色的口红和深蓝色的眼影，兴高采烈地来到聚会地点。当她出现在同学面前时，同学们都大吃一惊，有的同学还走过来关切地问她是否过得不如意，说她看起来脸色不好，充满了沧桑感，她的心情一下就降到了冰点，她纳闷同学们莫名的惊讶与关心，她觉得自己过得很好。

② 自然原则。自然是化妆的生命，它能使化妆后的脸看起来真实而生动，而不是一张呆板生硬的面具。化妆失去了自然的效果，那就是假，假的东西就无生命力和美了。自然的化妆要依赖于正确的化妆技巧、合适的化妆品；要一丝不苟、井井有条；要讲究过渡、体现层次，要点面到位、浓淡相宜。总之，要使化妆说其有，看似无，就像被化妆的人确确实实长了这样一张美丽的面容，像真的一样。化妆时不讲艺术技法手段，胡来一气，敷衍了事，片面追求速度，都有可能使妆面失真。

【小贴士】

生命的化妆

作家林清玄在《生命的化妆》这篇文章里引用一位专业化妆师的评述："最高明的化妆术，是经过非常考究的化妆，让人家看起来好像没有化过妆一样，并且这化出来的妆与主人的身份匹配，能自然表现那个人的个性与气质。次级的化妆是把人凸显出来，让她醒目，引起众人的注意。拙劣的化妆是一站出来别人就发现她化了很浓的妆，而这层妆是为了掩盖自己的缺点或年龄的。最坏的一种化妆，是化过妆以后扭曲了自己的个性，又失去了五官的协调，例如，小眼睛的人竟化了浓眉，大脸蛋的人竟化了白脸，阔嘴的人竟化了红唇……"

【点评】 自然的修饰使人的面目真实生动，更显精神；反之，不当的妆容则会使人显得虚假而呆板，缺少生命力，让人生厌。

③ 协调原则。这包括四个方面：一是妆面协调。这是指化妆部位色彩搭配、浓淡协调，所化的妆针对脸部个性特点，整体设计协调。二是全身协调。这是指脸部化妆还必须注意与发型、服装、饰物协调，如穿大红色的衣服或配了大红色的饰物时，口红可以采用大红色的。它力求取得完美的整体效果。三是身份协调。这是指礼仪人员化妆时要考虑到自己的职业特点和身份，采用不同的化妆手段和化妆品。作为职业人士，应注意化妆后体现端庄稳重的气质；作为专门从事各种关系建立和协调的从业人员出头露面的机会多，与有身份、有地位、有权力的人打交道频繁，要表现出一定的人际吸引魅力，化妆就不能太艳俗或太单调，而应浓淡相宜，青春妩媚，适合人们共同的爱美之心。四是场合协调。这是指化妆要与所去的场合气氛要求一致。日常办公，妆可以化得淡一些；出入宴会、舞会等场合，妆可以化得浓一些，尤其是舞会，妆可以亮丽一些；参加追悼会，素衣淡妆，忌使用鲜艳的红色化妆。不同的场合不同的化妆，相得益彰，不仅会使化妆者内心

保持平衡，也会使周围的人心理融洽。

【小贴士】

常用化妆造型的特点

① 端庄型稳重、大方、清秀，双额、双唇在脸上形成倒三角形。

② 文秀型文静、娇柔，强调柔和、透明、粉嫩的装扮，一般选择松散、多卷的发型，不强调脸上的某一部分，以清纯秀气为主。

③ 自然型自然、随意、洒脱，不刻意修饰，但应强调眉毛、眼睛及发型的洒脱、浪漫、新潮。

④ 华丽型典雅、高贵，强调眼睛和嘴唇的颜色艳丽华贵、多变幻。

(2) 化妆的方法。化妆时要认真掌握化妆的方法。化妆大体上应分为打粉底、画眼线、施眼影、描眉形、上腮红、涂唇彩、喷香水等步骤。每个步骤均有一定之法，必须认真遵守，讲求化妆的技巧。化妆的操作程序与要求如表 2-1 所示。

表 2-1 化妆的操作程序与要求

步骤	目 的	操 作 要 点	注 意 事 项
1. 打粉底	调整面部肤色，使之柔和美丽	① 选择粉底霜； ② 用海绵取适量粉底，涂抹细致均匀	① 粉底霜与肤色反差不宜过大； ② 切记在脖颈部打粉底，以免面部与颈部“泾渭分明”
2. 画眼线	使眼神生动有神，并且更富有光泽	① 笔法先粗后细，由浓到淡； ② 上眼线从内眼角向外眼角画； ③ 下眼线从外眼角向内眼角画	① 一气呵成，生动而不呆板； ② 上下眼线不可在外眼角处交会
3. 施眼影	强化面部立体感，使双眼明亮传神	① 选择与个人肤色适合的眼影； ② 由浅到深，施出眼影的层次感	① 眼影色彩不宜过分鲜艳； ② 工作妆应选用浅咖啡色眼影
4. 描眉形	突出或改善个人眉形以烘托容貌	① 修眉，拔除杂乱无序的眉毛； ② 具体描眉形	① 使眉形具有立体感； ② 注意两头淡、中间浓，上边浅、下边深
5. 上腮红	使面颊更加红润，轮廓更加优美，显示健康活力	① 选择适宜的腮红； ② 延展晕染腮红； ③ 扑粉定妆	① 注意腮红与唇膏或眼影属于同一色系； ② 注意腮红与面部肤色过渡自然
6. 涂唇彩	改变不理想的唇形，使双唇更加娇媚	① 以唇线笔描好唇线； ② 涂好唇膏； ③ 用纸巾吸去多余的唇膏	① 先描上唇，后描下唇，从左右两侧沿唇部轮廓向中间画； ② 描完后检查一下牙齿上有无唇膏的痕迹
7. 喷香水	掩盖不雅体味，使之清香怡人	① 选择适宜的香水类型； ② 喷涂于腕部、耳后、颌下、膝后等适当之处	① 香水切勿使用过量； ② 香水气味应淡雅清新

【小贴士】

化妆水介绍

化妆水是爽肤水、紧肤水、调理水、柔肤水和洁肤水的统称。

① 爽肤水。涂抹的感觉比较清爽，能补充肌肤的水分。

② 紧肤水，也称收敛水。其最大的功效在于细致毛孔，有效平衡油脂分泌。特别针

对需要收敛毛孔的油性皮肤或混合性皮肤的 T 形部位设计，其他皮肤并不适合使用，因为它通常含有酒精成分。

③ 调理水。其作用是调整肌肤的酸碱值，肌肤在正常状态下呈弱酸性，洗完脸后，用调理水将肌肤恢复到弱酸性。

④ 柔肤水。比较起来，它比较滋润，给予肌肤细致的呵护，可以软化角质层，增强肌肤吸收滋润护肤品的能力。

⑤ 洁肤水。除了洗脸可以清洁肌肤之外，有一些“水”，还能再次清洁脸部的残余污垢，等于是洁肤的保障。

购买的时候可以这样区分：油性皮肤使用紧肤水，健康皮肤使用爽肤水，干性皮肤使用柔肤水。对于混合性皮肤来说，T 形部位使用紧肤水，其他部位使用柔肤水和爽肤水皆可。敏感性皮肤则可以选用敏感水或修复水，而要想美白的话就可以选用美白化妆水。

完成上述化妆过程后要进行妆后检查。一是检查左右是否对称。眼、眉、腮、唇、鼻侧等，两边形状、长短、大小、弧度是否对称，色彩浓淡是否一致。二是检查过渡是否自然。脸与脖子、鼻梁与鼻侧、腮红与脸色、眼影、阴影层次等过渡是否自然。三是检查整体与局部是否协调。各局部是否缺漏、碰坏，要符合整体要求，该浓该淡是否达到了应有的效果，整个妆面是否协调统一。四是检查整体是否完美。化妆要忌“手镜效果”，即把镜子贴近脸部检查。虽然这样会看清细小的部分，但一般人是在一米之外的距离与你面谈或打招呼。所以要在镜前 50 厘米处审视自己，对脸部整体的平衡做出正确的判断。

【课堂讨论】

某公司行政助理小洁，看到同事们很注重自己的仪容，她也开始留心起来。她有一双丹凤眼，很有古典美，但她想让自己的双眼看起来更大一些。如果你是小洁的同事，你将如何帮她化出一双水汪汪的明亮大眼呢？

【小贴士】

如何卸妆

① 卸除睫毛膏。首先将假睫毛取下，如果你戴了假睫毛或隐形眼镜，一定要先将其取下。将化妆棉用眼部专用卸妆液蘸湿后对折，闭上双眼，两手各用两根手指将化妆棉上下压住睫毛，夹紧包住，注意，睫毛根处也不要忽略。等待 3～5 秒后，让化妆棉上的眼部专用卸妆液将睫毛上的睫毛膏完全溶解，然后轻轻将化妆棉往前拉出，以便顺势将溶解的睫毛膏擦去。通常睫毛膏无法一次完全去除，你可以更换化妆棉将上面的步骤再重复一次，直至完全清除为止。

② 卸除眼影及眼线。取一片化妆棉，同样以眼部专用卸妆液将其蘸湿。闭上眼，将化妆棉用食指、中指与无名指夹紧，敷盖于眼皮上两三秒。然后将化妆棉轻轻地往眼尾拉走，以顺势擦去眼皮上的眼影。如果因为使用了防水眼线而没有去除干净，可再重复一次。

③ 卸除不沾杯唇膏。用面纸按压嘴唇，吸掉唇膏里的油分。将两片蘸满卸妆液的棉

片叠在一起轻敷嘴唇，微笑使唇纹舒展。由外围向唇部中心垂直卸除，不要来回搓。打开嘴角，将棉片对折，清理容易遗落的残妆。

④ 卸除面部妆容。将卸妆产品适量涂抹于脸上，用指腹轻轻按摩脸部，让卸妆产品将脸上的彩妆充分溶解。注意细小的地方，如鼻梁两侧、嘴角、发际等处也要彻底卸除。用面纸将脸上所有的东西擦去，如果一次卸除不干净，同样的步骤可再来一次。

(3) 化妆的禁忌。主要包括以下五个方面。一是切忌在公共场合化妆。在众目睽睽之下化妆是非常失礼的，这样做有碍于他人，也不尊重自己。二是女士不能当着男士面化妆。如何让自己更加妩媚应是女性的私人问题，即便是丈夫或男朋友，这点距离也是要有的，从某种意义上来说，“距离”就是美。三是不能非议他人的化妆。由于个人文化修养、皮肤及种族的差异，每个人对化妆的要求及审美观是不一样的。不要总认为只有自己化的妆才是最好的。在和他人交往的过程中，即便是好朋友，也不要主动去为别人化妆、改妆及修饰，这样做就是强人所难和热情过度。四是不要借用他人的化妆品。如确实忘了带化妆盒而又需要化妆，在这种情况下除非他人主动给你提供方便，否则千万不要用人家的化妆品，因为这是极不卫生的，也是很不礼貌的。五是男士使用化妆品不宜过多。目前，男士化妆品越来越多，但男女有别。男士不能使用过多的化妆品，否则会给人带来不良的印象，不要让人感到你化妆后有“男扮女装”的感觉。

【小贴士】

妆型分析

关洁在其《个人形象设计》(中国戏剧出版社，2011 年版)中就妆型分析如下。

1. 生活妆

生活妆是应用最广泛的妆型，是人们日常生活、休闲娱乐、居家、旅游时应用的妆型，适合不同年龄、类型人群。

(1) 特点。妆面干净、自然，尽量隐藏化妆的痕迹，不过分强调轮廓，用色明亮、清淡、线条柔和，适当地修饰掩盖一些缺点，强调优点，调整面部凹凸结构，看上去使人自然、清新、淡雅，与整体形象和谐。

(2) 色彩。用色柔和，粉底与原有的肤色接近，不要采用与肤色相差甚远的色彩，加强眼影色彩变化效果，采用与肤色、服饰相协调的色彩，唇色可以适当采用亮丽的色彩。

2. 职业妆

职业妆是应用较广泛的妆型，是人们日常工作时应用的妆型，适合不同职业、年龄、类型的人群。

(1) 特点。五官轮廓勾画清晰，用色沉稳，给人以干练、信任的印象。

(2) 色彩。化妆基本程序类同生活妆，用色沉稳，眼影以对比色系为主。

3. 晚宴妆

随着人们社会活动的增加，参加各种社交活动、晚宴的机会也逐渐增多，优雅华丽的环境、恰到好处的化妆成为人们展示自我个性风采的方式。

(1) 特点。由于晚间社交活动一般都在灯光下进行，且灯光多柔和、朦胧，不易暴露出化妆痕迹，因此，晚妆应化得浓艳些，眼影色彩尽可能丰富漂亮，眉毛、眼形、唇形也可做些适当的矫正，使其更显光彩迷人。化晚宴妆时可在不超越所允许的范围内，充分发挥自己的想象力，把自己打扮得更加漂亮、更具魅力、更引人注目。

(2) 色彩。晚宴妆应化得浓艳些，妆面要比白天清晰、明亮些，否则就达不到化妆效果。

4. 时尚化妆

具有较强的时代感和自由性，表现效果强烈，具有时尚的风格，是青年人喜欢的风格。

(1) 特点。强调前卫、时尚的特点，造型夸张不脱离美感，表现风格自由，富有个性，总体结构符合自然规律。

(2) 色彩。用色具有超前的流行性，在美的基础上大胆用色，色调多为引人注目的色彩，显示流行与活力，具有个性特色色调。

此外，妆型还有电视化妆、电影角色妆、舞台演艺妆、传统戏曲剧妆等。

3. 不同脸形的化妆

脸部化妆一方面要突出面部五官最美的部分，使其更加美丽；另一方面要掩盖或矫正缺陷或不足的部分。经过化妆品修饰的美有两种：一种是趋于自然的美；一种是艳丽的美。前者是通过恰当的淡妆来实现的，它给人以大方、悦目、清新的感觉，最适合在家或平时上班时使用。后者是通过浓妆来实现的，它给人以庄重、高贵的印象，可用在晚宴、演出等特殊的社交场合。无论是淡妆还是浓妆，都要利用各种技术恰当使用化妆品，通过一定的艺术处理，才能达到美化形象的目的。

(1) 椭圆形脸化妆。椭圆形脸可谓公认的理想脸形，化妆时宜注意保持其自然形状，突出其可爱之处，不必通过化妆去改变脸形。

涂胭脂时，应涂在颊部颧骨的最高处，再向上、向外揉开。

涂唇膏时，除嘴唇唇形有缺陷外，尽量按自然唇形涂抹。

修眉毛时，可顺着眼睛的轮廓修成弧形，眉头应与内眼角齐，眉尾可稍长于外眼角。

正因为椭圆形脸无须太多修饰，所以化妆时一定要找出脸部最动人、最美丽的部位予以突出，以免给人平平淡淡、毫无特点的印象。

(2) 长形脸化妆。长形脸的人在化妆时力求达到的效果应是增加面部的宽度。

涂胭脂时，应注意离鼻子稍远些，在视觉上拉宽面部。涂抹时，可沿颧骨的最高处与太阳穴下方所构成的曲线部位，向上、向外揉开。

涂唇膏时，依自己的唇样涂成最自然的样子，修改不宜过大。

施粉底时，若双颊下陷或者额部窄小，应在双颊和额部涂以浅色调的粉底，造成光影，使之变得丰满一些。

修眉毛时，应令其成弧形，切不可有棱有角的。眉毛的位置不宜太高，眉毛尾部切忌高翘。

(3) 圆形脸化妆。圆形脸给人可爱、玲珑之感，若要修正为椭圆形并不十分困难。

涂胭脂时，可从颧骨起始涂至下颌部，注意不能简单地在颧骨突出部位涂成圆形。

涂唇膏时，可在上嘴唇涂成浅浅的弓形，不能涂成圆形的小嘴状，以免有圆上加圆之感。

施粉底时，可用来在两颊造阴影，使圆形脸瘦一点。选用暗色调粉底，沿额头靠近发际处起向下仔细地涂抹，至颧骨部位下可加宽涂抹的面积，造成脸部亮度自颧骨以下逐步集中于鼻子、嘴唇、下巴附近部位。

修眉毛时，可修成自然的弧形，可作少许弯曲，不可太平直或有棱角，也不可过于弯曲。

(4) 方形脸化妆。方形脸的人以双颊骨突出为特点，因而在化妆时要设法加以掩蔽，增加柔和感。

涂胭脂时，宜涂抹得与眼部平行，切忌涂在颧骨最突出处。可抹在颧骨稍下处并往外揉开。

涂唇膏时，可涂丰满一些，强调柔和感。

施粉底时，可用暗色调在颧骨最宽处造成阴影，令其方正感减弱。下颌部宜用大面积的暗色调粉底造阴影，以改变面部轮廓。

修眉毛时，应修得稍宽一些，眉形可稍带弯曲，不宜有角。

(5) 三角形脸化妆。三角形脸的特点是额部较窄而两腮较阔，整个脸部呈上小下宽状。化妆时应将下部宽角"削"去，把脸形变为椭圆形状。

涂胭脂时，可由外眼角处起始，向下抹涂，令脸部上半部分拉宽一些。

涂唇膏时，注意使唇角稍向上翘，唇形可适当外阔。

施粉底时，可用较深色调的粉底在两腮部位涂抹、掩饰。

修眉毛时，宜保持自然状态，不可太平直或太弯曲。

(6) 倒三角形脸化妆。倒三角形脸的特点是额部较宽大而两腮较窄小，呈上阔下窄状。人们常说的"瓜子脸""心形脸"即指这种脸形。化妆时，掌握的诀窍与三角形脸相似，需要修饰部分则正好相反。

涂胭脂时，应涂在颧骨最突出处，而后向上、向外揉开。

涂唇膏时，宜用稍亮些的唇膏以加强柔和感，唇形宜稍宽厚些。

施粉底时，可用较深色调的粉底涂在过宽的额头两侧，而用较浅的粉底涂抹在两腮及下巴处，造成掩饰上部、突出下部的效果。

修眉毛时，应顺着眼部轮廓修成自然的眉形，眉尾不可上翘，描时从眉心到眉尾宜由深渐浅。

【小贴士】

女性化妆十不宜

① 不宜面部搽香水。搽了香水的部位，经太阳光线照射会引起化学变化，产生红肿刺痛，严重的还会发展成为皮炎。皮肤科专家介绍，正常皮肤有一层皮脂腺覆盖，涂上一层厚厚的脂粉后，容易堵塞毛孔，影响汗腺及皮脂腺的分泌与排泄，还影响皮肤的呼吸。

② 不宜化妆拔眉毛。化妆拔眉毛会给人一种光秃的造型感，从医学观点看，拔眉毛不但会损害生理功能，而且会因破坏了毛囊和化妆涂料的刺激导致局部感染。

③ 不宜多用口红。口红中的油脂能渗入人体皮肤，而且有吸附空气中飞扬的尘埃、各种金属分子和病原微生物等副作用。通过唾液的分解，各种有害的病菌就可乘机进入口腔，容易引起"口唇过敏症"。

④ 不宜用一种粉底。粉底的颜色比脸部的肤色过深或过浅，都会破坏你的容貌，因此，应该多备几种粉底，随四季肤色的改变而不断调整。

⑤ 不宜重涂眼影粉。尤其是热天汗水多，汗水会将眼影冲入眼内，损害视觉器官，如再用手揉，更易将细菌带入眼内，染上沙眼或红眼病。

⑥ 不宜把面膜涂在眉毛和睫毛上。撕拉式的面膜粘在眉毛和睫毛上，除去时容易将眉毛和睫毛一起拔掉。

⑦ 不宜将脸抹得白里透青。若脸上使用油脂化妆品，再搽上一层香粉，使之白里透青，阳光中的紫外线就无法被吸收，影响体内维生素 D 的产生。

⑧ 不宜用他人化妆品。化妆品可能成为疾病传染媒介，因此，不要乱用他人化妆品化妆，也不要将自己用过的化妆品随意借给他人。

⑨ 磨面时手指用力不宜过大。天热时人体毛孔放大，表皮较嫩，磨面用力过大，面皮被磨面膏中的"沙子"损伤，再经风吹日晒，反而变得粗糙。

⑩ 不宜不断补粉。如果终日不断地在脸上补粉，胭脂之上敷胭脂，脸上就会出现很不雅观的斑底，首先鼻子就会因不断地油粉混合而发黑。

【课堂训练】

两名同学为一组，相互为对方画一淡妆。化妆品自备，教师检查巡视并点评。

三、掌握饰发要领

【小案例】

气质魅力从头开始

华盛集团公司的卫董事长有一次要接受电视台的采访。为了郑重起见，卫董事长特意向公司为自己特聘的个人形象顾问咨询，有无特别需要注意的事项。对方专程赶来之后，仅仅向卫董事长提了一项建议：换一个较为儒雅而精神的发型，并且一定要剃去鬓角。对方的理由是发型对一个人的上镜效果至关重要。果然，改换了发型之后的卫董事长在电视上亮相时，形象焕然一新。他的发型使他显得精明强干，他的谈吐使他显得深刻稳健，两者相辅相成，令电视观众们纷纷为之倾倒。

发型是构成仪容美的重要内容。美观的发型能给人一种整洁、庄重、洒脱、文雅、活泼的感觉。发型的选择要与性别、发质、服装、身材、脸形等相匹配，还要与自己的气质、职业、身份相吻合，这样才能扬长避短、和谐统一，显现出真正的美。

1. 发型与性别

对于男士来讲，头发的具体长度，有着规定的上限和下限。所谓上限，是指头发最长的极限。按照常规，一般不允许男子在工作时长发披肩，或者梳起辫子，在修饰头发时要做到：前发不覆额，侧发不掩耳。男士头发长度的下限是不允许剃光头。

对于女士来讲，在工作岗位上头发的长度的上限是不宜长于肩部，不宜挡住眼睛。长发过肩的女子在上岗之前，可以采取一定的措施，如将超长的头发盘起来、束起来、编起来,不可以披头散发。女士头发长度的下限也是不允许剃光头。

【小贴士】

男士发型的长度

男士的发型一般是以头发顶部至发际线处的长度为依据,分为短发型、中长发型、长发型、超长发型。短发型一般留发较短,发式轮廓线在两鬓角处,给人精干年轻、充满活力的印象。中长发型一般留发适中,发式轮廓线在耳轮以上,是大多数男性,特别是中年男性喜爱的发长。留长发型的男性较少,大都受一些从事艺术类工作的男士偏爱,发式轮廓线在后发际线上下,颇有艺术家的风采。但打理不好,容易有不修边幅的感觉。超长发型的男性更少,留发很长,发式轮廓线超过发际线,是追逐时尚、标新立异一族喜爱的发式。男士发型长度确定的方法如下。

① 左右梳理确定法。左右梳理确定法是将头顶区的头发先梳到一侧,按侧区标准长度修剪。然后再将头顶区的头发梳至另一侧,按另一侧区长度标准修剪,最后再将顶区中心的头发垂直提起,将多余的长发剪去即可。这种方法适合于发丝后梳流向与旋转流向的男士发型长度定位。

② 中心点定位设定法。中心点定位设定法是以中心点至肩尾的长度为基准建立设计线,按要求修剪顶区层次。这种方式适合一般按常规修剪的男士发型长度定位。

③ 分梳设定法。分梳设定法是以自然分界线为准,将头发自然梳至两个侧区,按侧区的标准长度进行修剪。此方法适合喜爱顶部留发较长或顶部头发较少的男士发型长度定位。

2. 发型与发质、服装

一般来说,直而硬的头发容易修剪得整齐,故设计发型时应尽量避免花样复杂,应以修剪技巧为主,做成简单而又高雅大方的发型。比如,梳理成披肩长发,会给人一种飘逸秀美的悬垂美感;用大号发卷梳理成略带波浪的发型或梳成发髻等,会给人一种雍容、典雅的高贵气质。

细而柔软的头发,比较伏贴,容易打理成形,可塑性强,适合做小卷曲的波浪式发型,显得蓬松自然;也可以梳成俏丽的短发,能充分体现你的个性美。

在现代美容中,一个人的发式与服装有着十分密切的关系。什么样的服装应当有什么样的发式相配,这样才显得协调大方。假如一个高贵典雅的发髻配上一套牛仔服系列就显得不伦不类。因此,只有和谐统一才能真正体现美。

【小贴士】

发型与季节的配合

一年四季,由于气候的变化,人们的着装随之变化,发型设计也应随着季节的变化而变化。

① 春季草木复苏,生机盎然,气候适宜。发型设计可根据自己的喜好加以选择,色彩可以丰富多彩,表现出积极进取、精力充沛的一面,长短、厚薄均可,不受限制。但发型一

定要展示美的风范:流畅的线条,优美的造型。

② 夏季由于气候炎热,人们的穿着也很简单,一般的服装都是开领、短袖,并露出颈部。发型设计多用短发或超短发,给人以凉爽、整洁、利落的感觉;长发可以盘起或编起,尽量露出脖颈,也可采取束发措施。发式外轮廓呈圆形,前高后低,额前呈花瓣形,两侧及顶部头发呈直线状,这样比较时尚。

③ 秋季天气凉爽,草木枯黄,给人以萧条的感觉,人们着装也较随意。在发型上可以采用稳重、典雅的造型,也可以做出时尚前卫的造型。因为秋天也是个硕果累累、色彩斑斓的季节,因此色彩尽可以任意发挥。

④ 冬季气候寒冷,穿着笨重,头上常常戴围巾、帽子,发型很难保持长久。所以,发型处理应尽量简洁、易梳理。发型设计要偏长、偏厚和蓬松些,给人以温暖的感觉。留发宜长但发式可以是大波浪、中波浪,也可以是长直发,发色偏暖为宜。

3. 发型与身材

发型设计不应只是简单增加或减少身高的作用。发型、脸形和身材应该是和谐一致的。有时单看某一款发型很漂亮,与脸形和肤色都配合得很好,可是站起来一看就感到了美中不足,原来是发型太短或太长,导致头长和身高比例失调,或头宽与身宽比例不相宜。根据人体美学测量学的研究,头长和身高的比例应该为1∶7.5～1∶8。只有遵循形式美法则才能使发型设计具有增加体型美或修补体型缺陷的效果。发型与身材的配合大致有下列几种情况。

(1) 身材矮小者的发型。身材娇小、脸形圆润会给人小巧玲珑之感,发型设计不宜破坏这种感觉。发型应以秀气、精致为主,避免粗犷、蓬松,否则会使头部与整个形体的比例失调,给人产生大头小身体的感觉。烫发时应将花式做得小巧、精致一些,或者选用偏分的短发或中长发,短发显得轻快活泼,富有青春魅力。身材矮小者也不适宜留长发,因为长发会使头显得大,破坏人体比例的协调性。留中长发时,可将发梢自然向里弯曲,任秀发自然飘逸。高耸的盘发可以增加身高错觉,但要视脸形或头长而定。

(2) 身材矮胖者的发型。矮胖体型的人给人一种丰满健康、充满活力之感。发型要协调这种健康的美感,造成一种有生气的健康美,譬如选择运动式发型。此外,应考虑弥补缺陷,胖人脖子短,不宜留披肩长发,不宜烫卷发,不宜让头发过于蓬松或过宽,尽可能让头发向高度发展,显露脖子以增加身体高度感。也可以盘头,或选择让头发向上蓬松发展的发型(也要看头长与身长比例而定)。

(3) 身材高瘦者的发型。高瘦体型的人细长而单薄,头部显小。若要弥补这些不足,发型就要求生动饱满,避免将头发梳得紧贴头皮,或将头发搞得过分蓬松,造成头重脚轻的印象。一般来说,高瘦身材的人比较适宜留长发和直发。应避免将头发削剪得太短薄,或高盘于头顶上。头发长至下巴与锁骨之间较理想,且要使头发显得厚实、有分量。也可将长发盘起,梳理成高雅的发髻,优雅而别致。发型的轮廓宜保持圆形或烫出有波浪的卷曲状并层次分明,也可将头发后梳显露丰满的面庞。

(4) 身材高胖者的发型。男人的高大是一种魁梧,给人一种力量美,但高大对女人来说就会缺少苗条、纤细的美感。除了以服饰及化妆设计予以矫正外,发型设计也有一定的美化效果。为适当减弱这种高大感,发式上应以大方、简洁为好。高大妇女的发型一般以直发为主，以长发或中长发、大波浪卷发为好，即使做卷发也应伏贴、紧凑，也可以做盘发或简单的短发，发型应简洁明快，线条流畅、大方、奔放、洒脱，不要追求繁杂的花样，头发不要太蓬松。总的原则是简洁、明快，线条流畅。

另外，如果你的上身比下身长，或上下身等长，则发式可选择长发以遮盖其上身；如肩宽臀窄，就应选择披肩发或下部头发蓬松的发式，以发盖肩，分散肩部宽大的视角；若颈部细长，可选择长发的发式，不适宜采用短发式，以免使脖颈显得更长；若颈部短粗，则适宜选择中长发式或短发式，以分散颈粗的感觉。

总之，进行发式选择时，必须根据自己的身材，选择一个与之相称的发型。

【小贴士】

发型与职业

根据职业的需要，设计一个很理想的发型对每个人来说都非常重要。以下是几种常见职业。

(1) 教师或机关人员的发型选择

发型要简洁、大方、朴素、明快，最好是剪成短发或烫后稍加修理。若是留成中长发，则可在自然蓬松的基础上以适宜的发卡装饰，给人以淡雅、端庄的感觉。

(2) 公务人员或秘书的发型选择

由于社会活动较多，头发最好留得长一些，以便能经常变换发型。一般可以将头发烫成波浪或剪成披肩直发，这些发型稍加修饰或变动，即可适应多种场合。

(3) 运动员或学生的发型选择

根据这类人员的职业特点，发型可以做成轻松活泼的短发，若留长发则扎成马尾状，看起来十分可爱、阳光，又易于梳理。

由于社会分工的不同，因而出现了各种不同的职业，所以设计出既能衬托整体又能表现个性的发型，才能和谐统一。

4. 发型与脸形

发型与脸形的配合要点主要是突出优点和遮盖缺点，达到美化面容的目的。人的脸形根据几何图形来分，大致可分为椭圆形、圆形、方形、长形、三角形、逆三角形、菱形7种，以椭圆形脸为标准脸形。

【小贴士】

各种头形的特征

① 长形头的顶部一般较尖，脸形较长，额骨突出。

② 圆形头的骨骼生长较均匀，肌肉丰满，头形的前后左右圆润饱满。

③ 扁形头额骨不突出，枕骨部平坦，后脑勺扁平，没有立体感。

(1) 椭圆形脸的发型。椭圆形脸通常被认为是标准脸形，俗称“鹅蛋脸”，尤其是女性，更能给人以高贵典雅的感觉。此脸形适合于各种发型，但发式不宜过分复杂，原则上以自然简单的发型为主，以免弄巧成拙，影响脸形的美丽。

（2）圆形脸的发型。圆形脸面部肌肉丰满、轮廓圆润，一般额部发际线生得低，下颌不长，给人以活泼年轻的印象，俗称“娃娃脸”。所以若留短发，发型应该顶部高，两侧略收紧，向椭圆形方向发展；若留长发，应利用直线条的发型削弱两侧的宽度，颈部不妨多留一些，可以改变脸形过圆的印象。圆形脸最好将额头露出，这样可以使人看起来属于椭圆形脸。

（3）方形脸的发型。方形脸的特征是额部高而开阔，两腮突出，下颌较宽，面部方正，给人以刚毅、顽强的阳刚美感。其缺点是脸部线条太生硬，脸形方而缺少柔和的感觉。发型要求自然，才能中和生硬的线条，显现女性的柔美。应使顶部头发高而蓬松，两鬓收紧呈弧形，遮去方形额角，尽力减少方的感觉，造就圆润之感。

（4）长形脸的发型。长形脸的骨骼特点是上下宽度较窄，脸形过长，前额发际线生长较高，脸部肌肉不发达，下颌较宽较长，给人以朴实的印象。发型设计时应将顶部头发压低，脸部两侧多留一些头发，尽量以稍微弯曲的刘海、头发遮住过高的额部，这样可以缩短脸部比例。两侧头发蓬松自然略带波浪形，使脸形轮廓有椭圆形感。脸形较大时，可将长发卷曲成大波浪，把两侧面颊略微遮掩。

适合的发型是在脸的两侧部位加宽加厚发量。例如，头发较长的可以采用烫发蓬松处理，但顶部不要加高，以展示出女人优雅迷人的气质。

【小贴士】

发型与额头、颧骨的配合

① 低额头多见于圆形脸，应把前额的头发稍稍上梳，露出前额，拉长脸形。

② 高额角可利用刘海或使头发呈现波浪状，让头发遮住一部分前额，发梢应向下梳。

③ 宽额头可在太阳穴两侧做发卷或波浪，额前头发梳高；也可以将发梢从两边向中间梳，用发卷、波浪遮盖住一部分额角；或者留刘海，把前额的发丝从中间分向两边，以自然的波浪线条遮盖宽大的额头。

④ 窄额头应把头发沿两鬓向后梳，尽量露出两太阳穴以增加额宽。如果做了刘海或波浪绝对不要让它延伸到太阳穴前边。

⑤ 高颧骨。高颧骨的脸形不要梳中分式，两鬓的头发可向前梳，超过耳线，盖住颧骨，刘海可略长些。

（5）三角形脸的发型。三角形脸有额窄腮宽、上小下大的特点，给人以持重、稳健的印象。其发型应顶部收紧、圆润，略遮过窄的额部；两侧放松，线条柔和，遮住过宽的腮部，尽量修正上小下大的三角形形象。

（6）逆三角形脸的发型。逆三角形脸与正三角形脸相反，特点是上额宽、两腮狭窄、轮廓呈倒置三角形，给人以瘦小、灵敏的感觉。其发型若配上短发，会显得单薄，所以刚好过肩的长度较适合。若两颊太宽，可将两侧头发自然下垂，使过宽的两颊不至于太明显。顶部头发应略高而收紧，额前中分式，略遮两额角，两侧头发略松，减少上大下小的倒三角形感觉。

（7）菱形脸的发型。菱形脸又称枣核形脸。骨骼特点是上额部和下颌部都狭小，两颧骨部位较宽，呈菱形，给人以灵巧的感觉。其发型应放宽两头，收缩中间，顶部圆润，不能太高，耳上部两侧头发应当蓬松一些，将发量放在颧骨之上，以起到平衡、柔化颧骨部位的作用，底部头发也应该与整体丰盈度相适应，两侧弧形发线遮过额角，使轮廓带有椭圆形感。适合的发型是略显凌乱的较为浪漫的发型。

【小贴士】

用发型矫正面部缺陷的方法

① 遮盖法。以头发组成适当的线条来改变脸形不足，主要是在视觉上把原来比较突出而不够完美的部分遮盖掉，冲淡突出的部分。

② 衬托法。主要将顶部和两侧的部分头发梳得蓬松或紧贴，以增加或减少某部分的块面，改变其轮廓。如圆形脸顶发向上梳得高而挺，下颌两侧紧缩些，脸形即有拉长感。脸形平扁时，发型的起伏要大，以增加脸形的立体感等。

③ 填补法。利用头发或饰物来填补不足的部位。例如，头部有瘪塌部分，可用结扎蝴蝶结、戴发夹、戴插花或衬假发填补。

④ 增美法。脸形肤色都很美时，则要求发型不能破坏自然美，而应该衬托或者增加自然美。

5. 美发的方法

【小案例】

毁了生意的“鸡窝头”

一个周五的晚上，几个好朋友为了给曹蒙庆祝生日，特意拉着他到理发店烫了个时髦的“鸡窝头”，然后又拉着他去一家知名的摇滚酒吧吃喝玩乐，直到凌晨四点，这帮朋友才各自回家睡觉。

早上八点，单位经理打来电话，因为经理临时有事，让曹蒙代他去和一个重要客户签合同，时间安排在上午九点。从曹蒙家到客户那里至少要四十分钟的路程，要是堵车就可能迟到。曹蒙不敢怠慢，赶紧起床，拿起一套西装穿上就出了门。

果然，曹蒙在去的路上遇上了堵车，还好他在最后几分钟顺利赶到了客户那里。一见到曹蒙，客户的眼里闪过耐人寻味的神色，让曹蒙坐下后，客户就去了隔壁房间。过了一会儿，客户对曹蒙说：“我看今天这个合同就暂时别签了，咱们以后再约时间，好吧？这样，麻烦你跑了一趟，还请你先回去吧！”

曹蒙觉得莫名其妙，却又不便深问，只得悻悻地回去了。随后，曹蒙接到了经理的电话，问他搞什么鬼，顶着一个“鸡窝头”就去了，客户还以为他是个小混混呢，把客户吓了一跳，合同的事情也就暂缓了。

爱美之心人皆有之。礼仪专家金正昆认为现代职业女性可采用以下四种方法来美发，使自己的发式亦庄亦雅、不落俗套。

(1) 烫发。现代人运用物理的方法或化学的方法，将头发做成各式各样的符合个人要求的形状的方法叫作烫发。现在各种五花八门的烫发术语确实使人眼花缭乱，所以我们在烫发前，首先要将本人的年龄、职业、脸形、发质等因素做综合的分析判断后，再做出是否烫发和烫何种式样的发型的选择，切勿盲从。

(2) 做发。人们用发油、发乳、发胶、摩丝等美发用品，将头发塑造成各种形状，以达到显示个性化的目的的方法称为做发。现代职业女性发型不宜做得太夸张，应注重塑造端庄、稳重的良好职业形象。

(3) 染发。现代人比较崇尚潮流，往往通过染发将自己的头发染成各种色彩，以突出个人的兴趣爱好和个性特点。现代职业女性染黑发无可厚非，除此之外，一般不适宜将头发染得太夸张。如年轻的职业女性有需要一定要染其他色彩的头发，可选择栗色、酒红色、咖啡色等颜色，这样，既可显示活泼和有个性，又不失大方高雅的气质。

(4) 假发。如果头发有先天的或者后天缺陷的人，可选择戴假发来弥补缺陷。选择假发也要考虑个人的年龄、职业、身材、肤色等因素，既不能过分夸张，也不要过分俗气。使用假发要注意选择仿真度较高的、质量较好的，切不可为了贪图便宜而使用那些太假、太俗气的假发。

总之，人的脑袋是一个人的制高点，是人们产生第一印象的第一道风景线，我们只有“从头做起”，才能真正地通过发型向他人传递性格爱好、文化修养等信息，也才能使自己的职业形象从头开始达到自然、和谐。

【小贴士】

青年的发型设计

青年的发型设计要新颖、活泼和时尚，有时代感，表现出青年的朝气蓬勃、美丽动人和活泼向上的个性特点。采用直发、卷发、束发、盘发几种形式均可。

青年人适合的发型比较多，如飘逸大方的直长发或层次分明的短发，显得充满青春活力；麦穗、编发、浪板等发型也不错，能表达时尚的气息。

① 直发。直发是指没有经过卷烫，只通过修剪成形的直发样式，基本上保持头发的自然状态。直发有普通直发、短碎发、中碎发、长碎发几种。直发具有清新自然、容易护理、流畅爽快、富有活力的特点，倘若用直板烫平服，更具有纯净、淑女味道，很受年轻女孩的青睐。

② 卷发。卷发是指经过卷烫形成卷曲状态的发型，有柔美、温和、委婉的情调。现代青年女性流行将头发卷曲后自然下垂，显得飘逸、活泼、成熟大方。卷发适合二十几岁至三十几岁的成熟女性。

【课堂训练】

随机请三位同学起立，请大家评价其发型，必要时请其他同学提供专业的改进意见。

四、注重手部修饰

现代社交中要经常与人握手，要做各种手势，所以健康美观的双手和手上的指甲都是不可忽视的部分。

1. 护理指甲

与保持身体其他部分的健康一样，指甲也必须从护理和营养着手，才可保持其健康。

指甲是身体最先表露紧张、疾病或不良饮食习惯症状的部分，如果它们的健康被忽视，便会出现干燥、起薄片和脆裂的现象，因此必须注意日常的营养和定期护理。定期修剪指甲，将其修剪成椭圆形不但使之变得美观，而且可保持它们的健康。手指简单的按摩运动，可促进指尖血液循环，有利于营养和氧气输送至指甲。另外，女性可根据不同情况的需要，涂上不同颜色的指甲油，以美化指甲。涂指甲油的步骤如下。

(1) 先用蘸满洗甲水的棉花，彻底抹去原来所有的指甲油。

(2) 将指尖浸在肥皂水中几分钟，会有舒缓作用。

(3) 擦干双手，在每个指甲根部涂一些表层去除剂，两分钟后，用指甲签轻轻地将指甲根部的表皮向后推，直至显现指甲根部的半弯月位。

(4) 涂上底层护甲油，以使指甲油更加持久，而且可防止深色指甲油渗到指甲的缝隙中。

(5) 涂指甲油时，每个指甲只需涂三下便足够，先是指甲中央，接着是两旁；待第一层指甲油干透后，可再涂第二层。

(6) 涂上表层护甲油，可在指甲尖底部也涂护甲油，这样有助于防止折断崩裂。

2. 滋润双手

拥有一双美丽的纤纤玉手对女性来说是非常重要的。在端茶给对方时，在签字仪式上众目注视时，如果自己的手非常漂亮，不但可展现出自己的魅力，同时也会让他人觉得非常舒服。因此，平时就要多多注意手部的保养。

手部肌肤的油脂腺较少，较身体的其他部位更易变得干燥，但又经常需要暴露于空气中。因此，细心呵护双手要注意以下几点。

(1) 晚上用滋润的护手霜按摩双手。

(2) 经常除去手上的死皮。

(3) 做家务或粗活时戴上手套。

(4) 经常运动，使之保持柔软。

(5) 偶尔可敷上一些现成或自制的护手膜。

【小贴士】

怎样才算是一双美丽的手

一双美丽的手，往往细嫩、白皙、柔软、修长，略带骨感。手指纤细、尖削，指甲大而薄圆，干净整齐，静脉血管不明显，皮肤嫩滑、细腻、无斑点。这样的一双手看起来鲜嫩、亮泽、丰满，十指灵动多姿。握起来则感觉绵软、柔和、温润。修长是手美最直观的体现。手长度是宽度的两倍半左右，中指的长度是手的长度的一半以上，这样的手显得比较匀称。女性的双手和男性相比应更为精致、灵巧、纤细、雅致。

【课堂讨论】

小吴是一名在校大学生，她比较喜好梳妆打扮，对此背后也有不同的议论，你认为学生可以化妆吗？

第二节 着装礼仪

着装是一种无声的语言，能透露出一个人的个性、身份、涵养、经济状况、审美水平及其心理状态等多种信息。在人际交往中，着装直接影响到别人对你的第一印象，关系到对你个人形象的评价，因此，所谓三秒定乾坤的说法也不无道理。得体规范的服饰，可以更好地表现出对交际对象的尊重，它反映了自身良好的素质和修养，进而展示出企业良好的精神面貌和管理水平。

【小案例】

你代表不了公司

一个炎热的下午，一位销售钢材的专业推销员走进了一家制造公司的总经理办公室。这个推销员身上穿着一件有泥点的衬衫和一条皱皱巴巴的裤子。他嘴角叼着雪茄，含混不清地说："早上好，先生，我代表森筑钢铁公司。"

"你也早上好！你代表什么？"这位总经理问，"你代表森筑钢铁公司？听着，年轻人，我认识森筑钢铁公司的高层领导，你不能代表他们——你的形象和外貌代表不了他们。"

思考题：本案例对你有何启示？

一、着装的个性协调

所谓着装的个性协调，是指一个人的穿着要与他的年龄、体型、职业和所处的场合等吻合，表现出一种和谐，这种和谐能给人以美感。具体地说有以下几点。

1. 穿着要和年龄相协调

在穿着上要注意你的年龄，与年龄相协调，不管是青年人还是老年人，都有权利打扮自己，但是在打扮时要注意，不同年龄的人有不同的穿着要求。年轻人的穿着应鲜艳、活泼、随意一些，这样可以充分体现出青年人的朝气和蓬勃向上的青春之美。而中老年人的着装则要注意庄重、雅致、整洁，体现出成熟和稳重，透出那种年轻人所没有的成熟美。因此，无论你是青年、中年还是老年，只要你的穿着与年龄相协调，那么都会使你显现出独特的美来。

【小贴士】

服装款式与年龄

少女应尽量避免穿着过于艳丽豪华的衣服，如闪光面料制作的、豪华或开放的款式，或缀有很多装饰物的衣裙。过分的衣着装扮常常掩盖她们天然的清纯气质，青春少女的服装款式应以突出自然美为主。世上没有什么事物比人体更美的了，那是一种完全和谐的自然美，而人们的一切形象设计都在于修饰或装扮人体的自然美，并努力突出和赋予其更旺盛的生命力和蓬勃朝气，渲染年轻人特有的热情和个性气质。少女的服装款式若选择短裙、素雅的上衣及运动装、休闲装,并在颜色上体现少女纯真浪漫、活泼可爱的个性的色彩,就会起到很好的效果。

二十五六岁的黄金时代,正是“兰幽趣雅痴寻梦,梅馥枝横淡淡霜”的年龄,风华正茂的她们刚刚摆脱少女的稚气,走向生命的全盛时期,一切正在开始。这个时期的形象是最美好的,她们穿任何衣服,都会显得美丽,或时尚,或典雅,或张扬,或含蓄。

三四十岁的女性,从身体到个性都已趋于成熟,她们中大多数都是职业女性,她们更追求自身的成熟魅力,以及端庄秀丽和恬静大方的风格。此年龄段的着装范围的灵活性比较大,但若选择整体性呈静态而不流动的套装,也许更宜于她们展示自己成熟端庄的魅力和高雅气质。

中老年女性更希望通过自己的服饰体现出雍容、华贵、高雅、深沉的气质,除在服装色彩上加以选择推敲外,在款式上也应该注意,一般以简洁、端庄为佳,而不要追求线条复杂的式样。由于体态的改变,体型已不如年轻时婀娜美妙,因此不要选择紧箍在身上的服装,要求有适当的宽松度,当然不宜选过于肥大的款式,应趋向于含蓄、高雅、比较挺括的式样。

2. 穿着要与体型相协调

关于人体美的标准,古今中外众说纷纭。有关专家综合我国人口的健美标准,提出两性不同的体型标准。女性的标准体型是骨骼匀称、适度。其具体表现为站立时头颈、躯干和脚的纵轴在同一条垂直线上。肩稍宽,头、躯干、四肢的比例以及头、颈、胸的连接适度。以肚脐为界,上下身的比例符合“黄金分割”的 1∶0.618,也可用近似 8∶5 来表示。若身高 160 厘米,则其较为理想的体重是 50～55 千克,肩宽是 36～38 厘米,胸围是 84～86 厘米,腰围是 60～62 厘米,臀围是 86～88 厘米。男性的标准体型应基本遵循两臂侧平举等于身高的原则,若身高 167～170 厘米,则其较为理想的体重是 68～70 千克,胸围是 95～98 厘米,腰围是 75～78 厘米,颈围是 30～40 厘米,上臂围是 32～33 厘米,大腿围是 55～56 厘米,小腿围是 37～38 厘米。然而,在现实生活中,并非每个人的体型都十分理想,人们或多或少地存在着形体上的不完美或欠缺,或高或矮,或胖或瘦。若能根据自己的体型挑选合适的服装,扬长避短,则能实现服装美和人体美的和谐、统一。

俗话说:“三分长相、七分打扮。”把握自己的体型特点,扬长避短,会让服饰弥补缺陷。具体应注意以下几点。

(1) 体型较胖的人,应该用冷色调的、小花型的、质地较软的面料。因为粗呢、厚毛料、宽条绒等会造成增加面积的效果。使胖人看起来更胖,给人一种笨重感。大花型面料有扩张效果,暖色、明亮的颜色也有扩张感,这都是体型较胖者所不宜选取的。

(2) 身材矮小的人,宜穿一色服装,最好鞋袜也同色。如爱穿花布,可选择清雅小型花纹为宜,衣领式样可取方领、V 形领。裤子宜选用式样简单的传统式西裤,令腿显长。女士穿高跟鞋与颜色略深的丝袜,也能使双腿看上去较长,但不宜穿下摆有花纹的裙子。

(3) 腰粗的人,可选择剪裁自然、曲线不明显的款式,或选肩部较宽的衣服。不宜穿紧腰式的裤子,或是把上衣掖在里面,避免使人特别注意你的腰部。不要穿松紧带裙子,以免看起来更胖。

(4) 腿形不佳的人,可选择裙装与宽松的裤子。腿胖的女士可选有蓬松感的裙子和宽大的裤子，不宜穿对褶裙，以免更显腿粗；腿短的女士，穿裙装时选高腰设计加宽腰带，长裤则与上装同色。O形腿的人，应避免紧身裤，可穿质地优良的长裤或八分裤。裙长保持膝盖以下。

3. 穿着要和职业相协调

穿着除了要和身材、体型协调之外，还要与你的职业相协调。这一点非常重要，不同的职业有不同的穿着要求。例如，教师、干部一般要穿得庄重一些，不要打扮得过于妖艳，衣着款式也不要过于怪异，这样可以给人留下一个良好的印象；医生穿着要力求显得稳重和富有经验，一般不宜穿着过于时髦，给人以轻浮的感觉，这样不利于对病人进行治疗；青少年学生穿着要朴实、大方、整洁，不要过于成人化；而演员、艺术家则可以根据他们的职业特点，穿得时尚一些。

此外，穿着还要和环境、场合相协调。这在后面我们还要详述。

二、着装的色彩搭配

色彩是服装留给人们记忆最深的印象之一，而且在很大程度上也是服装穿着成败的关键所在。色彩对他人的刺激最快速、最强烈、最深刻，所以被称为“服装之第一可视物”。一般来讲，不同色彩的服饰在不同场合所产生的效果是不同的，为此，我们需要对色彩的象征性有一定的了解。

【小贴士】

颜色的象征意义

黑色：象征神秘、悲哀、静寂、死亡，或者刚强、坚定、冷峻。

白色：象征纯洁、明亮、朴素、神圣、高雅、恬淡，或者空虚、无望。

黄色：象征炽热、光明、庄严、明丽、希望、高贵、权威。

大红：象征活力、热烈、激情、奔放、喜庆、福禄、爱情、革命。

粉红：象征柔和、温馨、温情。

紫色：象征谦和、平静、沉稳、亲切。

绿色：象征生命、新鲜、青春、新生、自然、朝气。

浅蓝：象征纯洁、清爽、文静、梦幻。

深蓝：象征自信、沉静、平静、深邃。

灰色：是中间色，象征中立、和气、文雅。

人们在穿着服装时，在色彩的选择上既要考虑个性、爱好、季节，又要兼顾他人的观感和所处的场合。所以明代卫泳在《缘饰》中说，春服宜清、夏服宜爽、秋服宜雅、冬服宜艳，见客宜重装，远行宜淡服，花下宜素服，对雪宜丽服。古人对服饰的讲究的确值得我们借鉴。对一般人而言，在服装的色彩上要想获得成功，最重要的是掌握色彩的特性、搭配方法，以及正装色彩的选择这三个方面。

1. 色彩的特性

色彩具有冷暖、轻重、缩扩等特性。

(1) 色彩的冷暖。使人产生温暖、热烈、兴奋之感的色彩叫暖色，如红色、黄色；使人有寒冷、抑制、平静之感的色彩叫冷色，如蓝色、黑色、绿色。

(2) 色彩的轻重。色彩的明暗变化程度称为明度。不同明度的色彩往往给人以轻重不同的感觉。色彩越浅，明度越强，它使人有上升之感、轻感。色彩越深，明度越弱，它使人有下垂之感、重感。人们平日的着装，通常讲究上浅下深。

(3) 色彩的缩扩。不同色彩的波长给人收缩或扩张的感觉也有所不同。一般来讲，冷色、深色属收缩色，暖色、浅色则为扩张色。运用到服装上，前者使人苗条，后者使人丰满，二者皆可使人在形体方面扬长避短，运用不当则会在形体上出丑露怯。

2. 色彩的搭配方法

着装色彩美的配套组合，设计专家关洁总结有以下几种具体方法。

(1) 统一法。统一在一种色调中的着装色彩，有时会出现意想不到的效果。具体操作有两个做法。

① 可以由色量大者(面积色)着手，然后以此为基调色，依照顺序，由大至小一一配色。如先决定服装色的基调，再决定采用帽色、鞋色、袜色、提包色等。

② 可以从局部色、色量小的色着手，然后以其为基础色，再研究整体的色的搭配。这种从局部入手的搭配，一定要有整体统一的观念。着装色彩设计中的统一法，对小面积的饰物色彩也极为重视。表面上看饰物色彩本是“身外之物”，与着装无直接关系，但由于是日常“随身之物”，故与着装形象可构成统一的服饰艺术形象整体。像雨伞、背包、发饰、手帕等饰物，似乎可有可无，但当单独摆在那里，即脱离开着装以后，也可以有独立的形象价值，如果是高水平的穿着创作，整体考虑服饰与饰物组合后的色彩统一性，必会出现预想不到的整体美。

(2) 衬托法。衬托法，在着装色彩设计中，主要是要达到主题突出、宾主分明、层次丰富的艺术效果。具体而言，它有点、线、面的衬托，长短、大小的衬托，结构分割的衬托，冷暖、明暗的衬托，边缘主次的衬托，动与静的衬托，简与繁的衬托，内衣浅、外衣深的衬托，上身浅、下身深的衬托，等等。例如，以上衣为有色纹饰、下装为单色，或下装为有色纹饰、上装为单色的衬托运用，会在艳丽、繁复与素雅、单纯的对比组合之中显示出秩序与节奏，从而起到以色彩的衬托来美化着装形象的作用。

(3) 呼应法。呼应法，也是着装色彩设计配套中能起到较好艺术效果的一种方法。着装色彩中有上下呼应，也有内外呼应。任何色彩在整体着装设计上最好不要孤立出现，需要有同种色块或同类色块与其呼应。例如，服饰为玫红色，发结也可选用此色，以一点与一片呼应；裙子确定为藏蓝色，项链坠和耳饰可以用蓝宝石，以数点与一片呼应；项链、手表、戒指、腰带卡和鞋饰都用金色，可形成数点之间彼此呼应；领带与西服外衣都是深灰色的，以小面与大面形成呼应。总之，使对比各方面在呼应后，得以紧密结合成统一的整体。

(4) 点缀法。着装色彩设计中的色彩点缀至关重要，往往起着画龙点睛的作用。如在素净的冷色调中，点缀暖色调，使色彩显得高雅而有生机。穿蓝底黑花上衣和裙子、深蓝色内衣，配上蓝色帽子，帽边镶黑色，仅以金色项链和朱红鸡心宝石来点缀，显得格外高雅、大方。一般来说，点缀之色，面积不大，但与大面积色调往往是对比之色，起到一种强调与点睛之笔的效果。

(5) 协调法。协调法可以使对比的或强烈的色彩柔和、协调起来，起着微妙的联结作用。如穿红衣裙和红皮鞋，套上白色抽纱外衣，外面配上白色绢花，戴上白色耳环，手提白色皮包，以白色来缓冲红色，使红色因淡化而柔和一些，显得艳而不俗、动中有静、典雅大方。在色彩对比与和谐关系上，色彩与色彩之间的缓冲过渡与衔接非常重要。七色顺序排列衔接，既鲜明生动又和谐。如果上衣是大红色，裙子是绿色，就有不协调、不衔接之感，但若在腰上扎上一条黑色宽腰带、肩上背个黑书包，就会使强烈的红绿对比协调起来。

【小贴士】

上装和下装色相的和谐搭配

服装色彩主要由上装和下装的色相搭配而成。其搭配原则可有以下几种方式。

① 服装同一色相搭配。服装同一色相搭配即是指上、下装采用同一色相配色。其特点是不但使服色显得柔和优雅，而且使人产生心理平稳感，服装也具有活力，是服色中最常见的搭配方式。一般用于职业装、宴会装、套装、套裙等。

② 类似色搭配。类似色相搭配和同一色相搭配有殊途同归的效果。但因其色相略有变化，除具备同一色相搭配的优点外，还兼有调和和愉快的感觉，此类搭配方式一般在休闲服装类比较多见。

③ 同一色调搭配。同一色调中有活泼色调、浅灰色调、灰色调、浅色调和深色调等。一般来说，活泼色调的上下装会使人充满青春气息，显得绚丽夺目，尤为广大青春少女所喜爱；精干简洁的灰色调搭配具有淡雅祥和的特点；浅色调搭配具有高雅、清爽的特点；深色调则显得庄重得体。这几种色调的搭配均是中老年职业女性最常见的搭配方法，可以根据个人兴趣爱好及穿着场合具体确定。

④ 类似色调的配色。服装类似色调的配色较多，可有活泼色调或暗色调与灰色调或浅色调的搭配，活泼色调和暗色调的搭配，亮色调和活泼色调的搭配，纯色调和暗色调的搭配，灰色调和纯色调的搭配等；另外，还有活泼、暗和灰三色调的搭配等。由于活泼色调具有活泼、欢快、热情、蓬勃的特征，因此一年四季均为广大青春少女所喜爱。色调的标准搭配具有优雅、纯真、活泼、欢畅的特点，也是服色搭配中最常见的方式。

⑤ 对比色调的配色。由于对比色调都具有强烈的、令人难忘的视觉冲击力，所以生活中不很常见，多用于舞台装、宴会装的色彩搭配。

3. 正装的色彩

非正式场合所穿的便装，色彩上要求不高，往往可以听任自便，而正式场合穿的服装，其色彩却要多加注意。总体上要求正装色彩应当以少为宜，最好将其控制在三种色彩之内。这样有助于保持正装保守的总体风格，显得简洁、和谐。正装若超过三种色彩则给人以繁杂、低俗之感。正装色彩，一般应为单色、深色并且无图案。最标准的正装色彩是蓝色、灰色、棕色、黑色。衬衣的色彩最佳为白色，皮鞋、袜子、公文包的色彩宜为深色(黑色最为常见)。

此外，肤色也关系到着装的色彩，浅黄色皮肤者，也就是我们所说的皮肤白净的人，对颜色的选择性不是那么强,穿什么颜色的衣服都合适,尤其是穿不加配色的黑色衣裤,会显得更加动人。暗黄或浅褐色皮肤(也就是皮肤较黑)的人,要尽量避免穿深色服装,特别是深褐色、黑紫色的服装。一般来说,这类肤色的人选择红色、黄色的服装比较合适。肤色呈病黄或苍白的人,最好不要穿紫红色的服装,以免使其脸色呈现出黄绿色,加重病态感;皮肤黑中透红的人,则应避免穿红、浅绿等颜色的服装,而应穿浅黄、白等颜色的服装。

【小贴士】

易记的着装搭配口诀

大脸不宜戴帽,小头不可包巾;平胸不宜T恤,胸大不穿衬衫。

粗腿不穿裙装,细腿不穿宽松裤;肥胖不可坦露,骨感要配高领。

吊带不可显露,低腰不露内裤;黑鞋不配白袜,红衣慎穿绿裤。

三、着装的场合要求

穿着打扮在不同环境、不同场合应有所不同。办公室是一个认真严肃的地方,因此在穿着上应整齐庄重些;外出旅游,着装力求宽松舒适,方便运动,以轻装为宜;平日居家可以穿着随便一些,有客来访应立即更衣,穿内衣内裤接待客人,那就显得失礼。在下列场合还有些特殊要求。

1. 喜庆场合

喜庆场合主要是指结婚庆典、生日欢宴、欢庆舞会、朋友聚会、联欢晚会、假日游园等场合。在这些场合一般气氛比较热烈,为了与气氛相协调,参加者在穿着上应注意以下两个方面。

(1) 色彩要合适。在结婚庆典、生日欢宴、欢庆舞会等正式喜庆场合,着装要求比较讲究,男性服装以深色为宜,单色、条纹、暗小格均可;女性穿浅色连衣裙或裙套装为宜。一般来说,主人穿着不宜太华丽或太暴露,色彩不要太艳,以免给人不庄重的印象,穿着得略为素雅一些,去招呼客人也会感到舒服自然。假如自己是客人,则可以穿得欢快、喜气、鲜艳一些;不过,在参加朋友的婚礼时,应该特别注意不要打扮得过于出众,以免他人误认为自己是新郎或新娘。另一类是比较随便的喜庆场合,如朋友聚会、假日游园等。在这类场合,不妨选择色彩明快的服装,色调搭配上也可以有一些变化,如男性着西装可以上下一色,也可以上下分色。

(2) 款式要得当。在喜庆场合,特别是正式的喜庆场合,对男士的服装款式要求比较严格,应着中山装、西装或民族服装。其他喜庆场合可穿得宽松潇洒一些,如可以穿两用衫、夹克衫、牛仔服等各式便装,但要穿得整齐、干净。女士服装款式相对来说,选择的余地要大得多,喜庆场合实际上为女士提供了一个展示各自时装的机会。女士可根据季节和自身的特点,选择自己的款式,但是也应该注意在比较正式的喜庆场合不要过于怪异。

2. 庄重场合

庄重场合主要是指正式宴请、庆典仪式、会见外宾等正式场合。在这种场合,着装上有比较严格的要求，马虎不得。

(1) 要按规定着装。重大的宴会、庆典及会见，组织者在所发请柬上有时会注明着装规定，参加者也应该根据规定着装。如果没有具体的着装规定，参加者也应该穿比较严肃正式的服装，男士可穿中山装、西装或民族服装，女士可穿各式套装、晚礼服或旗袍、长裙等。服装的色彩和款式要衬托出庄重、高雅的气质，表现出风度和教养。在庄重的场合，参加者不宜着便装和两用衫、夹克衫、T恤衫、牛仔服等，更不能穿短裤、背心或超短裙。

(2) 要按规范着装。着正式服装有一定的规范。出席重大宴会，参加庆典和会见，一定要按照这些规范进行着装。例如，穿西装，一定要穿衬衣，系领带。领带上还配上领带夹，领带的长度应适当。衬衣的袖子一般要比西装外装的袖子长一些，如果天气较冷，西装里衬衣外要穿毛衣或背心，应将领带的下半部分掖在毛衣的领口里面。此外，穿西装时脚上还应配上皮鞋。如果穿中山装，一定要扣好衣扣、领扣、裤扣，不要把衬衣领翻出领口，皮带不要垂露在外。穿长袖衬衣，要将前后下摆塞入裤内，袖口、裤腿不能卷起。女士着裙装、套装，主要配以皮鞋或皮凉鞋。

3. 悲伤场合

悲伤场合是指向遗体告别、亲友送葬或吊唁活动等场合。这种场合气氛肃穆，参加者的心情沉重、悲伤。为了表示对死者的哀悼，着装应严整，要与肃穆、悲哀的气氛相协调，这既体现对亡人的尊重，同时也表现出对死者亲属的慰问。另外，在举行追悼仪式时，参加者应脱帽致哀。参加者均应穿素色服装，最好是黑色服装，切忌穿大红大绿。鞋子应是暗色，佩戴饰物也应为素色。

【小案例】

银行职员应如何着装

礼仪专家英格丽·张曾讲过这样一个案例：英国阿比银行实行了全周休闲服制度。开始时，人们感到突然地解放了，再也不用每日熨衬衣、打领带、擦皮鞋了，职员们开始穿着自己舒适的衣服上班。一天，印度职员纳师实在找不出得体的搭配，就穿着黑色牛仔裤来上班了。

部门经理把他叫到办公室："我们公司虽然实行休闲服制度，但并不意味着什么都可以穿到公司。前几天，你穿着民族特色的衬衣，考虑到你的民族文化，我没有干涉。但是，牛仔裤是不利于我们公司形象的服装，公司明文规定不能穿牛仔裤上班。请不要让我再看到你穿着它上班。"纳师听从了经理的告诫，从此把牛仔裤留到了周末。

几天之后，纳师穿着短袖保罗T恤衫上班，他又被叫到了经理办公室："我希望你在着装上注意，T恤衫和露出肌肤的衣服不符合我们公司的穿衣原则，请你不要再穿着它上班了。"纳师百般不解地抱怨道："什么才是真正的休闲服？休闲服不是为了解放我们的压力，让我们自由地选择吗？现在，休闲服制度带给我这么多的'不允许'，让我并不休闲！这么多禁忌，我真不知道还会触犯哪条规定！穿西服的日子远比现在的所谓休闲服的日子好过得多。现在，每天晚上，我不得不为第二天的穿着而伤脑筋。"

【课堂训练】

请一位同学到讲台上来，让其他同学对其服饰进行点评。

四、男士西装的穿着

西装是男士最常见的办公服装，也是现代社交中男子最得体的着装。国外很多机构，包括一些大企业，规定工作人员不能穿休闲短裤、运动服上班，要求男士必须穿西服、打领带。一些剧院也规定了观看者必须西装革履，为了塑造良好的个人形象，男士必须学会穿西装。

1. 男士西装的选择

(1) 选择合适的款式。西装的款式可以分为英国、美国、欧洲三大流派。尽管西装在款式上有流派之分，但是各流派之间的差异并不大，只是在后开衩的部位、扣子单排还是双排、领子的宽窄等方面有所不同。不过，在胸围、腰围的胖瘦，肩的宽窄上还是有所变化的。因此，我们在选择西装时，要充分考虑到自己的身高、体型，如身材较胖的人最好不要选择瘦型短西装；身材较矮者也最好不要穿上衣较长、肩较宽的双排扣西装。

(2) 选择合适的面料和颜色。西装的面料要挺括一些。正式礼服的西装可采用深色(如黑色、深蓝色、深灰色等)的全毛面料制作。日常穿的西装颜色可以有所变化，面料也可以不必讲究，但必须熨烫挺括。如果穿着皱皱巴巴的西装，是会损坏自己的交际形象的。

(3) 要选择合适的衬衣。穿着西装时，一定要穿带领的衬衣。花衬衣配单色的西装效果比较好，单色的衬衣配条纹或带格的西装比较合适；方格衬衣不应配条纹西装，条纹衬衣也不要配方格西装。

(4) 选择合适的领带。在交际场合穿西装时必须打领带，领带的颜色、花纹和款式要与所穿的西装相协调。领带的面料以真丝为最优。在领带颜色的选择上，杂色西装应配单色领带，而单色西装则应配花纹领带；驼色西装应配金茶色领带，而褐色西装则需配黑色领带等。

【小贴士】

世界十大西装品牌及其特点

① ARMANI(意大利)——意大利绅士的象征。

② BURBERRY(英国)——起源于防水布的纯正英伦品牌。

③ CALVIN KLEIN(美国)——极简休闲美国风。

④ CERRUTI(意大利)——第二次世界大战后的意大利男装典范。

⑤ GUCCI(意大利)——身份与财富的象征。

⑥ DOLCE&GABBANA(意大利)——代表南地中海式的热情浪漫。

⑦ GIVENCHY(法国)——代表崇尚优雅。

⑧ HUGOBOSS(德国)——严谨、阳刚的德意志男人的象征。

⑨ RALPH LAUREN(美国)——体现了自然、舒适、朴素。

⑩ VERSACE(意大利)——体现了华丽、鲜艳。

2. 男士西装的搭配

(1) 合体的上衣与衬衣。合体西装的上衣应长过臀部，四周下垂平衡，手臂伸直时上衣的袖子恰好过腕部，领子应紧贴后颈部。

穿西装必须穿长袖衬衣，衬衣最好不要过旧，领子一定要硬扎、挺括，外露的部分一定要平整干净。衬衣下摆要掖在裤子里，领子不要翻在西装外，衬衣袖子长于西装袖子2厘米左右。

(2) 注意内衣不可过多。穿西装时切忌穿过多内衣。衬衣内除了背心之外，最好不要再穿其他内衣，如果确实需要穿内衣，内衣的领圈和袖口也一定不要露出来。如果天气较冷，衬衣外面还可以穿上一件毛衣或毛背心，但毛衣一定要紧身，不要过于宽松，以免穿上显得过于臃肿，影响穿西装的效果。

(3) 打好领带。正式场合的领带以深色为宜，非正式场合的领带以浅色、艳丽为好。领带的颜色一般不宜与服装颜色完全一样(参加凭吊活动穿黑西装系黑领带除外)，以免给人以呆板的感觉。具体做法：一是领带底色可与西装同色系或邻近色，但二者色彩的深浅明暗不同，如米色西装配咖啡色领带；二是领带与西装同是暗色，但色彩形成对比，如黑西装配暗红色领带；三是一色的西装配花领带，花领带上的一种颜色尽可能与西装的颜色相呼应。

【小贴士】

领带的来历

领带起源于英国男子衣领下的专供男子擦嘴的布。工业革命前，英国也是个落后国家，吃肉用手抓，然后大块大块地捧到嘴边去啃，成年男子又流行络腮胡子，大块肉一啃就把胡子弄油腻了，男人们就用袖子去擦。为了对付男人这不爱干净的行为，妇女们在男人的衣领下挂了一块布专供他们擦嘴，久而久之，衣领下面的这块布就成了英国男式上衣传统的附属物。工业革命后，英国发展成为一个发达的资本主义国家，人们对衣、食、住、行都很讲究，挂在衣领下的布化成了领带。

领带的打法主要有5种，介绍如下。

① 平结。平结为男士最多选用的领带结打法之一，几乎适用于各种材质的领带，如图2-1所示。要诀：领带结下方所形成的凹洞，需让两边均匀且对称。

图 2-1　平结

② 交叉结。这是适合单色素雅、质料较薄的领带选用的领带结，如图2-2所示。对于喜欢展现流行感的男士不妨对交叉结多加使用。

③ 双环结。双环结能营造时尚感，适合年轻的上班族选用，如图2-3所示。双环结完成后的特点就是第一圈稍露出第二圈之外，可别刻意给盖住了。

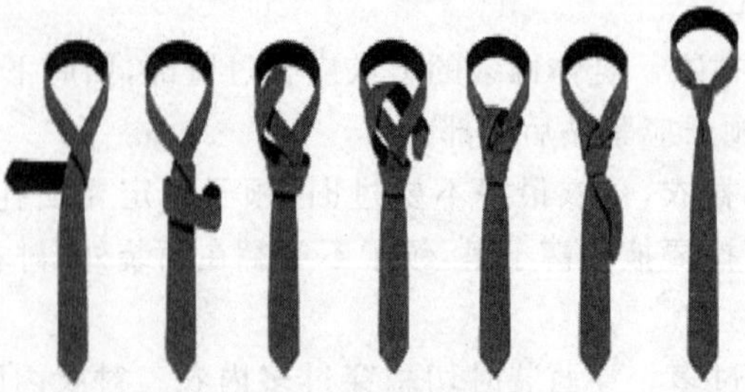

图 2-2 交叉结

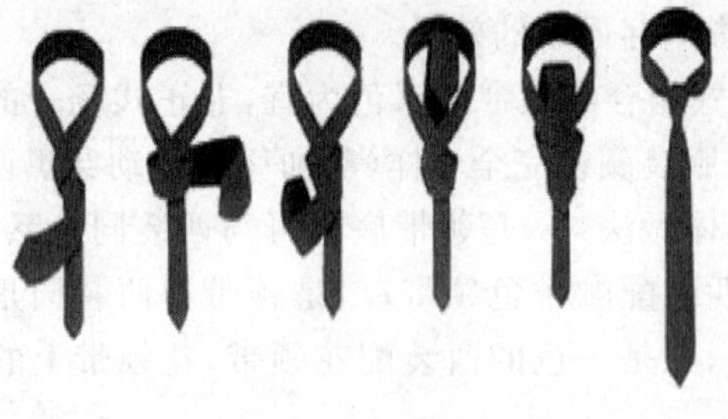

图 2-3 双环结

④ 温莎结。温莎结适用于宽领的衬衫，如图 2-4 所示。该领带结应多往横向方向发展，应避免材质过厚，领带结也勿打得过大。

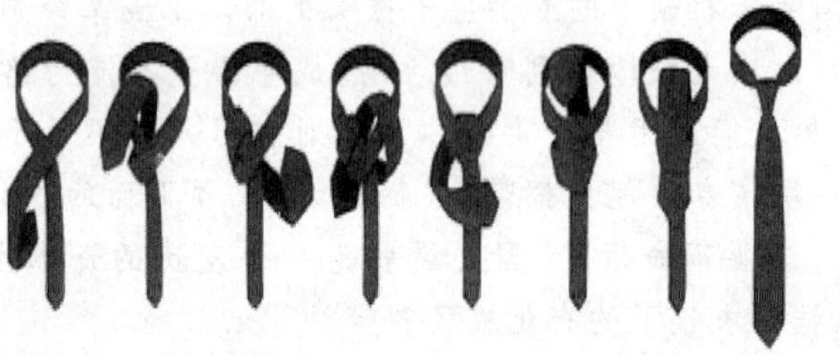

图 2-4 温莎结

⑤ 双交叉结。这样的领带结很容易让人有种高雅且隆重的感觉，适合正式活动场合选用，如图 2-5 所示。双交叉结应多运用在素色且丝质领带上，若搭配大翻领的衬衫，不但适合，而且有一种尊贵感。

图 2-5 双交叉结

领带结需靠在衣领上，但不能勒住脖子，也不能太往下，太往下会显得松松垮垮，不精神。领带系好后，垂下的长度应触及腰带，超过腰带或不及腰带都不符合要求。领带用领带夹固定。西装上衣左胸部的装饰袋，有时用来插放绢饰，但不可用来放钢笔之类的其他东西，钢笔应放在衣服内袋中。

【小案例】

领带的问题

某家大型企业面向北京各高校发出了招聘业务员的启事，希望能招到具有专业知识的有志青年充实企业的第一线。根据收到的求职材料，企业招聘人员约见了一位经济管理专业的男生面试。这位男生身材微胖，个头不高。面试时，他面容修饰一新，衣着也十分正式，穿西装，系领带，但可能是为了舒服，他的领带松松垮垮地挂在脖子上，衣领最上面一粒扣子也解开着。正是因为这一形象使他没有通过面试。一位人事总监说："我认为你不可能仅仅由于系了一条领带而得到一个职位，但是我可以肯定系错了领带会使你失去一个职位。"

(4) 裤子合体。西装的裤子要合体，要有裤线，裤长要及脚面 1～2 厘米。西服套装要配皮鞋，式样要稍保守，颜色与衣服相协调。西装裤兜内不宜放沉的东西。

(5) 鞋袜整齐。穿西装时一定要穿皮鞋，而不能穿布鞋或旅游鞋。皮鞋的颜色要与西装相配套。皮鞋还应擦亮，不要落满灰尘。穿皮鞋时还要配上合适的袜子，袜子的颜色要比西装稍深一些，使它在皮鞋与西装之间起到过渡的作用。

【小贴士】

西装的纽扣系法

西装上衣可以敞开穿，但双排扣西装上衣一般不要敞开穿。如果穿单排一粒扣西装，扣与不扣均可。如果是单排两粒扣西装，扣子全部不扣表示随意、轻松；扣上面一粒，表示庄重，而全扣就不合适了。如果是单排三粒扣西装，扣子全部不扣表示随意、轻松；只扣中间一粒表示正统；扣上面两粒，表示庄重，全扣也是不对的。如果是双排扣西装，可全部扣，也可只扣上面一粒，表示轻松、时髦，但不可不扣。如果穿三件套西装，则应扣好马甲上所有的扣子，外套的扣子不扣。

关于男士西装扣子的扣法还有"站时系扣，坐时解扣"的说法。男士在站立的时候，把西装扣好，这样在讲话、做手势的时候，西装才不会随着肢体乱跑，整体线条看起来更显干净利落。在坐下的时候，男士必须解开西装扣，如此西装才能随着身体的弧度，自然伏贴地顺势而下，线条看起来比较流畅，也不会有束缚的感觉，才能舒适自在地坐在位子上。

在日常工作及非正式场合的社交活动中，男士可穿西服便装。西服便装的上下装不要求严格配套一致。颜色可上浅下深，面料也可以上柔下挺。可以衬衫、领带配西裤，也可以不打领带、不穿衬衫，而穿套头衫或毛衣。

此外，男士参加社交活动时也可穿中山装、民族服装或夹克衫。尤其是在国内参加活动时，如出席庆典仪式(包括吊唁活动)、正式宴会、领导人会见国宾等隆重活动，可穿中山装与民族服装。穿中山装应选择上下同色同质的深色毛料中山装，一般配以黑色皮鞋。中山装衣服要平整、挺括，裤子要有裤线。穿着时要扣好领扣、领钩、裤扣。

在非正式社交场合中，男士也可穿夹克衫等便装，但同样应注意服装的清洁与整齐。

男士外出还可准备一件大衣或风衣，但在正式场合一般不宜穿大衣或风衣。如在需要室外活动的场合，大衣或风衣既可保暖挡风，又可增添不少潇洒的风采。

【课堂训练】

作为男士，请每天出门前对照以下“男士仪容仪表自我检测”仔细审视自己，看看自己哪些方面需要改进，以养成良好的习惯。

男士仪容仪表自我检测

衬衣领口整洁，纽扣已扣好。

耳部清洁干净，耳毛不外露。

领带平整、端正。

衣、裤袋口平整伏贴。衬衣袖口清洁，长短适宜。

手部清洁，指甲干净整洁。

衣服上没有脱落的头发和头皮屑。

裤子熨烫平整，裤缝折痕清晰。裤腿长及鞋面。拉链已拉好。

鞋底与鞋面都很干净，鞋跟无破损，鞋面已擦亮。

五、女士套裙的穿着

【小案例】

女工的着装

英国女王伊丽莎白二世访问中国期间，走出机舱门第一次亮相，穿的是正黄色西服套裙，戴正黄色帽子。这位女王本人喜欢红色和天蓝色，很少穿黄衣服。但在中国，几千年的历史中黄色是皇帝的专用色。女王来中国访问穿正黄色，既表示了尊重中国的传统习俗，又显示了她作为一国君主的高贵身份。

正规场合女士要穿西服套裙，应讲究配套，款式较简洁，色彩较单纯，以充分表现出女士的精明强干、落落大方。

1. 选择合适的套裙

(1) 面料。面料最好是用纯天然质地、质量上乘的面料。上衣、裙子及背心等应选用同一种面料。在外观上，套裙所用的面料讲究的是匀称、平整、滑润、光洁，不但有弹性、手感好，而且应当不起皱、不起毛、不起球。

(2) 色彩。色彩应当以冷色调为主，借以体现出着装者的典雅、端庄与稳重。一套套裙的全部色彩不要超过两种，不然就会显得杂乱无章。

(3) 图案。按照常规，商界女士在正式场合穿着的套裙不带任何图案。

(4) 点缀。套裙不宜添加过多的点缀。一般而言,以贴布、绣花、花边、金线、彩条、亮片、珍珠、皮革等点缀或装饰的套裙都不适宜商界女士穿着。

(5) 尺寸。上衣不宜过长,下裙不宜过短。裙子下摆恰好达小腿最丰满处,是最标准、最理想的裙长。此外,紧身式上衣显得较为正统,宽松式上衣则看起来更加时髦一些。

(6) 造型。H形上衣较为宽松,裙子多为筒式,这种款式显得优雅、含蓄,可以为身材肥胖者避短;X形上衣多为紧身式,裙子大多为喇叭式,这种款式可以突出着装者腰部的纤细,看上去婀娜多姿,魅力无穷;A形上衣为紧身式,裙子则为宽松式,这种款式可以适当地遮掩下半身的缺陷,适合上身苗条但臀部大或腿粗的女士;Y形上衣为宽松式,裙子多为紧身式,并以筒式为主,这种款式可以遮掩上半身的缺陷,使上半身肥胖而下半身苗条的着装者看上去亭亭玉立,端庄大方。

(7) 款式。套裙款式的变化主要体现在上衣和裙子方面。上衣的变化主要体现在衣领方面,除常见的平驳领、驳领、一字领、圆状领之外,青果领、披肩领、燕翼领等也并不罕见。常见的裙子式样包括西装裙、一步裙、筒式裙等,款式端庄、线条优美;百褶裙、旗袍裙、A字裙等,飘逸洒脱、高雅漂亮。

2. 选择和套裙配套的衬衫

与套裙配套穿着的衬衫有不少讲究。从面料上讲,主要要求轻薄而柔软,比如真丝、麻纱、府绸、罗布、涤棉,等等,都可以用作其面料。从色彩上讲,则要求雅致而端庄,不失女性的妩媚。除了作为"基本型"的白色外,其他各式各样的色彩,包括流行的在内,只要不是过于鲜艳,并且与所穿套裙的色彩不相互排斥(要么外深内浅,要么外浅内深,形成二者的深浅对比),均可选用。不过,还是以单色为最佳之选。

3. 选择和套裙配套的内衣

一套内衣往往由胸罩、内裤以及腹带、吊袜带、连体衣等构成。它应当柔软贴身,并且起着支撑和烘托女性线条的作用。有鉴于此,选择内衣时,最关键的是要使之大小适当。

内衣所用的面料,以纯棉、真丝等为佳。它的色彩可以是常规的白色、肉色,也可以是粉色、红色、紫色、棕色、蓝色、黑色。不过,一套内衣最好为同一色,而且其各个组成部分也最好为单色。就图案而论,着装者完全可以根据个人爱好加以选择。

内衣的具体款式甚多,在进行选择时,特别应当关注的是穿上内衣之后,不应当使它的轮廓一目了然地在套裙之外展现出来。

4. 选择合适的鞋袜

选择鞋袜时,首先要注意面料。女士所穿的与套裙配套的鞋子,宜为皮鞋,且以牛皮鞋为上品;所穿的袜子,可以是尼龙丝袜或羊毛袜。

对于鞋袜的色彩,则有许多特殊的要求。与套裙配套的皮鞋,以黑色最为正统。此外,与套裙色彩一致的皮鞋也可选择,但是鲜红、明黄、艳绿、浅紫的鞋子,最好莫试。穿套裙时所穿的袜子,常规选择有肉色、黑色、浅灰、浅棕等,只是它们宜为单色。多色袜、彩色袜,以及白色、红色、蓝色、绿色、紫色等色彩的袜子,都是不适宜的。

鞋袜在与套裙搭配穿着时,要注意其款式。与套裙配套的鞋子,宜为高跟、半高跟的船式皮鞋或盖式皮鞋。系带式皮鞋、丁字式皮鞋、皮靴、皮凉鞋等，都不宜采用。高筒袜与连裤袜，是套裙的标准搭配。中筒袜、低筒袜，绝对不宜与套裙同时穿着。

【小贴士】

特殊体型女性的服饰选择

有些职业女性身体的某一部分达不到理想的比例，可以通过服饰错觉效应来制造新的效果。

① 肩宽。肩宽的女性宜选择大V形领或U形领的服装款式，这是因为穿着大V形领服装，借由V形领的视线延伸，可巧妙地隐藏住肩宽的缺点，而同样，深U形领的服装也能“缩肩”，由于U形领使颈部露出一片“开阔地带”，颈部修长了，肩部自然也就变窄了；深色系上衣同样具有神奇的“缩肩”效果，因此在上衣色彩的选择上，最好考虑深色系；还有一种就是选用下垂性比较好的面料做衣服，这样肩膀看起来也会窄一些。

② 胸部小。胸部小的女性可尝试下面的选择。

穿一件胸前带有口袋或特别花样的上衣，这样可以增加发散的效果。或者穿一件胸前有荷叶边、波浪边或绑带的上衣会让胸部看起来比较丰满。

对于上衣的面料而言，选择有纹路的布料会让胸部看起来更加丰腴些。还有一点就是，布料亮度比较高的衣服，也能使胸部看起来更丰满些。

泳装的款式不妨选择胸线有褶边或褶皱的。

对于衣服的款式而言，有垫肩设计的外套会使胸部看起来比较挺。

较宽版的连身长裙，里头搭配衬衫或针织衫也是小胸女性的选择。

人们在宽松的造型以及层叠的效果中，会忽略对胸部的关注，这样也可以掩饰胸部过小的缺陷。

两件式和多层次的穿法可造成视觉上的错觉，制造出丰满的效果。

舒适而贴身的衣服会显露胸形，在外面搭配背心或小外套，胸部看起来就会显得比较丰满。

③ 胸围过大。胸围过大的女性可选择背心式或围裙式的长洋装，这是因为可以搭配不同颜色的上衣而适时造成前胸围的视觉切割，使得胸围看起来顺畅。但有一点要注意：选择此类洋装时，布料尽可能以平织布为主。此外，一套双排纽扣中长套装同样也可以把过于丰满的胸部掩饰起来。

④ 背部较厚。背部较厚的女性忌露背装，其次就是背心了，因为会给人虎背熊腰的感觉，可以穿深色短袖上衣，会起到一定效果。款式以简单为主，如果嫌单调，可以把细节留在下身发挥，以转移别人的注意力。

⑤ 腰粗。腰粗的女性忌讳放太多细节在腰间处以引人注意。有一个改善的办法就是穿质地柔软的连身裙。因为连身裙通常在胸部以下就开始散开，它会令人看不见腰的真正位置，可以掩饰腰粗的缺陷；也可以穿A字裙，使腰部细点，同时增加肩部装饰，使视线移到上身。

⑥ 臀部过大。臀部过大的女性不宜穿紧身裤，可以选择略为宽松些的深色布料的裤子，不会引人注目，起到转移视线的作用。首先，女性服装可以在上衣的腰背部加上腰

带，通过腰带同裤子的调整，使臀部得到一定的掩盖；其次，还可以将细节放在颈项上(如佩戴耳环、项链、胸花等)，从而把别人视觉的注意力集中到身体上部；另外，有这类缺陷的人，她们的身体重心往往过低，并且还会有运动不太灵便之感，这种现象势必加剧形象上的缺陷，为此，适当加高皮鞋鞋跟的高度和培养良好的举止，也是改变形象所不能忽视的。

⑦ 腿粗。腿粗的女性不太适合穿紧身的裤子，而且穿短裤时，不要在膝盖位置翻边；上身避免穿双排扣，可以穿单排扣；同样不可以穿太短的裙子，为了掩饰缺陷，最好穿筒裙、长裙或是喇叭裤；可以穿粗高跟鞋使腿看起来细长些。

⑧ 腿细。腿细的女性不太适合穿紧身裙，却比较适合造型修长、挺拔的裤子。因为这样看起来会比较漂亮，比如用全毛面料制作的长裤。另外，腿细的女性在色彩的选择上以偏向明亮、淡雅的色调为宜。

⑨ 腿短。腿短还可以分好几种。腿短并且腰比较细、臀围比较宽的人最适合穿裙子或者穿可盖住臀围线，稍微长些的上衣，而且是不收腰身的，这样可以扬长避短。但是这类人不适合穿直筒裤，如果能顺其自然地穿萝卜裤，不失为因势利导的一种穿着。专家建议：如果想让腿部变得修长一点，最好穿一些窄身的直筒裤或者及膝裙，还要加一对尖头凉鞋或高跟鞋。

⑩ 小腹突出。突出的小腹，永远是一个美丽女性的缺陷，也是穿衣时的一大难题。如果处理不当，便会破坏了一件漂亮服装的所有美感。对于这样的情况，就必须学会选择服装来掩盖。可以运用以下方法。

上身佩戴美丽的首饰，以转移视线。

适合穿那种比较长的上衣，利用它的长度遮住微突的小腹。不过，穿着此类上衣时，要注意将露在裙或裤外的衣服下摆均匀整理好。

最好选择有伸缩效果的面料。

复古的花衬衫或T恤，配上背心或外套，用服装的这种花纹来转移别人的视线。

A字形的窄裙也有很好的修饰效果。但有一点要尽量避免：把衬衫掖到裙或裤腰内，或是穿腹部剪接的打褶时装，这样会使腹部显得更加醒目。

避免系腰带，这样只会使腹部更突出。

避免穿发亮的面料。

⑪ 手臂太粗或太细。手臂太粗或太细就会显得比例不协调，因此，在穿衣服的时候要特别注意，用美丽的服装来掩饰这个缺陷。具体包括以下几条。

手臂太细的人在选择服装的时候应该选用长袖衣衫，而袖长以盖住腕关节为好，或可选用打皱褶的袖子以及喇叭袖，通过这种皱褶的装饰来转移别人的注意力。

手臂细的人如果不得不穿那种无袖的衣服，则衣服必须能盖住肩膀。

手臂太粗的人在选择服装的时候最好选用那种面料略为贴身的、穿起来不太紧的衣服。手臂粗的人应选择宽袖口的衣服，如果是短袖的话，长度应为上臂的3/4。

以织花或绵绸的长披肩遮住肩膀和手臂，通过这种方式来掩饰手臂太粗的缺陷。

【课堂训练】

作为女士，请每天出门前对照以下“女士仪容仪表自我检测”仔细审视自己，看看自己哪些方面需要改进，以养成良好的习惯。

女士仪容仪表自我检测

服饰端庄，不太薄、不太透、不太露。

领口干净，脖子修长，衬衣领口不过于复杂和花哨。

饰品不过于夸张和突出，款式精致、材质优良，耳环小巧、项链精细，走动时安静无声。

公司标志佩戴在要求的位置，私人饰品不与之争夺别人的注意力。

衣袋中只放小而薄的物品，衣装轮廓不走样。

指甲精心修理过，不太长，不太怪，不太艳。

裙子长短、松紧适宜。拉链拉好，裙缝位正。

衣裤或裙子以及上衣的表面无明显的内衣轮廓痕迹。

鞋洁净，款式大方简洁，没有过多装饰与色彩，鞋跟不太高、不太尖。

衣服上没有脱落的头发和头屑。

丝袜无勾丝、无破洞、无修补痕迹，包里有一双备用丝袜。

六、饰物的得体佩戴

【小案例】

撒切尔夫人的饰物佩戴

英国前女首相撒切尔夫人，不仅是英国第一位女首相，也是20世纪英国任期最长的首相，她的一举一动、穿戴一件珠宝，都会受到人们的关注。穿戴对于男性政治家，也许不算什么，但对于女性政治家，配饰也成为人们关注的焦点、热议的话题。初为首相的撒切尔夫人，其穿戴、佩饰，一度不被人们认可，很快，撒切尔夫人以其高效的方式，找到了适合自己，又不被人们所讥讽的珠宝佩饰风格：珍珠加蓝色。撒切尔夫人的衣服以蓝色调为主，这种颜色很鲜亮，又是保守党的颜色，跟她的头发和肤色都很搭调。而洁白的珍珠，则不受年龄和场合的限制，也是百搭珠宝，高雅而低调。撒切尔夫人曾经明确表示：珍珠是她的最爱，即使平凡的衣服，只要有珍珠搭配，都会显得优雅超群、气度不凡。因此，撒切尔夫人的颈间总有一到多串的珍珠项链缠绕。耳饰中的珍珠，也非常多见。此外，珍珠胸针在撒切尔夫人的衣服上也时常出现。她的珠宝风格是高雅精致，值得借鉴的。

饰物的佩戴古已有之，早在原始社会，我们的祖先以打猎为生，以打得多、打的野兽大为荣，故当时的装饰品是兽皮。后来配饰慢慢变到如今就种类繁多了，而今天佩戴饰物对打造良好的个人形象显得越来越重要。那么，究竟怎样得体地佩戴饰物呢？

1. 饰物的分类

(1) 服饰。服饰是指服装上的装饰。服饰种类繁多，主要包括刺绣、系带、金属装饰品、珠宝等。不同时期、不同民族、不同国家的服饰既相似又不同。例如，我国唐代袍衫的纹样一般以暗花为多，武则天当朝后规定，在不同职别官员的袍服上，绣上各种不同的禽兽纹样，以区别等级。又如，我国少数民族中的白族，妇女的头饰上有一缕长长的穗，随着妇女年龄的增长或已婚否，这缕长穗慢慢地被剪短，直至完全没有。再如，我国布依族已婚妇女要用竹皮或笋壳与青布做成“假壳”戴在头上，向后横翘尺余。

(2) 挂件。项链、玉佩、包挂、腰带等都属于挂件。在众多品种的挂件中，最流行和被人们广泛佩戴的是用贵金属、玉石、玛瑙、水晶、木雕、石雕等材料制成的各种人们心目中的吉祥物挂件。例如，保佑平安、祈祷发财、保佑健康的吉祥物。挂件制品在制作原料、工艺及饰物造型上，男女有别。除项链外，其余挂件一般不用贵金属材料制作。

(3) 佩件。戒指、耳环、手镯、臂镯、丝巾扣等都属于佩件。传说戒指源于3000年前的古埃及，戒指是环形的，它没有开始，也没有结束，象征着爱情的浪漫与永恒。佩件一般用贵金属和珠宝制成。现代社会出现了很多能取代贵金属与珠宝的人造贵金属与人造珠宝材质，用这些材料制做出的戒指、耳环、手镯、臂镯、丝巾扣等也同样非常漂亮，光彩照人。

(4) 手袋。手袋，特别是女士用的小型手袋是女士出席各种社交活动的重要饰物。手袋的面料很多，可用皮革、金属、塑料、串珠、刺绣等材料制成。

(5) 帽子。帽子是现代女士的主要饰物。无论是质料、色彩还是款式都是多种多样的。

(6) 腰带及眼镜。腰带及眼镜是男女皆用的最常见的饰物，属于集应用及装饰于一体的饰物。特别是眼镜，随着现代人装饰意识和审美情趣的变化，眼镜已成为一种修饰五官脸部的饰物了。

(7) 香水。香水是一种无形的服饰。香水在个人形象的塑造上扮演着重要的角色，是否能够正确地使用香水，是显示一个人审美情趣的标准之一。

(8) 发饰。我国历代衣冠服饰制度中对“冠”(即发饰)都有严格规定。在奴隶制度和封建制度时期，发饰是用来区分等级的一种饰品。例如，商代对冠巾、发簪等发饰的佩戴就有明确的要求。不同民族、不同地区的发饰在样式、佩戴方式等方面是有区别的，在某种意义上说发饰具有民族和区域特性。例如，傣族、白族等一些民族的妇女是已婚还是未婚，可通过其发式及发饰来判别。随着社会的发展，发饰等级制度已经消亡；随着民族之间、地区之间交往的日益紧密，不同民族、不同地区的发饰在逐步融合，使现代发饰呈现出了丰富、多彩、繁荣的局面。

2. 饰物的佩戴原则

(1) 锦上添花的原则。在选择饰物的种类及选择佩戴方法时，首先要做到恰到好处，然后再考虑锦上添花，绝不可画蛇添足。例如，在黑色羊毛衫上面佩戴一枚闪光的彩色胸花，是很别致的。但如果再配上一条项链，就显得烦琐。

(2) 与全身保持一致的原则。饰物的佩戴要与自身的体型、发型、脸形、肤色及所穿服装的款式、面料、颜色保持协调一致。例如，夏天穿一身飘逸的连衣裙，背一个精巧的浅色双肩小包的女孩看上去就很协调；如果挎一个黑色皮包就不搭调。

(3) 饰物质地与身份及环境相称的原则。现代饰物品种繁多，各种质地的饰品琳琅满目，在选择时首先要考虑自身所处的环境及身份，绝不可乱戴。例如，上班时，闪闪发光的手链、奇形怪状的戒指与身处的工作环境会很不相配。有一定身份的人，绝不可只图好看而选戴劣质饰品。

(4) 饰物色彩、款式与季节相应的原则。饰物色彩、款式要与季节相配，这一点多用于在皮包、眼镜、领带的选择上。例如，夏季和春季，女士应选择色彩亮、体积小的皮包。男士应选戴以浅色为主的领带；冬季，着装比较厚，皮包相应要大一点才能与穿着协调。

【小案例】

饰品搭配

金正昆教授曾讲过下面这样一个案例。

有一次，我去参加一个宴会，对面一个女孩子把我看晕了，戴了四枚戒指，有绿色的，有黑色的，有咖啡色的，还有彩色的。由于穿着高领衫，没看见项链。耳环则有两组：一紫一蓝。这个女孩子很大方地问我："您看我的饰品好看吗?"

我说："你听真话还是假话?"

她说："啥意思?"

我说："那就跟你简单说吧，反正你这东西都是好东西。"

她说："那什么意思?"

我说："放一块儿不好看!"

她说："为什么呀?"

我说："远看像棵圣诞树，近看像个杂货铺。你戴的饰物质杂色乱，串了味儿了!"

3. 常见饰物的选择与佩戴

(1) 帽子。帽子是由头巾演变来的。中国古代人成年时要行"冠礼","冠"就是帽子。在当代生活中，帽子不仅有御寒遮阳的作用，还具有装饰功能。在男女衣着中，帽子也占据着举足轻重的地位。戴帽子时，一定要注意帽子的式样、颜色与自身装束、年龄、工作、脸形、肤色相和谐。一般来说，圆脸适合戴宽边顶高的帽子，窄脸适合戴窄边的帽子。女士的帽子，种类繁多，不同季节造型和花色不同。例如，在冬天，女士可戴手工织的绒线帽；地位较高的女士可选择小呢帽；年轻姑娘可选择小运动帽。戴帽子的方法也很多，例如，帽子戴得端端正正显得很正派，稍往前倾一些显得很时髦。另外，戴眼镜的女士不适宜戴有花饰的帽子；身材矮小者，应戴顶稍高的帽子。

戴帽子应注意的一般礼仪是戴法要规范，该正的不能歪，该偏前的不能偏后；男性在社交场合可以采用脱帽方式向对方表示致意；在庄重和悲伤的场合，除军人行注目礼外，其余的人应一律脱帽。

(2) 围巾。围巾的花色品种很多，与帽子一样，起御寒保暖和美观的作用。巧妙地选戴围巾，效果远远超过不断地更新衣服。围巾的面料有纯毛、纯棉、人造毛织物、真丝绸、涤丝绸等。围巾的色彩及图案也名目繁多。男士一般应选用纯毛、人造毛织物制作的围巾，色彩应选用灰色、棕色、深酱色或海军蓝色，不能选用丝绸类的围巾。女士对围巾的选择范围极大，可选用丝绸类及色彩多样的三角巾、长巾及方巾等。除可用来围在脖子上取暖外，还可以将围巾扎在头发上、围在腰上做装饰品。如果配上丝巾扣，围巾围、戴，变化就更多了。对女士来说，不论怎样选戴围巾，都要与年龄、身份和环境相协调，与所穿衣服的面料、款式、颜色及使用者的肤色相配。

(3) 眼镜。对于现代人来说，眼镜常被用来做饰品或时装的搭配物，但在眼镜的选择上要多加注意。一方面，眼镜要与自身的发型、脸形、肤色相协调；另一方面，佩戴装饰性眼镜时要考虑与自己的身份相符。无论是在室内还是室外，只要是正式场合都应将装饰性的眼镜摘下。用来做装饰的深色变色镜或墨镜，戴前一定要先将商标摘下。

(4) 戒指。在西方，戒指是无声的语言。一般来说，将戒指戴左手各手指上有不同含义：戴在食指上表示未婚或求婚；戴在中指上表示正在热恋中；戴在无名指上，表示已订婚或结婚；戴在小指上则表明“我是独身者”。右手戴戒指纯粹是一种装饰，没什么特别的意义。中国人也戴戒指，但一定不能乱戴。一般情况下，一只手上只戴一枚戒指，戴两枚或两枚以上的戒指是不适宜的。参加较正规的外事活动，最好佩戴古典式样的戒指。

【小案例】

请代我向你的先生问好

李丽中专毕业被分配到某公司做文秘工作不久，一次在接待客户时，领导让她照顾一位华侨女士。临分别时，那位华侨女士对李丽的热情和周到的服务非常满意，留下名片，并认真地说：“谢谢！欢迎你到我公司来做客，请代我向你的先生问好。”李丽愣住了，因为她根本没有男朋友。可是，那位华侨女士也没有错，她之所以这么说，是因为看见李丽的左手无名指上戴有一枚戒指。

(5) 项链。项链的粗细应与脖子的粗细成正比，与脖子的长短成反比。从长度上分，项链可分为四种：短项链约 40 厘米，适合搭配低领上衣；中长项链约 50 厘米，可广泛使用；长项链约 60 厘米，适合在社交场合使用；特长项链约 70 厘米，适合用于隆重的社交场合。

(6) 耳环。耳环可分为耳环、耳坠、耳链，在一般情况下为女性所用，并且讲究成对使用。戴耳环时应兼顾脸形，不要选择与脸形相似的形状，以防同型相斥，使脸形方面的短处被强调夸大。

(7) 皮包。皮包具有使用及装饰作用，在现代服饰中起着画龙点睛的作用。皮包的种类千变万化，种类也不断更新，有肩挂式、手提式、手拿式及双肩背式等。在选购时要考虑它的适用范围。正式场合应选用质地较好、做工精细、外观华丽，体积不宜大，横长形的皮包；平时上班和日常外出使用的皮包不必太华丽，以实用性和耐用性为主；使用皮包要考虑其颜色与季节和着装是否相一致。皮包与使用人的体型也有很大关系，例如，体型小巧的人不能选用太大的皮包；体型矮胖的人不要选用太秀气的皮包；瘦高的人虽有较大的选择余地，但也不能选用太大或太小的皮包。在参加公务活动时应携带公文包。

(8) 胸花。胸花是为女性特别设计的，专门用于装饰女性的胸、肩、腰、头、领口等部位。胸花有鲜花和人造花两种。相比之下，鲜花佩戴起来更显高雅，但不能持久。选择胸花时，一定要考虑服装的类型、颜色、面料，要考虑所出席的社交活动的层次，要考虑自身的体型和脸形条件。例如，个子矮小的女士适合小一点的胸花，佩戴时部位可稍高一些；个子高大的女士可选择大一点的胸花，佩戴时位置可低一些。胸花要注意别的部位，穿西服应别在左侧领上，穿无领上衣时应别在左侧胸前。发型偏左时胸花应当偏右，发型偏右时胸花应当偏左，其高度应在从上往下数第一粒、第二粒纽扣之间。

【小案例】

一枚胸花，毁了一桩生意

方小姐作为一家公司的英文翻译，经常需要和经理去见客户。方小姐本人对着装也很在行，她知道见什么样的客户该穿什么样的衣服。

一次，方小姐和经理去跟一个外商谈业务。方小姐选择了一件浅白色的碎花短旗袍，下面搭配了一双白色高跟皮鞋，中国味十足。正好前段时间方小姐过生日，好友赠送了一个夸张的骷髅头胸针，款式十分别致，方小姐特别喜欢，这段时间天天都戴着。这次的旗袍打扮，方小姐也没忘记别上这枚骷髅头胸针。方小姐和经理此次前去拜访的外商是英国人，他们刚一见面，方小姐的衣着就引起了英国商人的注意。他刚想夸方小姐会穿衣服时，却一眼看到了那枚夸张的骷髅头胸针，欲言又止，原本欣喜的神色顿时黯淡下来。

在接下来的谈判中，那位英国商人的情绪不高，多少显得有些敷衍。最后，双方未能达成协议。经理大为不解：原来还谈得好好的，英国商人兴趣很高，怎么这次见面他的态度这么冷淡？

事后经理从那位英国商人的中国翻译那儿得知，原来那位英国商人极其注重服装礼仪，那天方小姐在极具中国风情的旗袍上点缀了那么夸张的一个骷髅头胸针，显得十分突兀，甚至有些不伦不类，十分碍眼，当时就让英国商人倒了胃口，失去了谈判的兴致。方小姐怎么也想不到，她的一枚胸针，毁了一桩生意。

(9) 丝袜。丝袜，在服装整体搭配中起着举足轻重的作用。在国外，正式场合中如果女性不穿丝袜，就如同不穿内衣一样十分不雅。丝袜不仅能保护腿、足部的皮肤，掩盖皮肤上的瑕疵，还能与衣服相搭配，使女性更添魅力。

在商务场合穿着裙装及皮鞋时，一定要穿丝袜，而且必须是连裤丝袜。这样可以避免丝袜因质量问题掉落，也不会将袜口露在外面。有的人因为怕热而穿中长袜或短丝袜是不符合职业要求的做法。而平时在穿连衣裙及凉鞋时，就不要再穿丝袜了。因为凉鞋本来就是为了凉快的，再穿袜子就显得多此一举了。不过现在有一种前后包脚的凉鞋，是属于较为正式的款式，就必须穿袜子了。穿凉鞋时，要注意脚趾和脚后跟的洁净，不要把黑乎乎的指甲缝和老茧丛生的脚后跟露在外面，平时应注意保养。

丝袜的选穿不能敷衍了事，但要根据自身特点和着装风格做到合理选穿，也不是件容易的事，你最好知道选穿袜子的窍门，以下是一些供你参考的经验：对于日常忙于上班的职业女性，不妨选一些素色的丝袜，只要记住深色服装配深色丝袜，浅色服装配浅色丝袜这一基本方法就可以了。丝袜和鞋的颜色一定要相衬，而且丝袜的颜色应略浅于皮鞋的颜色(白皮鞋除外)。颜色或款式很出位的袜子对腿形要求很高，对自己腿形没有自信的女孩不可轻易尝试。品质良好的裤袜要比长筒丝袜令你更有安全感，能够避免袜头松落。白丝袜很容易令人看上去又胖又矮，应该避免。上班族更不要穿着彩色丝袜，它会令人感到轻浮，缺乏稳重之感。参加盛会穿晚装时，配一双背部起骨的丝袜使高雅大方的格调分外突出。但穿此类丝袜时，注意别将背骨线扭歪，否则极其失仪。

（10）香水。如前所述香水是一种无形的服饰。这里我们着重谈谈香水的使用技巧与方法。

香水浓度越低，涂抹的范围越广。一般来说，浓香水应以点搽式或小范围喷洒式用于脉搏跳动处，如耳后、手腕内侧、膝后。香水、香露、古龙香水、淡香水因为香精浓度不是很高，不会破坏衣服纤维，所以可以自由地喷洒及使用。例如，脉搏跳动处、衣服内、头发上或空气中。

在体温高的部位涂抹香水的效果比较好。要注意身体内侧比外侧的体温高。另外，香气向上升，涂抹在下半身比涂抹在上半身更能获得理想的效果。

不要在阳光照射到的地方涂抹香水，因为酒精在阳光的暴晒下会在肌肤上留下斑点。此外，紫外线也会使香水中的有机成分发生化学反应，引起皮肤过敏。

香水可以喷洒在干净或刚洗完的头发上。若头发上有尘垢或者油脂，则会令香水变质。同时也不应喷洒在干枯和脆弱的头发上，避免对发质造成伤害。

香料为有机成分，易与金、银、珍珠反应使之褪色、受损，因此香水不能直接喷洒于首饰上，可先喷洒香水后戴首饰。

切忌不要将香水喷洒在皮毛上，否则不仅损害皮毛，也会使皮毛的颜色发生改变。香水喷洒在羊毛、尼龙的衣料上不容易留下斑点，不过香味留在纯毛衣料上会较难消散。

【小案例】

香水的使用

冯磊现在只有一个想法：见了同事吴云就躲开，因为吴云身上的味道实在让他忍受不了。你要问吴云身上有什么味儿，让冯磊这样排斥？冯磊会告诉你：“怪味儿！我曾经用另一种方式问过她：‘吴云，你怎么能让自己身上的味道这么持久呢？’她很兴奋地告诉我：‘我用了香水呀。我现在越来越迷恋香水了，每天都在研究。有时候一天会换几种不同的香味试试，而且为了香味持久，我随身带着。你看！’然后我便看到她的包里有4个香水瓶子。我当时真是不知道该说什么了。她现在身上并不是香水的香味，而是一种让人无法忍受的怪味儿！”

香水的使用方法。香水的使用主要有涂抹和喷洒两种方法。

涂抹，即将香水涂抹在手腕、颈部、耳后、臂弯里等有脉搏跳动的部位，这样香味可随着脉搏跳动、肢体转动而飘溢散发；也可将香水涂抹于腰部、髋关节，这是为了让余香更持久；脚踝处也可涂抹香水，这样可使香味飘散得更自然。

喷洒，即将香水喷洒在衣服上，一般多是喷洒于内衣、外衣内侧、裙下摆及衣领后面；还可以把香水向空中喷洒几下，在头顶形成一片香雾，随后立于香雾中，让香气轻轻洒落在身上，散发出怡人的气息。

【小贴士】

学生要有学生样

不同的仪容服饰,会产生不同的效果。一个人的仪容、服饰和仪态应与本人的年龄、身份相符。在校的学生尚处于求学阶段,因此他们的仪表应以朴素大方、活泼整洁为原则。

女生的发式以简洁、易梳理为宜,不宜烫发、盘发,以免破坏了女生清纯、活泼的形象。女生在校的仪容应追求自然美,其实青春、天然的少女肌肤是最美的,即使是参加学校举办的舞会、晚会,也不要涂脂抹粉地化很浓、很艳的妆。男生的发式也以整齐、干净、富有朝气为宜,不宜留长发、蓄小胡子,以免破坏了青春、健美的形象。

学生的服饰应以色彩鲜明、线条流畅、明快简洁为好,以充分显示出朝气蓬勃的精神面貌。在校内,学生不宜穿过高的高跟鞋,穿戴珠光宝气、华丽无比,会显得俗不可耐,与身份不符。当然,衣帽不整、不修边幅或不注意个人卫生,也是不礼貌的。有校服的学生,应按要求穿校服上学。

第三节 仪态礼仪

仪态又称"体态",是指人的身体姿态和风度。姿态是身体所表现的样子,风度则是内在气质的外在表现。人的一举手、一投足、一弯腰乃至一颦一笑,并非偶然的、随意的,这些行为举止自成体系,像有声语言那样具有一定的规律,并具有传情达意的功能。人们可以通过自己的仪态向他人传递个人的学识与修养,并能够以其交流思想、表达感情。英国哲学家培根说:"在美的方面,相貌的美高于色泽的美,而秀雅合适的动作又高于相貌的美。"在社交中,仪态是极其重要、有效的交际工具,它用一种无声的语言向人们展示出一个人的道德品质、人品学识、文化品位等方面的素质和能力,用优良的仪态礼仪表情达意,往往比语言更让人感到真实、生动。所以,我们在社交中必须举止优雅,做到仪态美。

一、体姿

1. 站姿

俗话说"站如松",站姿是人类的一种象征。男子的站姿如"劲松"之美,具有男子汉刚毅英武、稳重有力的阳刚之美;女子的站姿如"静松"之美,具有女性轻盈典雅、亭亭玉立的阴柔之美。正确的站姿是自信心的表现,会给人留下美好的印象。

(1) 标准的站姿。站姿的要领:一是平,即头平正、双肩平、两眼平视;二是直,即腰直、腿直,后脑勺、背、臀、脚后跟成一条直线;三是高,即重心上拔,看起来显得高。具体标准如下。

① 头正。两眼平视前方,脖颈挺直,下颌微收,嘴角上扬,表情自然,面带微笑。

② 肩平。肩部微微放松,稍向后下沉,自然呼吸,两肩平齐、舒展。

③ 臂垂。两臂自然下垂于体侧，虎口向前，手指自然弯曲。

④ 躯挺。后背正直，挺胸收腹，提臀，立腰。

⑤ 腿并。双腿膝盖夹紧，大腿内侧收紧。

⑥ 脚稳。站正步，脚跟靠拢，脚尖并拢，身体重心落在两脚中间。

(2) 不同场合的站姿。在升国旗、奏国歌、接受奖品、接受接见、致悼词等庄严的仪式场合，应采取严格的标准站姿，而且神情要严肃。在发表演说、新闻发言、做报告宣传时，为了减少身体对腿的压力，减轻由于较长时间站立双腿的疲倦，可以用双手支撑在讲台上，两腿轮流放松。主持文艺活动、联欢会时，可以将双腿并拢站立，女士甚至站成“丁”字步，让站立姿势更加优美。站“丁”字步时，上体前倾，腰背挺直，臀微翘，双腿叠合，玉立于众人间，富于女性魅力。门迎等服务人员往往站的时间很长，双腿可以平分站立，双腿分开不宜超过肩。双手可以前握垂放于腹前；也可以背后交叉，右手放到左手的掌心上，但要注意收腹。礼仪小姐的站立，要比门迎等服务人员更趋于艺术化，一般可采取立正的姿势或“丁”字步。如双手端执物品时，上手臂应靠近身体两侧，但不必夹紧，下颌微收，面带微笑，给人以优美亲切的感觉。

【小贴士】

从站姿看性格和心理

问题：你平时的站姿是以下哪种？

A. 背脊挺直、胸部挺起、双目平视　　B. 弯腰曲背、略显佝偻状

C. 两手叉腰而立　　D. 两腿交叉而立

E. 将双手插入口袋而立　　F. 靠墙壁而立

G. 背手站立

答案分析如下。

选择 A：说明有充分的自信，给人以气宇轩昂、心情乐观愉快的印象，属开放型。

选择 B：属封闭型，表现出自我防卫、闭锁、消沉的倾向，同时，也表明精神上处于劣势，有惶惑不安或自我抑制的心情。

选择 C：是具有自信心和精神上优势的表现，属开放型。对面临的事物没有充分心理准备时绝不会采用这个动作。

选择 D：表示一种保留态度或轻微拒绝的意思，也是感到拘束和缺乏自信心的表示。

选择 E：具有不袒露心思、暗中策划、盘算的倾向；若同时配合有弯腰曲背的姿势，则是心情沮丧或苦恼的反映。

选择 F：有这种习惯者多是失意者，通常比较坦白，容易接纳别人。

选择 G：多半是自信力很强的人，喜欢把握局势，控制一切。一个人若采用这种姿势处于人面前，说明他怀有居高临下的心理。

(3) 不良的站姿。不良的站姿主要有以下几类。

① 身躯歪斜。古人对站姿曾经指出过“站如松”的基本要求，它说明站立姿势以身躯直正为美。在站立时，若是身躯出现明显的歪斜，将直接破坏人体的线条美，而且还会给人颓废消沉、萎靡不振、自由放纵的直观感觉。

② 弯腰驼背。弯腰驼背其实是身躯歪斜的一种特殊表现。除腰部弯曲、背部弓起之外,它大都会伴有颈部弯缩、胸部凹陷、腹部挺出、臀部撅起等其他不雅体态。凡此种种,都会显得一个人健康欠佳、无精打采。

③ 趴伏倚靠。在工作岗位上,要确保自己"站有站相"。站立时,随随便便地趴在一个地方,伏在某处左顾右盼,倚着墙壁、货架而立,靠在台桌边,或者前趴后靠、自由散漫,都是极不雅观的。

④ 腿位不雅。腿位不雅即双腿大叉。应切记:自己双腿在站立时分开的幅度,在一般情况下越小越好;在可能之时,双腿并拢最好;即使是分开,也要注意不可使二者之间的距离超过本人的肩宽。另外,还有双腿扭在一起、双腿弯曲等姿势也应避免。

⑤ 脚位欠妥。在正常情况下,双脚站立时呈现出 V 字式、Y 字式("丁"字形)、平行式等脚位。但是,采用"人"字式、蹬踏式和独脚式,则是不合适的。所谓"人"字式脚位,是指站立时两脚脚尖靠在一起,而脚后跟却大幅度地分开,这一脚位又叫"内八字"。所谓蹬踏式,是指站立时为了舒服,在一只脚站在地上的同时,将另一只脚踩在鞋帮上,或踏在椅面上,或蹬在窗台上,或跨在桌面上等。独脚式即把一只脚抬起,另一只脚落地。

⑥ 手位失当。站立时,不当的手位主要有:一是将手插在衣服的口袋内;二是将双手抱在胸前;三是将两手抱在脑后;四是将双手支于某处;五是将两手托住下巴;六是手持私人物品。

⑦ 半坐半立。在工作岗位上,必须严守岗位规范,该站就站,该坐就坐,绝对不允许在需要站立时,为了贪图安逸而擅自采取半坐半立之姿。当一个人半坐半立时,既不像站,也不像坐,只能让别人觉得过分随便且缺乏教养。

⑧ 全身乱动。站立乃是一种相对静止的体态,因此不宜在站立时频繁地变动体位,甚至浑身不住地上下乱动。手臂挥来挥去、身躯扭曲、腿脚抖来抖去,都会使站姿变得十分难看。

⑨ 摆弄物件。站立时,不要下意识地做些小动作,如摆弄打火机、香烟盒,玩弄衣带、发辫,咬手指甲等,这些动作不仅显得拘谨,给人以缺乏自信和教养的感觉,还有失仪表的庄重。

(4) 站姿的训练。站姿的训练可采用以下方法。

① 对镜练习。在他人的帮助下,或自己对着镜子进行训练,便于纠正不良姿势;在找准标准站姿的感觉后,再坚持每次 20 分钟左右的训练。

② 靠墙站立练习。要求脚后跟、小腿、臀部、双肩、后脑勺都要紧贴墙壁。每次训练控制在 20～30 分钟。

③ 头顶书练习。要求把书放在头顶中心,为使书不掉下来,头、躯挺直,自然保持平衡,这种训练方法可以纠正低头、仰脸、晃头及左顾右盼等不良习惯。每次训练控制在 20～30 分钟。

④ 背靠背练习。两人一组,背靠背站立,将两人的后脑、双肩、臀部、小腿肚、脚后跟紧靠在一起。可以在两人的肩部、小腿部相靠的地方,各夹放一张卡片,训练不能让其滑落或掉下。

2. 坐姿

坐姿是一种基本的静态体位，是指人在就座以后身体所保持的一种姿势。正确而优雅的坐姿是一种文明行为，它既能体现一个人的形态美，又能体现其行为美。端庄优美的坐姿会给人以文雅、稳重、大方的美感，给人留下良好的印象。所谓"坐如钟"，就是指坐姿要像钟一样端庄沉稳、镇定安详。

(1) 标准的坐姿。坐姿包括入座、落座和离座三个过程，每个过程又有其相应的基本要求。

① 入座。入座要求保持轻、稳、缓。入座有以下两种方式。

第一种：侧身走近座椅，从座椅的左侧轻轻落座。一般坐满椅面 2/3 的位置，不要坐满或只坐很少一部分。

第二种：面向座椅，直接走到座位前，转身后站稳，右脚向后撤半步，用小腿确定座椅的位置，轻稳地坐下，收回左脚与右脚并拢。如果女士着裙装，落座前，应先用手将裙装下摆收拢一下，不可以落座后再整理衣裙。

② 落座。落座时同站姿一样，上体总体要求正直、舒展，下体依据不同场合的要求形成不同姿态。具体要求有三点：一是两眼平视前方，嘴唇微闭，微收下颌；二是两肩平正放松，立腰、挺胸，上身自然挺直；三是双脚并拢，左右大腿大致平行，膝弯曲大致呈直角，双脚平放在地面上，手轻放在大腿上。男士可在此基础上，膝盖稍分开一拳的距离，双脚分开。

③ 离座。离座前，先以语言或动作向周围的人示意或暗示，请他们做好心理上的准备；右脚向后收半步，轻稳站起，站稳后从座椅左侧离座。

【小案例】

张明的面试

张明今天上午要去参加面试，一大早张明穿戴完毕，准时到达面试点。面试官让他坐，他客套地说："您先坐。"这时面试官稍显尴尬。因为位置不合适，张明入座后不停地调整椅子，导致发出各种嘈杂的声音。面试过程中，考官问的几个问题确实不好把握，张明习惯性地使劲摩擦双手，同时双腿还在不停地抖动，考官看到张明的表现，眼神中有些不解和失望。面试结束后，等待了许久，张明始终没有收到录用通知……

【点评】 正确而优雅的坐姿是一种文明行为，将给人留下良好的印象。张明面试时呈现出入座、坐姿的问题是与文雅、稳重、大方、优美的坐姿要求相悖的。

(2) 不同场合的坐姿。谈判、会谈时，场合一般比较严肃，适合正襟危坐，但不要过于僵硬。要求上体正直，端坐于椅子中部，注意不要使全身的重量只落于臀部，双手放在桌上、腿上均可。双脚为标准坐姿的摆放。倾听他人教导、知识传授指点时，对方若是长者、尊者、贵客，坐姿除了要端正外，还应坐在座椅、沙发的前半部或边缘，身体稍向前倾，表现出一种谦虚、迎合、重视对方的态度。在比较轻松、随便的非正式场合，可以坐得轻松、自然一些，全身肌肉可适当放松，还可不时变换坐姿。

【小贴士】

坐姿与性格

心理学专家认为：将椅子转过去骑着坐的人显得自信好胜，但内心的防御性多半很强，不太爱与人交心。

喜欢抖腿的人多数聪明，反应快，接受能力强，但不是很有耐心，内心有浮躁或焦虑的一面，有时给人不够稳重的感觉。

端坐在椅子前半部分的人一般性格内向，谦虚有礼，善于倾听、体谅别人，他们多半个性成熟、亲和力强，容易受人信赖。

双腿分开，伸得很长的人一般性格外向、开朗、不拘小节，但有时比较傲慢、霸道、支配性强，容易发脾气、耍性子，不愿退让。

前胸紧靠桌子，双腿并拢的坐姿显得内向、拘谨、有些害羞，不够自信，这样的人多半不太果断，缺乏灵活性。

跷二郎腿的人通常自在随性，有时有些自大，喜欢挑剔，喜欢对别人的事指手画脚，爱给人提建议。

双腿自然分开，手放腿上的坐姿是古代男性的标准坐姿，体现出闲适、儒雅的气度。这种人通常稳重，值得信赖。

喜欢靠着椅背的人可能性格慵懒、散漫，做事拖沓，对自己要求不高，但对别人也比较宽容。

了解这些由无声语言"坐姿"所传递出的不同信息，将给我们带来不同的影响。

(3) 不雅的坐姿。要避免以下不雅的坐姿。

① 动作幅度过大、过急。在入座过程中，节奏太快，动作不轻稳，易给人造成做事潦草、忙乱的不良印象；离座时出现急、快的情况，易刮倒座椅、发出声响等问题，也会影响个人形象。

② 坐姿不端正。上身放松，半坐半躺在座椅上，或者完全瘫坐在椅子上；上身在坐立的过程中不停地晃动、左右歪斜、前仰后合等，以上坐姿均是素质低、没有修养的表现。

③ 手臂位置不恰当。双臂应根据脚位摆放在合适的位置上，以表现优雅的姿态。以下是不恰当的手臂位置：手夹在两腿之间、双手抱在腿上、手插在衣袋中、手摆弄物件等。

④ 双腿姿态不规范。两腿叉开很大距离，两脚并拢，而两膝距离较大，两腿向前伸度太大，两腿不停抖动，双腿交叉时没有收紧，两膝之间有距离，双腿重叠式，一条腿跷起(俗称"二郎腿")。在日常工作和生活中应尽量避免以上不规范的坐姿。

⑤ 脚位不雅观。双脚没有平放在地面上，脚尖翘起；以脚蹬踏别的物体。这种姿态会给人造成轻浮、粗俗的印象。

(4) 坐姿的训练。坐姿的常用方式较多，在基本坐姿训练的基础上，可以利用具体情境进行训练，同时加强入座和离座的训练，使整体就座过程连续、流畅，更富感染力。

① 重视基本坐姿训练。在明确坐姿的基本要求和进行站姿训练的基础上，可以进行坐姿训练。在训练过程中，可以采用对镜规范训练、工具辅助训练(如头顶书籍)等方式。初级练习，每次的训练时间应保持在20～30分钟；以后可随技能的掌握水平，逐渐减少

连续练习时间。

② 运用具体情境练习。为提高学习者的兴趣，调动其学习积极性，可模拟具体情境进行训练，如招聘会、见面会、校友会等，把坐姿与情境相结合，由学习者自行设计并保持姿态，达到强化的目的。每次训练控制在 10～15 分钟，可分多次进行。

③ 加强入座和离座训练。在坐姿训练时，往往较重视姿态训练，忽略过程训练，因此学习者会表现出动作过程不完整或缺失的现象。入座和离座应分别进行单一动作训练，每次训练控制在 5～10 分钟，单一训练后再合成动作，保持动作的连贯性和准确性，达到体现优雅、庄重坐姿的目的。

【小贴士】

使用计算机时的坐姿

使用计算机，究竟怎样坐才能既不累又美观，是很多商务人士关注的问题，以下是几点提示。

① 上半身应保持颈部直立，以使头部获得支撑，两肩自然下垂，上臂贴近身体，手肘弯曲呈 90°。操作键盘或鼠标时，应尽量使手腕保持水平姿势，手掌中线与前臂中线应保持直线状态。下半身腰部挺直，膝盖自然弯曲呈 90°，并维持双脚着地的坐姿。

② 必须选择符合人体工学设计的桌椅，使用专用的电脑椅，坐在上面遵循三个直角：电脑桌下膝盖处形成第一个直角，大腿和后背形成第二个直角，手臂在肘关节处形成第三个直角。肩胛骨靠在椅背上，双肩放松，下巴不要靠近脖子。两眼平视计算机屏幕中央，座椅最好有支持性椅背及扶手，并能调整高度。

③ 计算机的摆放高度要合适。将计算机屏幕中心位置安装在与操作者胸部同一水平线上，最好使用可以调节高低的椅子。应有足够的空间伸放双脚，膝盖自然弯曲呈 90°，并维持双脚着地，不要交叉双脚，以免影响血液循环。

3. 走姿

走姿也称步态，是指一个人在行走过程中的姿势。它以人的站姿为基础，是站姿的延续，始终处于运动中。走姿体现的是一种动态美，能直接反映出一个人的精神面貌，表现一个人的风度、风采和韵味，对个人社会性的塑造起着重要的作用。有良好走姿的人会显得年轻有活力。所谓"行如风"，就是指行走动作连贯，从容稳健。步幅、步速要以出行的目的、环境和身份等因素而定。协调和韵律感是步态的最基本要求。

女士走姿要轻盈飘逸，似"淑女"般窈窕婀娜；男士走姿要潇洒阳刚，似"绅士"般庄重稳健。

(1) 标准的走姿。走姿训练是在站姿训练基础上进行的，上体要求与站姿相近，重点要加强动态中下体和手臂的训练。有人编了走路的动作口诀，体现了走姿的要领：双眼平视臂放松，以胸领动肩轴摆，提髋提膝小腿迈，跟落掌接趾推送。

① 上体。后背正直，挺胸，双肩平齐、舒展；收腹，提臀，立腰；两眼平视前方，嘴角上扬，面带微笑。

② 两臂。两臂以肩为轴，大臂带动小臂，前后自然摆动，似柳叶摆动，前后摆臂不超过 30°，手自然半握拳，两手手心相对。

③ 腿部。大腿带动小腿，脚跟迅速过渡到全脚落地，落地轻盈（提气落地），两脚交替踏在一条竖线上，重心略向前脚移送。

④ 步幅。步幅是指前后脚的距离。在行走时，男士步幅约25厘米，女士步幅约20厘米。一般来说，前脚的脚跟距离后脚的脚尖应为一脚长。步幅同时要根据服饰做适当调整，如女士穿裙装时，步幅可以适当缩小。

⑤ 步速。步速是指人体行进时的速度。在行走时，步速要均匀、稳定，一般每分钟100～120步较适宜，不宜太快或太慢，特殊情况除外。

⑥ 步态。走路的姿态应有韵律感，同时具有较好的柔韧性。上体正直挺拔，步伐有力而富有弹性，双臂摆动轻松自如。

【小贴士】

美国影星简·方达的走路健身法

① 活泼轻松地走。为了获得走路的有氧锻炼效果，简·方达摸索出理想的步速是6.9～8千米/小时，即每分钟120米左右。

② 重心向前倾。走路时，脚掌的用力方向应是向后蹬，而不是向下扣。

③ 步伐不要过小，稍微拉大一些走，可以加快速度，并使步子富有节奏感，使腿和臀部处于充分活动的状态。

④ 提高重心。走路时，要挺胸收腹，背要直，头要抬。颈部和腰部都要有挺起感。身体要保持挺直，但不要紧张、僵直，要放松。

⑤ 两手臂的摆动要自然有力。甩臂要像吊钟的钟摆一样，幅度要大而有力，但始终要保持轻松自如。

（2）不同环境的走姿。不同环境的走姿是有所不同的。

① 在拥挤的环境中行走。在比较拥挤的环境中，要精神饱满，步态轻盈，行走的步幅、速度要适中，手臂的摆幅不宜过大，路遇来宾要让路，躲闪要灵敏、有礼貌。

② 在要求保持安静的地方行走。在要求保持安静的地方行走时要避免发出大的响声，走路要轻盈；若穿皮鞋或高跟鞋在没有地毯的地方行走，要把脚后跟提起，尽量用脚掌着地行走，以免发出响声。

③ 在楼道、楼梯等环境里行走。由于楼道、楼梯等环境中过道狭窄，行走时要靠右行，途中如遇来宾走来，要提早侧身让路，并微笑点头致意，表示尊重。

④ 进出电梯时的行走。进出电梯应遵循"先出后进"的原则。出电梯时，应侧身而行，以免碰撞、踩踏他人；进入电梯后，应尽量靠里边站。

【小贴士】

着不同服装的走姿

① 穿西装的走姿要求。西装以直线为主，应当走出穿着者挺拔、幽雅的风度。穿西装时，后背保持平正，两脚立直，行走的步幅可略大些，手臂放松伸直摆动，手势简洁大方。行走时男士不要晃动，女士不要左右摆髋。

② 穿西服套裙走姿要求。西服套裙多以半长筒裙与西装上衣搭配，所以着装时应该

尽量表现出这套职业装的干练、洒脱的风格特点。这套服装要求步履轻盈、敏捷、活泼，步幅不宜过大，可用稍快的步速节奏来调和，以使走姿活泼灵巧。

③ 穿旗袍的走姿要求。旗袍作为东方晚礼服的杰出代表，在世人眼里拥有着经久不衰的美丽。所以，很多服务行业通常将其作为迎宾、引位或者中式宴会厅的职业服装。着这款服装，最重要的是要表现出东方女性温柔、含蓄的柔美风韵，以及身体的曲线美。所以，穿中式旗袍要求身体挺拔，胸微含，下颌微收；塌腰撅臀是着旗袍的大忌。旗袍必须搭配高跟或中跟皮鞋才能走出这款服装的韵味。行走时，走交叉步直线，步幅适中，步子要稳，双手自然摆动，髋部可随着身体重心的转移稍加摆动，但上身绝不可跟着晃动。总之，穿旗袍应尽力表现出一种柔和、妩媚、含蓄、典雅的东方女性美。

④ 穿高跟鞋的走姿要求。女士在正式场合应穿着黑色高跟鞋，行走时要保持身体平衡。具体做法是直膝立腰、收腹收臀、挺胸抬头。为避免膝关节前屈导致臀部向后撅的不雅姿态，行走时一定要把踝关节、膝关节、髋关节挺直，只有这样才能保持挺拔向上的形体。行走时步幅不宜过大，每一步要走实、走稳，这样走姿才会有弹性并富有美感。

(3) 易出现的不良走姿。以下不良走姿要注意克服。

① 上体姿势不正。上体的不正确姿态主要有在行走时上身左右摇晃，重心上下起伏；上体不挺拔，缩脖端肩，含胸驼背等。

② 手臂摆动幅度过大。手臂在行进过程中起辅助作用，前后摆动幅度要适中，不能过大。大幅度的摆臂动作会使人感觉不稳重。

③ 走路方法不正确。包括以下几种。a. 踢着走：走路时身体前倾，只有脚尖踢到地面，然后膝盖弯曲，脚跟往上提，腰部很少出力，使整条腿变胖。b. 压脚走：走的时候身体重量压在脚尖上，然后再抬起来。双脚着地的时间比踢着走的人长，使腿肚的肌肉越来越发达，出现"萝卜"腿现象。c. 内八字走法：双脚落地时，脚尖向里扣呈内八字走法，长久下来会造成O形腿。d. 外八字走法：双脚落地时，脚尖过分向外分呈外八字走法，外八字走法会使膝盖向外，使腿部动作变形，也会导致O形腿的产生。

④ 步态不规范。在行走时，还会出现以下问题：步速太快或太慢、步幅过大或过小、精神状态不饱满、动作僵硬、神情颓丧等。

(4) 走姿的训练。行走姿态必须经过科学训练，进行一定量的练习，才可以形成良好的走姿。

① 分步骤基本练习。初级训练阶段应采用分解式练习，把走姿分成三个过程训练，即提、迈、落。"提"是指行进腿大腿向上提45°，形成膝盖上提，脚尖向下；"迈"是指行进腿以膝盖为轴，大腿保持不动，小腿向前伸长，脚尖稍离地；"落"是指行进腿落地，后脚推前脚，重心前移。练习时，先分解练习，再整合动作。节奏可以由三拍过渡至两拍，速度由慢到快。

② 工具辅助练习。为保持走姿的平稳性，可使用"书籍"作为工具辅助练习。要求在行进中将一本厚度适中的书放在头顶中心，头、躯干挺直，自然保持平衡。这种训练方法可以纠正身体出现的不良习惯，如身体左右摇摆、头部晃动等。每次训练控制在20分钟左右。

③ 音乐体验练习。当行走姿态基本正确后，可以配合音乐进行练习。音乐可采用慢

速和中速节奏。这种训练方法不仅可以起到调节学习情绪的作用,同时也可以培养动作的韵律感和表现力,陶冶学习者的艺术素养。

4. 蹲姿

俗话说"蹲要雅",蹲姿是人的身体在低处取物、拾物、整理物品、整理鞋袜时所呈现的姿势,它是人体静态美与动态美的综合。蹲姿要动作美观,姿势优雅。

(1) 标准的蹲姿。标准的蹲姿有以下要求：首先要讲究方位,当需要捡拾低处或地面上的物品时,可走到物品的左侧;当面对他人下蹲时,要侧身相向;当需要整理鞋袜或于低处整理物品时可面朝前方,两脚一前一后,一般情况是左脚在前,右脚在后,目视物品,直腰下蹲。直腰下蹲后方可弯腰捡低处或地面上的物品,以及整理鞋袜或在低处工作。取物或工作完毕后,先直起腰部,使头部、上身、腰部在一条直线上,再稳稳站起。

(2) 易出现的不雅蹲姿。以下不雅蹲姿要注意克服。

① 方位不准确。应根据具体的场合和需要选择蹲姿,注意方位的准确运用,如对人下蹲时,如果采用正面下蹲,就是很不礼貌的行为。

② 蹲速不当。在下蹲时速度不能过快,要轻稳,同时速度适中。特别是女性穿旗袍等服饰时,更要注意。

③ 不注意动作的隐蔽性。蹲姿因重心过低,因此要十分注重腿部动作的控制。要收紧腿部动作,两腿之间不能有缝隙,特别是穿裙装时,更要注意下蹲动作的隐蔽性。

④ 随意滥用。不要在工作中随意采用蹲姿,也不可蹲在椅子上或蹲在地上休息。

(3) 蹲姿的训练。要有意识地、主动经常地进行标准蹲姿训练,形成良好习惯。可以运用压腿、踢腿、活动关节等方式加强腿部膝关节、踝关节的力量和柔韧性训练,这是优美蹲姿的基础。

平时在进行蹲姿训练时可以配上优美的音乐,放松心情,减轻单调、疲劳之感。

【课堂训练】

分组进行站姿、坐姿、走姿、蹲姿训练,并进行评比。

二、表情

美国心理学家登布(Temple)在其《推销员如何了解顾客心理》一文中说："假如顾客的眼睛朝下看,脸转向一边,表示你被拒绝了;假如他的嘴唇放松,笑容自然,下颌向前,则可能会考虑你的提议;假如他对你的眼睛注视几秒钟,嘴角以至鼻翼部位都显出微笑,笑得很轻松,而且很热情,这项买卖就做成了。"由此可见,面部表情在传情达意方面有着重要的作用。面部表情是丰富且复杂的体态语的一个重要方面,它包括脸色的变化、肌肉的收展以及眉、鼻、嘴等的动作。这里,我们重点介绍一下眼神和微笑。

1. 眼神

俗话说："眼睛是心灵的窗户。"它是人体传递信息最有效的器官,而且能表达最细微、最精妙的差异,显示出人类最明显、最准确的交际信号。正如著名印度诗人泰戈尔所说："在眼睛里,思想敞开或是关闭,放出光芒或是没入黑暗,静悬着如同落月,或者像忽闪的电光照亮了广阔的天空。那些自有生以来除了嘴唇的颤动之外没有语言的人，学会了眼睛的语言，这在表情上是无穷无尽的，像海一般的深沉、天空一般的清澈，黎明和黄昏，光明与阴影，都在自由嬉戏。"据研究，在人的视觉、听觉、味觉、嗅觉和触觉感受中，唯独视觉感受最为敏感，人由视觉感受的信息占总信息的83%。在汉语中用来描述眉目表情的成语就有几十个，如"眉飞色舞""眉开眼笑""眉目传情""暗送秋波""瞠目结舌""怒目而视""愁眉不展"……这些成语都是通过眼睛或眉毛来反映人们的喜、怒、哀、乐等情感的，人的七情六欲都能通过眼睛这个神秘的器官显现出来。

【小案例】

老师的眼神

有一则这样的报道：一所重点中学举行百年校庆时，恰逢德高望重的老教师八十寿辰。这位老教师极富传奇色彩，他所教过的学生中，许多已成为蜚声海内外的教授、学者及活跃在时代前沿的IT精英。是什么原因使这位老教师桃李满天下呢？学校决定在百年校庆之际，把这个谜底揭开。于是，记者便对从该校毕业的各位成功人士，即这位老教师的学生做了一个调查，请他们谈一谈老教师的哪方面对他们的人生影响最大。结果，答案令记者等人很吃惊，他们出奇一致地认为，是老师的眼神给了他们前进的动力。因为这位老教师的眼神中时刻都流动着鼓励、肯定与信任，这是一笔不可估量的财富，也给了他们无穷的动力。

(1) 眼神的构成。眼神主要由注视的时间、视线的位置和瞳孔的变化三个方面组成。

① 注视的时间。据有人调查研究，人们在交谈时，视线接触对方脸部的时间占全部谈话时间的30%～60%，超过这一平均值，可认为对谈话者本人比谈话内容更感兴趣；低于这一平均值，则表示对谈话内容和谈话者本人都不怎么感兴趣。不难想象，如果谈话时心不在焉、东张西望，或者是由于紧张、羞怯不敢正视对方，目光注视的时间不到谈话的1/3，这样的谈话，必然难以被人接受和信任。当然，必须考虑到文化背景，如对南欧人进行注视可能会造成冒犯。

② 视线的位置。人们在社会交往中，不同的场合和对象，目光所及之处也是有差别的。有的人在与比较陌生的人打交道时，往往因为不知把目光如何安放而窘迫不安；已被人注视而将视线移开的人，大多怀有相形见绌之感；仰视对方，一般体现"尊敬、信任"的语义；频繁而又急速地转眼，是一种反常的举动，常被用作掩饰的一种手段。当然，如果死死地盯着对方或者东张西望，不仅极不礼貌，也显得漫不经心。

③ 瞳孔的变化。瞳孔的变化即视觉接触时瞳孔的放大或缩小。心理学家往往用瞳孔变化大小的规律，来测定一个人对不同的事物的兴趣、爱好、动机等。兴奋时，人的瞳孔会扩张到平常的4倍大；相反，生气或悲哀时，消极的心情会使瞳孔收缩到很小，眼神必然无光。所谓"含情脉脉""怒目而视"等都与瞳孔的变化有关。据说，古时候的珠宝商人已注意到这种现象，他们能通过顾客的瞳孔变化而猜测对方是否对珠宝感兴趣，从而决定是抬高价钱还是跌价。

(2) 眼神的运用。在社交过程中，与朋友会面或被介绍认识别人时，可凝视对方稍久一些，这既表示自信，也表示对对方的尊重。双方交谈时，应注视对方的眼鼻之间，表示重视对方及对其发言感兴趣。当双方缄默不语时，就不要再看着对方，以免加剧因无话题本来就显得冷漠、不安的尴尬局面。当别人说了错话或显拘谨时，请务必马上转移视线，以免对方把自己的眼光误认为是对其的嘲笑和讽刺。如果你希望在争辩中获胜，那就千万不要移开目光，直到对方眼神转移为止。送客时，要等客人走出一段路，不再回头张望时，才能转移目送客人的视线，以示尊重。

在谈判中也很讲究眼神的运用。一方让眼镜滑落到鼻尖上，眼睛从眼镜上面的缝隙中窥探，就是对对方鄙视和不敬的情感表露。一方在不停地转眼珠，就要提防其在打什么新主意。双目生辉、炯炯有神，是心情愉快、充满信心的反映，在谈判中持这种眼神有助于取得对方的信任和合作。相反，双眉紧锁、目光无神或不敢正视对方，都会被对方认为无能，可能导致对自己的不利结果。

眼神还可传递其他信息，已被人注视而将视线移开的人，大多怀着相形见绌之感，有很强的自卑感。无法将视线集中在对方身上或很快收回视线的人，多半属于内向型性格。仰视对方，表示怀有尊敬、信任之意；俯视对方，表示有意保持自己的尊严。频繁而急速地转眼，是一种反常的举动，常被用作掩饰的一种手段，或内疚，或恐惧，或撒谎，需分清以做出判断。视线活动多且有规则，表明其在用心思考。听别人讲话，一面点头，一面却不将视线集中在谈话人身上，表明其对此话题不感兴趣。说话时，对方将视线集中在你身上的人，表明他渴望得到你的理解和支持。游离不定的目光传递出来的信息是心神不宁或心不在焉。

眼神可以表达出异常丰富的信息，但微妙的眼神有时只可意会，不可言传，只能靠我们在社会实践中用心体察、积累经验、努力把握，方能在社交中灵活运用。

【小贴士】

目光运用的差异性

① 日本人在闲谈时喜欢看着对方的脖子，他们认为直截了当地盯着对方的脸是不礼貌的举动。

② 英国人在谈话时很少对视。

③ 瑞典人在交谈时一般会对视，看着对方的眼睛说话说明你诚实。

④ 在巴基斯坦，凝视是很平常的事，不被认为是粗鲁或是威胁。

⑤ 不准久久凝视别人，这是希腊人一项不成文的规矩。

⑥ 阿拉伯人认为，对谈话人凝眸而视，是起码的待人礼节。与人对话而目光旁落，意味着对其不尊重。

⑦ 南美洲维图托族和鲍罗族的印第安人互相攀谈时，眼睛都会东张西望，到处打量。如果某人对三个以上的听众讲话，他必须背对着听众，目视远方并侃侃而谈。

(3) 眼神的训练。训练前，每人准备一面小镜子、音乐播放器材、音乐歌曲 CD、磁带、优秀影视剧中的演员和节目主持人通过眼神表达内心情感的影像资料等。具体训练方法如下。

① 睁大眼睛训练。有意识地练习睁大眼睛的次数，增强眼部周围肌肉的力量。

② 转动眼球训练。头部保持稳定，眼球尽最大的努力向四周做顺时针和逆时针的

360°转动，增强眼球的灵活性。

③ 视点集中训练。点上一支蜡烛，视点集中在蜡烛火苗上，并随其摆动，坚持训练可使目光集中、有神，眼球转动灵活。

④ 目光集中训练。眼睛盯住距离自己 3 米左右的某一物体，先看外形，逐步缩小范围到物体的某一部分，再到某一点，再到局部，再到整体。这样可以提高眼睛的明亮度，使眼睛十分有神。

⑤ 影视观察训练。观看录像资料，注意观察和体会优秀影视剧中的演员和节日主持人是如何通过眼神表达内心情感的。

训练时可以配上优美的音乐，放松心情，以减轻单调、疲劳之感。以上方法若坚持不间断地天天训练定会使目光明亮有神。

2. 微笑

著名画家达·芬奇的杰作《蒙娜丽莎》是文艺复兴时期最出色的肖像作品之一。画中女士的微笑给人以美的享受，使人们充满对真、善、美的渴望，让人回味无穷。微笑，是一种特殊的语言——“情绪语言”。它可以和有声语言及行动相配合，起到“互补”作用，沟通人们的心灵，架起友谊的桥梁，给人以美好的享受。工作、生活中离不开微笑，社交中更需要微笑。

(1) 微笑的作用。微笑是世界通用的体态语，它超越了各种民族和文化的差异。微笑是人人都喜爱的体态语，正因为如此，无论是个人还是组织，都充分重视微笑及其作用。

【小案例】

希尔顿的微笑服务

“旅馆大王”康拉德·希尔顿就是善于利用微笑来获得成功的典型。“旅馆大王”希尔顿于 1919 年才把父亲留给他的 1.2 万美元连同自己挣来的几千美元投资出去，开始了他雄心勃勃的经营旅馆生涯。当他的资产奇迹般地增值到几千万美元的时候，他欣喜而自豪地把这一成就告诉了母亲。想不到，母亲却淡然地说：“依我看，你跟以前根本没有什么两样……事实上你必须把握比 5100 万美元更值钱的东西，那就是除了对顾客诚实之外，还要想办法使来希尔顿旅馆的人住过了还想再来住，你要想出简单、容易、不花本钱而行之久远的办法去吸引顾客。这样你的旅馆才有前途。”母亲的忠告使希尔顿陷入迷惘：究竟什么办法才具备母亲指出的“简单、容易、不花本钱而行之久远”这四大条件呢？他苦思冥想，不得其解。于是他逛商店、串旅店，以自己作为一个顾客的亲身感受，得出了准确的答案：“微笑服务。”

由此开始，“微笑服务”成了希尔顿的经营策略。每天不管多累多忙，他都会微笑着提醒员工们：“你微笑了没有？顾客感受到你的微笑没有？”他把微笑服务定为制度，要求每位员工不论什么时候都要对顾客报以微笑，哪怕顾客在挑剔地提意见，哪怕受到了误解和委屈。即使是酒店最不景气的时候，他也经常要求员工们：“我们要面带微笑，不要把心里的愁云摆在脸上，顾客走来是接受我们的服务的，不是来听我们的委屈的。因此，无论酒店本身遇到多大的困难，希尔顿旅馆每位员工的脸上永远挂着微笑。”

近年来，日本许多公司的员工都在业余时间参加“笑”的培训，他们认为这样可以增强企业内部凝聚力，改善对外服务，提高企业效益。根据日本的传统，无论男人和女人，遇到高兴、悲伤或愤怒时，都必须学会控制情绪，以保持集体和睦。因为，日本人认为藏而不露是一种美德。但自从日本经济进入衰退期后，生意越来越难做，商家竞争日趋激烈。于是，为招揽顾客，日本商家，特别是零售业和服务业新招层出不穷，其中之一就是让员工笑脸迎客。在今日的日本，数以百计的“微笑学校”应运而生。日本一些公司的员工一般在下班后会去学校接受培训，时间为90分钟，连续受训一个星期。据称，经过微笑培训，日本不少公司的销售额“直线上升”。日本许多公司招工时，都把会不会“自然地微笑”作为一个重要条件。

【小贴士】

微笑的十大好处

世界著名的保险业精英，被称为“推销之神”的日本的原一平对微笑有非常深刻的认知，他积累自己50年的经验，总结了微笑的十大好处。

① 笑把你的友善和关怀有效地传达给准客户。

② 笑能拆除你与准客户之间的“篱笆”，敞开双方的心扉。

③ 笑使你的外表更迷人。

④ 笑可以消除双方的戒心与不安，以打开僵局。

⑤ 笑能消除自卑感。

⑥ 你的笑能感染对方也笑，创造出和谐的交谈基础。

⑦ 笑能建立准客户对你的信赖感。

⑧ 笑能除去自己的哀伤，迅速地重建自信。

⑨ 笑是表达爱意的捷径。

⑩ 笑会增进活力，有益健康。

原一平经常苦练微笑，经过刻苦训练，他的笑达到了炉火纯青的地步，被誉为“价值百万美元的笑容”，因为他的年薪就是100万美元。他的笑能散发出无比诱人的魅力。

(2) 微笑的规范。微笑要遵守以下的规范。

① 口眼结合。要口到、眼到、神色到，笑眼传神，微笑才能扣人心弦。

② 笑与神、情、气质相结合。这里所讲的“神”就是要笑得有情入神，笑出自己的神情、神色、神态，做到情绪饱满，神采奕奕；“情”就是要笑出感情，笑得亲切、甜美，反映美好的心灵；“气质”就是要笑出谦逊、稳重、大方、得体的良好气质。

③ 笑与语言相结合。语言和微笑都是传播信息的重要符号，只有注意微笑与美好语言相结合，声情并茂、相得益彰，微笑方能发挥出它应有的特殊功能。

④ 笑与仪表、举止相结合。以笑助姿、以笑促姿，形成完整、统一、和谐的美。

尽管微笑有其独特的魅力和作用，但若不是发自内心的真诚的微笑，那将是对微笑礼仪的亵渎。有礼貌的微笑应是自然的坦诚、内心真实情感的表露。否则，强颜欢笑、假意奉承的“微笑”则可能演变为“皮笑肉不笑”“苦笑”。比如，拉起嘴角一端微笑，使人感到虚伪；吸着鼻子冷笑，使人感到阴沉；捂着嘴笑，给人以不自然之感。这些都是失礼之举。

【小案例】

日本高铁用软件检测员工微笑

为提高服务质量，日本京滨急行电铁的员工近日有了一个与众不同的“老板”——“微笑警察”。这个“老板”将每天对员工的面部进行扫描。“微笑警察”是一款由日本欧姆龙公司开发的“微笑检测”软件，能根据面部特征、嘴唇弧线以及眼部运动引起的皱纹给出包罗万象的微笑分析。在扫描面部之后，这套装置就会估算出一个人最大的微笑程度，分成0～100等级。如果检测到一个低于标准的微笑，一系列的微笑提示信息就会出现在计算机屏幕上，如“你看起来还是太严肃了”“提起你的嘴角”等。公司要求500多名员工使用这套软件系统，每天开始工作前检测自己的笑脸，并将笑脸打印出来，用这张微笑照片提醒自己一整天都要保持良好的微笑状态。

(3) 微笑的训练。训练前，每人准备一面小镜子、音乐播放器材、优秀影视剧中的演员和节目主持人微笑的影像资料等。具体方法如下。

① 情绪记忆法，即将自己生活中最高兴的情绪储存在记忆中，当需要微笑时，可以想起那件最使你兴奋的事件，自然而然流露出笑容。注意练微笑时，要使双颊肌肉用力向上抬，嘴里念“一”音，用力抬高口角两端，注意下唇不要过分用力。普通话中的“茄子”“田七”“前”等的发音也可以辅助微笑口形的训练。

② 对着镜子练习微笑，调整自己的嘴形，注意与面部其他部位和眼神的协调，做使自己最满意的微笑表情，直到离开镜子时也不要改变它。

③ 练习微笑之前要忘掉自我和一切烦恼，让心中充满爱意。

④ 训练时可以配上优美的音乐，放松心情，以减轻单调、疲劳之感。

【小贴士】

正式场合笑的禁忌

在正式场合笑的时候，应力戒以下几种“笑”。

① 假笑，即笑得虚假，皮笑肉不笑。

② 冷笑，是含有怒意、讽刺、不满、无可奈何、不屑于、不以为然等意味的笑。这种笑，非常容易使人产生敌意。

③ 怪笑，即笑得怪里怪气，令人心里发麻。它多含有恐吓、嘲讽之意，令人十分反感。

④ 媚笑，即有意讨好别人的笑。它亦非发自内心，而带有一定的功利性目的。

⑤ 怯笑，即害羞或怯场的笑。例如，笑的时候，以手掌遮掩口部，不敢与他人交流视线。

⑥ 窃笑，即偷偷地笑。多表示洋洋自得、幸灾乐祸或看他人的笑话。

⑦ 狞笑，即笑时面容凶恶。多表示愤怒、惊恐、吓唬他人。此种笑容无丝毫的美感可言。

【课堂训练】

1. 分小组不带表情互相对视 1～2 分钟，分别介绍内心感受。

2. 分小组面带微笑互相对视 1～2 分钟，分别介绍内心感受。

三、手势

手是人体上最富灵性的器官。如果说“眼睛是心灵的窗户”，那么手就是心灵的触角，是人的第二双眼睛。手势在传递信息、表达意图和情感方面发挥着重要作用。

【小贴士】

丰富的手势语

据语言专家统计，表示手势的动词有近两百个。“双手紧绞在一起”，显示的意义是精神紧张。用手指或笔敲打桌面，或在纸上涂画，显示不耐烦、无兴趣。搓手常表示人们对某事结局的急切期待心理。在经济谈判中这种手势可以告诉对手或对手告诉你在期待着什么。伸出并摊开双掌给人以言行一致、诚恳的感觉。掌心向下的手势表示控制、压制，带有强制性，易产生抵触情绪。谈话时掌心向上的手势表示谦虚、诚实，不带有任何威胁性。双臂交叉于胸前暗示一种敌意和防御的态度。塔尖式手势，把十指端相触，撑起呈塔尖式表示，若再伴之以身体后仰，则显得高傲。用手支着头，显示的意义是不耐烦、厌倦。用手托摸下巴，说明老练、机智。用手不停地弹烟灰，表明内心有冲突和不安。突然用手把没吸完的烟掐灭，表明紧张地思考问题，等等。又如招手致意、挥手告别、握手友好、摆手回绝、合手祈祷、拍手称快、拱手答谢（相让）、抚手示爱、指手示怒、颤手示怕、捧手示敬、举手赞同、垂手听命，等等。

丰富的手势语在人们交往间是不可缺少的。在社会交往中，手势有着不可低估的作用，生动形象的有声语言再配合准确的手势动作，必然能使交往更富有感染力、说服力和影响力。

1. 手势的区域

手势活动的范围，有上、中、下三个区域。此外，还有内区和外区之分。肩部以上称为上区，多用来表示理想、希望、宏大、激昂等情感，表达积极肯定的意思；肩部至腰部称为中区，多表示比较平静的思想，一般不带有浓厚的感情色彩；腰部以下称为下区，多表示不屑、厌烦、反对、失望等，表达消极否定的意思。

2. 手势的类型

人的手势一般可分为以下四种。

(1) 情意性手势。情意性手势主要用于带有强烈感情色彩的内容，其表现方式极为丰富，感染力极强。比如说“我非常爱她”时，用双手捧胸，以表示真诚之情。

(2) 象征性手势。象征性手势主要用来表示一些比较复杂的感情和抽象的概念，从而引起对方的思考和联想。例如，把大军乘胜追击的场面，用右手五指并齐并手臂前伸这个手势来形容，象征着奋勇进发的大军，从而引起听众的联想。

(3) 指示性手势。指示性手势主要用于指示具体事物或数量,其特点是动作简单,表达专一,一般不带感情色彩。例如,当讲到自己时,用手指向自己;当谈到对方时,用手指向对方。

(4) 形象性手势。形象性手势的主要作用是模拟事物的形状,以引起对方的联想,给人一种具体明确的印象。例如,说到高山,手向上伸;讲到大海,手平伸外展。

3. 手势的原则

手势语能反映出复杂的内心世界,但运用不当,便会适得其反,因此在运用手势时要注意以下几个原则。

(1) 简约明快。手势的使用不可过于繁多,以免喧宾夺主。

(2) 文雅自然。拘束低劣的手势会有损于交际者的形象,因此必须做到文雅自然。

(3) 协调一致。即手势与全身协调、手势与情感协调、手势与口语协调。

(4) 因人而异。手势使用不可能要求每个人都做几个统一的手势动作。

4. 常见的手势

(1) 引领的手势。在各种交际场合都离不开引领动作。例如,请客人进门、请客人坐下、为客人开门等,都需要运用手与臂的协调动作。同时,由于这是一种礼仪,还必须注入真情实感,调动全身活力,使心与形体形成高度统一,才能做出色彩和美感。引领动作主要有以下几个表现形式。

① 横摆式。以右手为例:将五指伸直并拢,手心不要凹陷,手与地面呈 45°角,手心向斜上方。腕关节微屈,腕关节要低于肘关节。动作时,手从腹前抬起,至横膈膜处,然后,以肘关节为轴向右摆动,到身体右侧稍前的地方停住。同时,双脚形成右"丁"字步,左手下垂,目视来宾,面带微笑。这是在门的入口处常用的姿势。

② 曲臂式。当 只手拿着东西,扶着电梯门或房门,同时要做出"请"的手势时,可采用曲臂手势。以右手为例:五指伸直并拢,从身体的侧前方向上抬起,至上臂离开身体的高度,然后以肘关节为轴,手臂由体侧向体前摆动,摆到手与身体相距 20 厘米处停止,面向右侧,目视来宾。

③ 斜下式。请来宾入座时,手势要斜向下方。首先,用双手将椅子向后拉开,然后,一只手曲臂由前抬起,再以肘关节为轴,前臂由上向下摆动,使手臂向下呈一条斜线,并微笑点头示意来宾。

(2) 招呼他人的手势。手放于体侧,手臂伸直在一条直线上,向前向上抬起,手掌向下,屈伸手指做搔痒状或晃动手腕。这种手势在中国、欧洲的大部分地区以及拉丁美洲的许多国家都比较适用。但在美国、日本等国却与此相反,他们用掌心向上,手指向内屈伸,手指做搔痒状或晃动手腕招呼别人,而在中国、南斯拉夫和马来西亚等国这种手势却是用来召唤动物的。

(3) 挥手道别的手势。身体要站直,不晃动,目视对方,手臂伸直,呈一条直线,手放在体侧,向前向上抬至与肩同高或略高于肩,手臂不可弯曲,掌心朝向对方,指尖朝向上方,五指并拢,手腕晃动。

(4) 指引方向的手势。当有人询问去处时,要先行站直,不可尚未站稳或在行走中指引方向。手臂伸直在一条直线上,五指并拢,手掌翻转到掌心朝上,与肩齐平,直指准确方向。目光要随着手势走，指到哪里看到哪里，否则易使对方迷惑。指引方向后，手臂不可马上放下，要保持手势顺势送出几步，以体现对他人的关怀和尊敬。

(5) 展示物品的手势。应使物品在身体的一侧展示，不要挡住本人的头部。展示的位置不同表明物品的意义不同：当手持物品高于双眼之处时，适用于被人围观时采用；当手持物品位于眼睛下方、胸部上方，双臂横伸时，自肩至肘部以内时，给人以放心、稳定感；当手持物品位于眼睛下方、胸部上方，双臂伸直在肘部以外时，给人以清楚感，通常在这个位置展示想让对方看清楚的物品；当手持物品位于胸部以下时，给人以漠视感，通常用于展示不太重要的物品。

(6) 接物品的手势。递送、接取物品，不方便用双手时，可用右手，但绝不可单用左手。双方距离比较远时，应起身站立，主动走近对方递送或接取物品。递送时最好直接递至对方手中并且要方便对方接取。递送有文字、图案、正反面的物品时，要正面向上且朝向对方；接取物品时，要缓而且稳，不要急欲抢取。递送带尖、带刃或其他易于伤人的物品时，应使其朝向自己或朝向他处，切不可朝向对方。

(7) 鼓掌的手势。鼓掌是在观看文体表演、参加会议、迎候嘉宾时表示赞赏、鼓励、祝贺、欢迎等情感的一种手势。要领是以右手掌心向下有节奏地拍击左掌，不可左掌向上拍击右掌；不可右掌向左，左掌向右，两掌互相拍击。鼓掌时间要长短相宜，5～8 秒钟为宜。

【课堂训练】

每两人一组练习常用手势，包括请、招呼他人、挥手道别、指引方向、递接物品(剪子、文件)、鼓掌、展示物品等手势，并互相纠正。

5. 常见的手势语

手势语是以手的动作和面部表情表达思想、进行交际的手段，使用时多伴有上肢和身体的动作。社交中常用的手势语如下。

(1) OK 手势。拇指和食指合成一个圆圈，其余三指自然伸张可形成 OK 手势。这一手势于 19 世纪初期风靡美国，其意义相当于英语的 OK，即“好了”“一切妥当”“赞扬”“允许”“了不起”“顺利”等。OK 手势在西方某些国家比较常见，但应注意在不同国家其语义有所不同，如在法国表示“零”或“无”；在印度表示“正确”；在中国表示“零”或“三”两个数字；在日本、缅甸、韩国则表示“金钱”。

【小案例】

OK 手势闹出笑话

礼仪专家李荣建曾因为 OK 手势闹出笑话。他在上中学的时候，由于学校修路把侧门关闭了，就要绕很远去上课。有一次眼看就要迟到了，于是他决定翻墙进去，但学校明令禁止跳墙，经常派保安埋伏在墙下。他正犹豫不决的时候，看见一个同学刚好经过。隔着栅栏门，他小声问：“墙底下有没有保安?”同学四下看看，也不说话，只是冲他做了个 OK 的手势。他一见很高兴，如武林高手一般，攀住墙头，“噌”地一下翻了过去。就在他双脚落地之时，3 个保安过来将他团团围住，二话不说，把他带到了保卫处。回到教室，李荣建十分生气地问那位同学："明明墙底下有 3 个保安，你怎么做 OK 的手势来骗我?"那位同学也十分气愤地说："你是真傻还是装傻呀？我这是中国手势，意思是墙下有 3 个保安!"可见，同一种手势在不同的地方就会有不同的含义，甚至不同的手势却表示相同的含义。

(2) 伸大拇指手势。大拇指向上，在说英语的国家多表示 OK 之意或是打车之意；若用力挺直，则含有骂人之意；若大拇指向下，多表示坏、下等人之意。在我国，伸出大拇指这一动作基本上是向上伸表示赞同、一流、好等，向下伸表示蔑视、不好等。

(3) V 字形手势。伸出食指和中指，掌心向外，其语义主要表示胜利(英文 Victory 的第一个字母)。

【小贴士】

V 字形手势的来历

V 字形手势来源于英国前首相温斯顿·丘吉尔(Winston Churchill)。在第二次世界大战中，英国在对德国抵抗中处于较为不利的地位。丘吉尔在演说中使用了这样的手势，代表 Victory(胜利)之意，号召人们起来保家卫国，坚决同法西斯斗争到底。这一手势受到人们的欢迎和喜爱，很快风靡全国。

现在，V 字形手势已经风靡世界。在赛场上，在人们互相祝贺的各种场合都不难看到这一手势。需要注意的是，如果将手心向内做出这样的手势，在英国、澳大利亚和新西兰等国，就成了一种亵渎侮辱他人的信号。在中国，可以使用类似的手势表示 2。在欧洲各地，这一手势也用来表示 2。

【小案例】

小明的手势

小明刚上三年级，这天他考数学，考得挺好，放学回到家，他 90 多岁的太奶奶就问他："今天考得怎么样啊?"他说考得挺好，冲他太奶奶做了个 V 字形手势，他太奶奶哪懂得"洋手势"的意思呀，说道："哦，这孩子学习不行，考了个'鸭巴子'。""鸭巴子"是方言，就是指得了 2 分，鸭子的形状不是像阿拉伯数字 2 吗。第二天放学，太奶奶又问小明："孩子，你今天考得怎么样啊?"小明今天考的是语文，他考得也很好，他冲太奶奶做了一个 OK 的手势，他太奶奶还是不懂这个"洋手势"的意思，叹了口气，说道："唉，这孩子学习不行，还不如昨天呢，考了个大零蛋!"

【小幽默】

手　势

两支部队正在打仗，一个士兵气喘吁吁地跑进营帐，冲着参谋长伸出了两根手指。

参谋长看到这个 V 字形手势，问："用了我的计策，这么快就胜利了!"

士兵着急地说："别做梦了！就剩咱们俩了，快跑吧!"

(4) 捻大拇指手势。商人、推销员、银行职员等经常与钱打交道的人，常常使用捻大拇指手势表示“钱”。这是因为在日常生活中，人们使用这一动作来数钱。捻大拇指手势是这样的：拇指与食指相捏，然后用拇指向上，食指向内，做出两指相捻的动作。人们注意到，在使用这一手势时，食指是向里、向内移动的，这一下意识的动作方向暗示了谈钱者希望“向里”收钱的愿望。当人想得到报酬或各种形式的好处时，其食指一定会向“里”移动，这是无意识地对有形的钱或无形的其他好处的“期盼”与“接收”。相反，如果使用这一手势时，食指是向外移动的，这恰恰与人们弹掉什么东西的手势相似，那么，他所表示的意思就不再是内敛或内聚了，就成了表示“排除”和“解除”的信号。

(5) 十指交叉手势。这是将十指交叉在一起，置于桌上或身体一侧的动作。这一手势的含义不一。实际上，对这种手势的理解有两种：许多情况下，人们将这种姿势看作自信，一方面，使用这一手势的人总是神情自若，面带微笑，言谈中也总显得无忧无虑；另一方面，也有人将这种手势看作一种消极的人体信号，它表示情绪沮丧、心理矛盾或敌对情绪，也可以表示紧张或被控制的思想情绪，但到底是哪一种，需结合具体情况而定。

(6) “尖塔式”手势。这是将左手的五指和右手的五指，分别指尖相对或相交，形成近似尖塔的形状。根据“尖塔”的指向，可以把这种手势分为“上耸式”和“下垂式”两种。哪些人喜欢使用“尖塔式”手势呢？那些比较自信的人较之不那么自信的人，更经常使用这一手势以显示他们的高傲和自信。在上下级之间，这种手势主要用来表示“高人一等”“万事皆通”和“唯我独尊”的心理状态。具体而言，具有相当权势的各级各类领导人物较多地使用这种手势。上耸式手势是两拇指朝向自身，其余各指相对，指向上方的塔尖式手势。这一手势是大脑产生“拔尖儿”思想时，手做出的下意识动作，它与高傲、盛气凌人以及“我比人强”等思维活动有关。一般来说，大多数自信的男人喜欢使用这一手势。下垂式手势是与之相反的手势，拇指向外，其余各指指向下方。对于大多数女性而言，她们更习惯使用这种手势。下垂式手势也是思维中“拔尖儿”的一种下意识表现，是在遇到“山外有山，人外有人”的情况，遇到比自己更“拔尖儿者”时，做出的“让步”的人体表示。

(7) 捻指作响手势。捻指作响手势就是用手的拇指和食指弹出声响，其语义或表示高兴，或表示赞同，或是无聊之举，有轻浮之感。应尽量少用或不用这一手势，因为其声响有时会令他人反感或觉得没有教养，尤其是不能对异性运用此手势，这是挑衅、轻浮之举。

6. 不良的手势

手势是人的第二面孔，具有抽象、形象、情意、指示等多种表达功能。在交际中使用手势和手势语时，以下几种手势是值得特别重视的，否则，将会给对方传达出不良的信息。

(1) 指指点点。交际中绝不可随意用手指对服务对象指指点点，与人交谈时更不可这样做。指点着别人说话，往往会引起他人较大的反感。

(2) 随意摆手。在接待服务对象时，不可将一只手臂伸在胸前，指尖向上，掌心向外，左右摆动。这些动作的一般含义是拒绝别人，有时还有极不耐烦之意。

(3) 端起双臂。双臂抱起，然后端在胸前这一姿势，往往暗含孤芳自赏、自我放松或置身度外、袖手旁观、看他人笑话之意。

(4) 双手抱头。这一体态的本意是自我放松，但在服务时这么做，则会给人以目中无人之感。

(5) 摆弄手指。工作无聊时，反复摆弄自己的手指，活动关节或将其捻响、打响指，或是莫名其妙地攥松拳，或是手指动来动去，在桌面或柜台上不断敲扣，这些往往会给人不严肃、很散漫之感，令人望而生厌。

(6) 手插口袋。这种表现会使客人觉得服务行业从业人员忙里偷闲，在工作方面并未尽心尽力。

(7) 搔首弄姿。这种手势，会给人以矫揉造作、当众表演之感。

(8) 抚摸身体。在工作时，有人习惯抚摸自己的身体，如摸脸、擦眼、搔头、挖鼻、剔牙、抓痒、搓泥，这会给别人留下缺乏公德意识、不讲究卫生、个人素质极其低下的印象。

(9) 勾指手势。请他人向自己这边过来时，用一根食指或中指竖起并向自己怀里勾，其他四指弯曲，示意他人过来，这种手势有唤狗之嫌，对人极不礼貌。

【小贴士】

手势训练

训练应在四面墙安装长及地镜子的形体训练室进行。训练前做好以下准备：音乐播放器材，投影设备，毛泽东、周恩来等伟人的影像资料，剪子，文件等。

(1) 先观看毛泽东、周恩来等伟人的影像资料，然后开始训练。

(2) 调整体态，保持良好的站姿。

(3) 每两人一组对镜子练习常用手势，包括请、招呼他人、挥手道别、指引方向、递接物品(剪子、文件)、鼓掌、展示物品等手势，并互相纠正。

【课堂训练】

两人一组进行训练，练习运用不同的手势语，互相纠正不雅观或者不正确的地方。

四、举止

一个人的举止端庄、行为文明、动作规范，是良好素养的表现，它能帮助个人树立美好形象，也能为组织赢得美誉；反之，则会损害组织形象。《人民日报》上有过以下这样一则报道。

【小案例】

一口痰毁了一项合同

中国长江医疗机械厂经过艰难的谈判，即将与外国客商约瑟先生签订“输液管”生产线的合同。然而，在参观车间时，厂长陋习难改，在地上吐了一口痰。约瑟看后一言不发，掉头就走，只留给厂长一封信：“我十分钦佩您的才智和精明，但您吐痰的一幕使我彻夜难眠。一个厂长的卫生习惯可以反映一个工厂的管理素质，况且我们合作的产品是用来治病的，人命关天。请原谅我的不辞而别，否则上帝都会惩罚我的。”

一口痰毁了一项合同，可见，日常举止是优美仪态的一个重要组成部分。端庄的举止、文明的行为体现在日常生活的方方面面，但交际中更要求人们的举止应有一定的约束。在交际中不拘小节、行为莽撞、举止失措的“冒失鬼”是不受欢迎的。因此，在交际中我们要努力克服以下不良举止。

1. 冒冒失失的行为

行为冒失的人，往往“目中无人”，以自我为中心，不考虑自己的行为是否会对他人造成影响。行为冒失的人的行为特征是手脚太“快”、动作太“硬”、幅度太“大”。有些人是手脚冒失，如在庄重肃穆的场合，冒失的人往往会窜来窜去；展览会上的展品他会随便去摸；进别人的房间时，往往忘了敲门；由于手脚冒失经常将物品损坏。有些人是语言冒失，他们常常说话不看对象、不分场合、不讲分寸，结果常常闹出笑话或得罪人。例如，初次相识，冒失的人便会给对方提出一些不恰当的问题或要求；连别人是否结了婚都没搞清楚，便贸然问人家的孩子是男孩还是女孩；一不小心言语就伤害了别人的自尊心等。有人认为这是性格粗犷、豪爽仗义，其实不然，这些冒冒失失的行为举止正表现出其在礼仪方面的修养很不成熟。

2. 公共场合大声说话

在公共交通工具上、餐厅里、剧院、电梯等地方经常可以看到一些人大声交谈，即使是一些很隐私的问题，他们也旁若无人地大声交谈。这必将影响周围人的心情、思绪，有时甚至让听到者感到难堪。所以，在公共场合应注意控制自己说话的音量，以免干扰别人。如果可以找到一个不影响他人的区域，最好到这样的区域去谈话。

3. 随地吐痰，乱扔垃圾

吐痰是最容易直接传播细菌的途径，随地吐痰是非常没有礼貌而且绝对影响环境、影响我们的身体健康的行为。如果要吐痰，应该把痰吐在纸巾上，丢进垃圾箱，或去洗手间吐痰，但不要忘记清理痰迹和洗手。随手乱扔垃圾也是应当受到谴责的最不文明的举止之一。

4. 当众搔痒

搔痒的举止很不文雅。瘙痒的原因很多，出现这些情况时，要按所处场合来灵活掌握。如果处在极严肃的场合，应稍加忍耐；如果实在是忍无可忍，则只有离席到较为隐蔽的地方去挠一下，然后赶紧回来。一般来说，在公共场合不得用手抓挠身体的任何部位。因为不管怎么注意，抓挠的动作都是不雅的。

5. 当众嚼口香糖

有些人必须当众嚼口香糖以保持口腔卫生，那么，应当注意在别人面前的形象。咀嚼的时候闭上嘴，不能发出声音，并把嚼过的口香糖用纸包起来，扔到垃圾箱里。

6. 当众挖鼻孔、掏耳朵

有些人用小指当众挖鼻孔或用钥匙、牙签、发卡等当众掏耳朵，这是一个很不好的习惯。尤其是在餐厅或茶坊，别人正在进餐或饮茶，这种不雅的小动作往往令旁观者感到非常恶心。

7. 当众挠头皮

有些头屑多的人，因为头皮发痒往往在公共场合忍不住挠起头来，顿时头屑飞扬四散，令旁人大感不快。特别是在那种庄重的场合，这样是很难得到别人谅解的。

8. 在公共场合抖腿

有些人坐着时会有意无意地抖动双腿，或者让跷起的腿像钟摆似的来回晃动，而且自我感觉良好，以为无伤大雅。其实，这会令人觉得很不舒服。记住，这不是文明的表现，也不是优雅的行为。

【小案例】

我的财都被他抖掉了

有一位华侨到国内洽谈合资业务，洽谈了好几次，最后一次来之前，他曾对朋友说："这是我最后一次洽谈了，我要跟他们的最高领导谈，谈得好，就可以拍板。"过了两个星期，他和朋友相遇，朋友问："谈成了吗？"他说："没谈成。"朋友问其原因，他回答："对方很有诚意，进行得也很好，就是跟我谈判的这个领导坐在我的对面，当他跟我谈判时，不时地抖着他的双腿，我觉得还没有跟他合作，我的财都被他抖掉了。"

9. 当众打哈欠

在交际场合，打哈欠给对方的感觉是对所讲话题不感兴趣，表现出很不耐烦的样子。因此，如果控制不住要打哈欠，一定要马上用手盖住嘴，并立即说"对不起"。

10. 频频看表

在与人交谈时，如果无其他重要约会，最好少看自己的手表。这样的小动作会使对方认为你还有什么重要的事情，不会使谈话继续下去；同时，你的这种小动作可能引起对方的误会，认为你没有耐心再谈下去。如果你确实有事在身的话，不妨婉转地告诉对方改日再谈，并表示歉意。

通过克服以上不良举止，可展现良好的风度气质，打造出完美的个人形象。

案例讨论

利用服饰巧妙地修饰形体缺陷

张明朗是客服经理，每天要跟形形色色的顾客打交道，除了能说会道外，她也不忘让自己的衣服替自己说话。用她自己的话来说，她长得哪儿都不对，比如大腿胖、小腿粗、有小肚子、臀部还宽，那些具有修身效果的紧身衣服她连试都不敢试。后来经高人指点，她开始关注时髦的宽长裙，这样不仅可以对她的粗腿和小肚子加以修饰，还可以将臀部巧妙地隐藏起来。当她和客户沟通时，不仅显得气质优雅，还体现出非凡的身份，用一句流行的话来形容就是：很有范儿！

陈菊英是一位中学教师，为人师表自然要格外注意穿衣。学校规定教师必须穿西装，可她又矮又胖，腰还比较粗，穿上西装整个成了一个滚筒，这身打扮背地里不知道引来同事和学生多少笑话。自从她升任教导主任后，第一件事情就是换衣服。她听从服装店店员的建议，给自己选择了伞状上衣，腰部以下有蓬松的下摆，恰到好处地遮挡了粗壮的腰部，并且使得她的个子显得不那么矮小。

思考题：

(1) 本案例对你选择服饰有何启示？

(2) 你存在形体缺陷吗？你准备怎样利用服饰巧妙地修饰形体缺陷？

微笑的魅力

小艳是某通信企业的一名客服代表，从事的工作是通过电话来为用户提供服务。在她所在的企业，有一句信条是把微笑融入声音，把满意带给客户。而小艳得到客户的满意指标却始终完不成。部门主管找其沟通原因，小艳的业务、服务态度等都没有问题，那究竟是什么原因影响她的满意指标呢？于是，主管决定和小艳一起上班，坐在她旁边来观察到底什么原因。经过两天的观察，主管发现一个问题，就是小艳在接电话时，她很主动地为用户服务，但是她始终都没有微笑过。不带感情的声音让客户选择不满意。找到这个原因，主管开始训练小艳在接电话时微笑。主管先给了她一面镜子，让她接电话时随时能看到自己的表情。经过一段时间的训练，小艳在接电话时，时时保持微笑。通过微笑，把她的真诚、热情带给客户，她的满意指标已达到要求。

思考题：

(1) 微笑有何作用？

(2) 微笑应注意什么？

金先生失礼

风景秀丽的某海滨城市的朝阳大街，高耸着一座高大的楼房，楼顶上"远东贸易公司"六个大字格外醒目。某照明器材厂的业务员金先生按原计划，手拿企业新设计的照明器材样品，兴冲冲地登上六楼，脸上的汗珠未来得及擦一下，便直接走进了业务部张经理的办公室，正在处理业务的张经理被吓了一跳。"对不起，这是我们企业设计的新产品，请您过目。"金先生说。张经理停下手中的工作，接过金先生递过的照明器，随口赞道："好漂亮啊！"并请金先生坐下，倒上一杯茶递给他，然后拿起照明器仔细研究起来。金先生看到张经理对新产品如此感兴趣，如释重负，便往沙发上一靠，跷起二郎腿，一边吸烟一边悠闲地环视着张经理的办公室。当张经理问他电源开关为什么装在这个位置时，金先生习惯性地用手搔了搔头皮。好多年了，别人一问他问题，他就会不自觉地用手去搔头皮。虽然金先生做了较详尽的解释，张经理还是有点半信半疑。谈到价格时，张经理强调："这个价格比我们预算高出较多，能否再降低一些？"金先生回答："我们经理说了，这是最低价格，一分也不能再降了。"张经理沉默了半天没有开口。金先生却有点沉不住气，不由自主地拉松领带，眼睛盯着张经理。张经理皱了皱眉："这种照明器的性能先进在什么地方？"金先生又搔了搔头皮，反反复复地说："造型新、寿命长、节电。"张经理托词离开了办公室，只剩下金先生一个人。金先生等了一会儿，感到无聊，便非常随便地抄起办公桌上的电话，同一个朋友闲谈起来。这时，门被推开，进来的不是张经理，而是办公室秘书。

思考题：

(1) 请指出金先生的失礼之处。

(2) 本案例对你有哪些启示?

放 松

某知名国际酒店欲与中方某酒店洽谈合作事宜,前面的商谈都很顺利,马上就要签约了,外商提出来要到中方的酒店去看一下。在中方经理的带领下,外商参观了中方的酒店。从服务员到酒店的装潢与环境,外商都很满意,接下来,中外双方准备签约。

在洽谈室里,中方酒店经理眼看这笔业务就要谈成了,非常兴奋,也非常得意,开始靠在椅子后背上,松了松领带,跷起了二郎腿,习惯性地抖动起来……这让外商们感觉很陌生,也很不舒服,提出要再考虑一下。结果可想而知,合作没有成功,“煮熟的鸭子飞走了”。

思考题:

(1) 商务场合应避免哪些不良的举止?

(2) 本案例对你有何启示?

实训项目

1. 个人形象设计训练

实训目标:了解个人形象礼仪的基本知识和规范,遵循个人形象礼仪基本原则,在交际中塑造出良好的个人形象。

实训课时:4 课时。

实训地点:实训室。

实训内容如下。

(1) 仪容形象设计

① 准备化妆盒、棉球、粉底霜、胭脂、眼影、眉笔、唇彩、香水等化妆用品。

② 将全班同学分组,两两一组,要求其根据所学仪容礼仪知识,扬长避短展现出最美丽的妆容。

③ 在课堂上分组进行形象展示,最好用数码摄像机进行拍摄,由学生互评,要求从面部化妆、发型设计方面进行重点评价。

④ 由教师进行总结评价,重点评价各组存在的共性问题,全班评出“最佳表现”妆容。

(2) 个人着装展示

① 学生分成小组,每组 5～6 人,每组设计不同场合(如正式场合、休闲场合等)的服饰穿戴与搭配。

② 每组学生进行角色扮演,演示服饰的穿戴与搭配,用数码摄像机记录整个过程,然后投影回放,学生自我评价,找出不合规范之处。

③ 授课教师总结点评学生存在的个性和共性问题,全班评选出“最佳表现组”。

(3) 个人仪态设计

① 根据个人着装展示的分组情况,每组设计各种情境(例如,求职面试、商务接待、商

务拜访等场景)展示基本的仪态礼仪。

② 每组学生根据设计的情境进行角色扮演,展示基本的站姿、坐姿、走姿、蹲姿、表情、手势等仪态,用数码摄像机记录展示的全过程。

③ 根据录像,找出不规范的地方,同学可进行相互评价。

④ 最后由授课教师进行总结评价,全班同学评选出"最佳表现组"。

训练手记:通过训练,我的收获是________________。

2. 招聘情境模拟训练

实训目标:掌握交际仪态礼仪规范,开展各类交际活动,体现出优雅的举止,展现出良好的个人形象。

实训课时:2学时。

实训地点:实训室。

实训场景:星盛房地产开发公司招聘现场。

星盛房地产开发公司人事部经理:程小姐

应聘者:向书静

地点:人事部经理办公室

(旁白)前来应聘的是身穿T恤和牛仔裤,性格活泼的向书静。(旁白,敲门三下,之后……)

程小姐:请进。(看着向小姐走到面前,不语)

向书静:您好,我是向书静,哦,对了,这是我的个人简历。(走到经理面前双手递上,并返回原地)我先自我介绍一下吧!(经理示意"请")本人毕业于××学院商务文秘专业,现已过了英语三级,我的个性比较外向开朗,善于与人沟通,我对秘书应具备的知识掌握得比较全面,例如,写作能力、与人沟通的能力、管理能力等,并且实习单位对我的评价也比较好,因此,我想应聘销售部经理助理一职。

程小姐:您请先坐吧!(手势示意)

向书静:好的,谢谢!(走到椅子前坐下,跷起二郎腿)

程小姐:(抬头看了一下向书静的坐姿,并停留了一会儿)

向书静:(意识到经理的目光,并矫正了自己的坐姿)

程小姐:我能问你几个问题吗?

向书静:当然可以。

程小姐:你认为对人最有亲和力的是什么呢?

向书静:我觉得应该是微笑吧。

程小姐:你可以示范一下吗?

向书静:可以啊。(微笑)

程小姐:很好,还挺专业的……假如现在有一位外单位的销售部经理来我们这儿,你怎样引导他进入会客室,请他坐下。(起身走到向书静面前,向书静立即起身)假如我就是那位经理,你该如何接待我?

(程小姐走到大门外,向书静走到大门口,分别扮演各自的角色。程小姐从远处走过来,向书静面带微笑)

向书静：您好，欢迎光临本公司。（用手示意，指向会客室方向）

程小姐：你好！（面带微笑，顺着所指方向，朝会客室走去）（向书静走在客人的左前方两步，一边走，一边与客人随意聊，遇到拐弯处，用手势指示所去方向）

（遇到下一级台阶，向书静提醒客人）

向书静：小心，下一级台阶。

程小姐：好的。（面带微笑）

（向书静开门，门朝里，她先走进去，推开门，并扶好）

向书静：请进！（用另一只手示意）

程小姐：（微笑致意）

（向书静走到沙发边，用手示意）

向书静：您请坐，我给您沏茶。

程小姐：好的，就这样吧。你的表现还不错，现在你可以回去等我们的通知了。

向书静：那请问我什么时候能接到您的通知呢？

程小姐：半个月内吧，我们会与你联系的。

向书静：好的，再见！（握手，告别）

程小姐：再见。（向书静退出办公室）

实训要求：请把这一接待过程演示出来。分组训练，每三人一组，分别扮演其中两个角色，另一个是旁白；要综合运用以前生活中接人待物的常识；在演练的过程中，每一位同学要认真对待，注意服饰、举止与仪容的协调，交谈的声音、语调、话语内容要适宜。①

训练手记：通过训练，我的收获是____________________。

课后练习

1. 仪容修饰对个人形象的塑造有何重要意义？

2. 作为女士，请用5分钟时间给自己化一个漂亮的工作妆。请实际操作，如果结果不令你满意，要继续实践，反复练习，直到取得满意效果为止。

3. 作为男士应如何保持仪容整洁？请每天早晨出门前对着镜子检查一下在个人卫生方面还有哪些地方需要改进，要坚持一丝不苟。

4. 你的皮肤属于哪种类型？有什么特点？在保养方面要注意哪些要点？

5. 你的脸形、发质和职业最适合哪种发型？

6. 假如你是一名即将毕业的大学生，准备去参加招聘面试，为了能更好地展示自己良好的形象，能在众多的应聘者中脱颖而出，除了注意服装搭配外，在仪容修饰方面你该如何准备？

7. 观看视频短片，学习片中的化妆方法和技巧。

8. 收集护肤品、化妆品的产品知识，学会选择适合自己的产品。

---

① 王芳. 秘书礼仪实务[M]. 北京：电子工业出版社，2014：29-31.

9. 如何进行服饰的色彩搭配？

10. 请根据你同事的脸形、形体和个性特点，给他(她)在服饰运用上提些合理化建议。

11. 请对以下三个事例加以评价。

事例1：一所名气很大的幼儿园教师上门家访，结果引出了转学风波。原来，幼儿园教师上门家访，前脚离开，后脚就引起了一场家庭会议，“我们一定要转园！”妈妈、奶奶斩钉截铁地说。园长想不通了，别人抢着要求进园，这家却强烈要求退园，一问原因才知：“不能把宝贝交给这样的老师。”——挨个家访的女教师穿着吊带背心，还是露脐装！

事例2：一位大型国有企业的秘书正在陪同外商参观，优雅的举止、礼貌的谈吐赢得外商的好评，却意外地发现秘书小姐的丝袜破了个洞。

事例3：小刘是公司办公室主任，他十分注意正装的穿着，穿西服套装，袖长及手腕，裤长及鞋面，身长盖及臀部；衬衣领子高出外套1厘米，袖边长出外套1厘米；领带尖对着皮带扣；黑色皮鞋和深色袜子。

12. 你到某公司应聘营销员这一职位，将如何着装？

13. 在一个阳光明媚的春天，某公司举行盛大的10周年庆典晚会，时间是19:00—21:00，地点在一个五星级酒店宴会大厅。请问男士和女士应分别如何穿戴入场？

14. 请每天拿出10～20分钟时间练习站、立、行、蹲等姿态。

15. 你对自己的仪态满意吗？请观察一下你周围的人士站姿、坐姿、走姿等方面存在什么问题，提醒自己避免出现这些问题。

16. 观察一下路人的走姿，看看什么样的走姿给你的感觉最好。

17. 在遇到陌生人时，怎样用你的身体语言使对方精神放松，以博得对方的好感？

18. 你的眼神是否充满了自信和活力？怎样才能使眼神充满自信和活力？

19. 今天你微笑了吗？试着每天清晨起床后，对着镜子整理仪容的同时，把甜美愉快的笑容留在脸上。

20. 观察你周围的人，分析他们哪些言行、举止符合礼仪要求，哪些不符合礼仪要求。举例列出表现，并分析形成的原因。

第三章 家庭生活礼仪

我们要重视家庭文明建设，努力使千千万万个家庭成为国家发展、民族进步、社会和谐的重要基点，成为人们梦想启航的地方。

——习近平在会见第一届全国文明家庭代表时的讲话(2016 年 12 月 12 日)

家庭是文明的核心。

——佚名

学习目标

通过本章的学习，应该达到以下目标。

知识目标：熟悉家庭称谓礼仪；了解家庭、恋爱、婚姻以及为人处世、交际应酬的基本礼仪。

能力目标：掌握为人父母礼仪、为人子女礼仪及父母子女的沟通之道；掌握尊老敬老礼仪，传承孝道；掌握亲属亲戚间相处礼仪；家庭起居、待客做客符合礼仪规范要求；掌握诞生礼仪、为老人祝寿礼仪；掌握恋爱、结婚和夫妻相处礼仪；掌握邻里相处礼仪；掌握朋友相处礼仪。

思政目标：在家庭生活中，学习做人的礼仪，做一个有教养的人，养成文明的习惯，传承文明家风。

案例导入

不耐烦的丁丁

丁丁是一所职业学校的学生，酷爱玩计算机。一天中午放学回到家，也没有和爸爸妈妈打招呼，他就直奔自己房间开始玩计算机游戏。爸爸妈妈不知道丁丁早已回来，直到饭做熟了，还不见儿子回家，一直等了两个多小时。妈妈坐在沙发上乱想：是不是自行车爆胎了？或者是与同学打架了？还是发生了……她越想越害怕，忍不住给老师打了电话，得知丁丁早已离校。妈妈吓坏了，对丁丁爸爸讲：“快，你赶紧去学校一趟吧，我心跳得厉害，真怕儿子出什么事。”正当丁丁爸爸换鞋刚要出门时，发现丁丁从房间里出来上厕所，气得爸爸妈妈狠狠地教训了他一顿，丁丁十分不耐烦地听着，捂住耳朵大声喊叫：“你们真唠叨，就事论事好吗？我又没让你们等我吃饭，你们的儿子长大了，给我些自由好不好?”说完就打开门冲了出去……

思考题：

1. 丁丁做得对吗？他有哪些不符合礼仪的地方？
2. 作为子女应该如何与父母相处？
3. 本案例对你有何启示？

作为社会的一个基本单位，家庭是在潜移默化中保存和传递社会文化的重要力量。社会的伦理道德、风俗习惯等都是通过家庭才内化为社会成员的行为规范，从而产生社会效应。家庭本身也发挥着维护社会秩序的重要功能，而家庭的稳定和谐离不开家庭成员对礼仪规范的遵守。

第一节 家庭相处礼仪

家庭生活中，家庭成员之间和谐相处至关重要，家庭相处必须遵守礼仪规范。

一、家庭称谓礼仪

称谓存在着很强的适应性和广泛性。它紧紧伴随着家庭成员之间的人际交往。在生活中，家庭称谓礼仪首先应注重礼貌性和规范性，传统上讲究遵循"家大舍小令他人"，要求"愚兄贤弟"莫颠倒。也就是说，称呼自己家属中比自己辈分高的，在称呼前要加上一个"家"字，如家父、家兄等；称呼自己亲属中比自己辈分低的，在称呼前加一"舍"字，表谦虚，如舍弟、舍侄、舍婿等；称呼外人时，则不分对方长幼尊卑，一律前加"令"字作为敬语，有"善与美"之意，如令堂、令兄、令弟、令郎等。兄弟相称并非一定要有血缘关系，朋友间表示彼此尊重友好，也往往有这一称呼，且打破年岁、地位，甚至性别限制。"愚兄"是一种表示自谦的客气语，而"贤弟"是对对方的一种礼貌敬语，切不可颠倒使用，否则是要出洋相的。

受传统文化的影响，我国的家庭称谓礼仪比较复杂，主要包括以下几个方面。

1. 尊称语

古代常以"尊""贵""大""台"等词构成尊称语，如"恭候尊驾光临""恭候大驾光临""贵体""贵府""台驾""台鉴"等。现在对长辈老者，以"老"字构成尊称语较多，如"老伯""老人家""老先生"等；又如对德高望重的老人，常于"老"前冠其姓氏以表敬重，如"钱老""赵老""吴老"等。

"同志""师傅"是我国除了亲属外的一种常用敬语，使用上不受年龄、地位、性别限制。但海外人士间宜以"先生""女士""小姐"相称。

2. 自谦语

使用自谦语是我国一种良好的交际传统，其目的也是表现对他人的尊重，就连古代帝王也用"孤""寡"自谦称呼。不过，大多自谦语还是以"愚""愚下""敝""敝人""不才""卑人""鄙夫""区区"等词构成。现在，以"奴""妾""老朽"等词构成的自谦语已不多见，成为历史陈迹了。

3. 家庭成员的称谓

在向别人介绍自己的亲属时，应谦恭地先说对方的姓名，如“老李，这是家母”。客人有优先知情权，如“王姐，我想请你认识一下我的妻子淑芳”。当然，在非正式场合，平辈之间或介绍晚辈时可直呼其名。不过，无论什么场合，都得注意采用适当的语调来介绍，因为不同的语调可以反映出不同的情感，或钟爱，或冷漠。

在介绍丈夫或妻子的父母时，仅用“父亲”“母亲”的形式易使对方混淆误会，不如用“小梁，这是我婆婆”或“黄磊，这是孙丽的母亲”来得简单准确。

在具体的交际活动中，面对外人，对亲属可根据不同情况采取谦称或敬称。

对本人的亲属应采用谦称。称辈分或年龄高于自己的亲属，可在其称呼前加“家”字，如“家父”“家叔”。称辈分或年龄低于自己的亲属，可在其称呼前加“舍”字，如“舍弟”“舍侄”。称自己的子女，则可在其称呼前加“小”，如“小儿”“小女”“小婿”。

对他人的亲属，应采用敬称。对其长辈，宜在称呼前加“尊”字，如“尊母”“尊兄”。对其平辈或晚辈，宜在称呼前加“贤”字，如“贤妹”“贤侄”。若在其亲属的称呼前加“令”字，一般可不分辈分与长幼，如“令堂”“令爱”“令郎”。

4. 职衔称谓

用职衔称呼对方也是一种对对方表示尊敬的用语，但无亲切意味，同事亲友或关系密切的上下级之间往往很少采用。但有时在庄重场合，还得以职衔相称。如在某次董事大会上，作为总经理的儿子当着众多董事的面称呼作为董事长的父亲，就应该用职衔而非家庭关系来称呼为宜。

【小贴士】

对亲属的称谓一览

对亲属的称谓见表 3-1～表 3-6。

表 3-1 对父系亲属的称谓

称呼对象	称 呼	自 称
父亲的祖父、祖母	曾祖父、曾祖母	曾孙、曾孙女
父亲的父亲、母亲	祖父、祖母(爷爷、奶奶)	孙子、孙女
父亲的姑父、姑母	姑爷爷、姑奶奶	内侄孙
父亲的舅父、舅母	舅爷爷、舅奶奶	外孙
父亲的姨父、姨母	姨爷爷、姨奶奶	姨外孙
父亲	父亲(爸爸)	儿子
父亲的后妻	继母(妈妈)	继子
父亲的兄、嫂	伯父、伯母	侄子
父亲的弟、媳	叔父、婶母	侄子
父亲的姐妹及其丈夫	姑妈、姑夫	内侄
父亲的侄儿、侄媳	堂兄、堂嫂、堂弟、堂弟媳	*
父亲的侄女、侄女婿	堂姐、堂姐夫、堂妹、堂妹夫	*

注：同宗而非嫡亲者称“堂”，母亲之后裔为表亲关系，称“表”。“*”表示对应的称呼，即如果对方为“堂兄”，则自称“堂弟”，如果对方为“堂弟”，则自称为“堂兄”。表 3-3 中的“*”含义与此相同。

表 3-2 对母系亲属的称谓

称呼对象	称 呼	自 称
母亲的祖父、祖母	外曾祖父、外曾祖母	外曾孙、外曾孙女
母亲的父亲、母亲	外祖父、外祖母(姥爷、姥姥)	外孙、外孙女
母亲的后夫	继父(爸爸)	继子
母亲的兄弟及其妻子	舅舅、舅妈	外甥、外甥女
母亲的姐妹及其丈夫	姨妈、姨夫(姨丈)	外甥、外甥女
母亲的表兄弟、姐妹	表舅父、表姨母(表姨妈)	表外甥

表 3-3 对兄弟姐妹亲属的称谓

称呼对象	称 呼	自 称
兄及其妻	哥哥、嫂嫂	弟、妹(夫弟)
弟及其妻	弟弟、弟媳	兄、姐(夫兄)
姐及其夫	姐姐、姐夫	弟、妹(内弟)
妹及其夫	妹妹、妹夫	兄、姐(内兄)
叔伯之子及其妻	堂兄、堂嫂、堂弟、堂弟媳	*
叔伯之女及其夫	堂姐、堂姐夫、堂妹、堂妹夫	*
姑父、舅父、姨父之子及其妻	表兄、表嫂、表弟、表弟媳	*
姑父、舅父、姨夫之女及其夫	表姐、表姐夫、表妹、表妹夫	*
嫂嫂、弟媳、姐夫、妹夫之父母	姻家父、姻家母	*
嫂嫂、弟媳、姐夫、妹夫之兄弟及妻	姻兄(姻嫂)、姻弟(姻弟媳)	*

表 3-4 对夫家家属的称谓

称呼对象	称 呼	自 称
丈夫	夫(爱人)	妻
丈夫的祖父、祖母	爷爷、奶奶	孙媳
丈夫的父亲、母亲	公公、婆婆(爸爸、妈妈)	儿媳
丈夫的兄弟及其妻	大伯、嫂嫂、阿叔、阿姑	弟媳、嫂
丈夫的姐妹及其夫	姑爷、姑姑	内弟媳、内兄嫂
丈夫的姑父、姑母	姑父、姑母	内侄媳
丈夫的舅父、舅母	舅父、舅母	甥媳

表 3-5 对妻家亲属的称谓

称呼对象	称 呼	自 称
妻子	妻(爱人)	夫
妻子的祖父、祖母	岳祖父、岳祖母	孙婿
妻子的父亲、母亲	岳父、岳母	婿
妻子的兄弟及其妻	内兄、内弟、内嫂、内弟媳	妹夫、姐夫、姑丈
妻子的姐妹及其夫	姨姐、姨妹、姨夫(襟兄、襟弟)	姨妹夫、姨姐夫
妻子的姑父、姑母	内姑父、内姑母	内侄婿
妻子的舅父、舅母	内舅父、内舅母	内甥婿

注:因泰山有丈人峰,故岳父又称泰山,岳母又称泰水。

表 3-6 恋人、夫妻称谓

阶段	相互关系	称 呼	自 称
求爱	初次相识的同学、同事等	×同志、同学、女士等	学友、老乡等
初恋	相互熟悉	名字或其中一个字	同样
热恋	关系密切	亲爱的××	你的××
婚后	青年	亲爱的、我的××	爱你的××
	中年	名字或贤妻、贤夫	同样
	老年	老×、老头子、老太婆	老伴等

【小贴士】

常见亲属合称称谓

公孙——祖父与孙子女
父母——父亲、母亲
父子——父亲与儿子
母女——母亲与女儿
叔伯——叔父与伯父
叔侄——叔父、伯父与侄儿、侄女
公婆——公公与婆婆
翁姑——对丈夫之父母的旧称
翁媳——公公与媳妇
婆媳——婆婆与媳妇
翁婿——岳父母与女婿
舅甥——舅父、舅母与外甥
兄弟——哥哥与弟弟
姐妹——姐姐与妹妹
夫妻——丈夫与妻子
妯娌——兄妻与弟媳
姑嫂——丈夫的姐妹与嫂嫂、弟媳
连襟——姐妹的丈夫
郎舅——姐妹之丈夫与其兄弟

二、父母子女礼仪

家庭关系的礼仪礼节是变化发展的。在封建社会，家长具有绝对权威，子女必须顺从；而在现代社会，家庭关系也同其他社会关系一样趋向平等，子女要尊重父母，父母也要尊重子女。

1. 为人父母礼仪

(1) 为孩子做好表率。言传不如身教，孩子在场时，父母不要吵架；任何时候都不要对孩子撒谎；父母之间相互谦让，相互体谅。

(2) 把孩子当作朋友。不要高高在上，要懂得尊重孩子，尽量缩短代沟的距离。孩子的朋友来家里做客，父母要表示出欢迎和尊重。在他的朋友面前，不要讲孩子的过错。

(3) 多了解鼓励孩子。注意观察和表扬孩子的优点。父母要挤时间和孩子在一起；要相互了解、相互理解。鼓励孩子在挫折中重新振作起来；培养孩子的自理能力。

(4) 绝不要溺爱孩子。对孩子必要的批评，也是教育子女健康成长的手段。但批评要讲究方法，选好时机。没有弄清事件真相时，不要盲目批评孩子，更不要当着外人的面批评孩子。

【小故事】

这就是母爱

在土耳其旅游途中，巴士行经1999年大地震的地方，导游说了一个感人却也感伤的故事。故事发生在地震后的第二天——地震后，许多房子都倒塌了，各国来的救援人员不断搜寻着可能生还者。两天后，他们在缝隙中看到一幕不可置信的画面——一位母亲，用手撑地，背上顶着不知有多重的石块；一看到救援人员便拼命地哭喊着："快点救我的女儿，我已经撑了两天，我快撑不下去了……"她七岁的小女儿，就躺在她用手撑起的安全空间里。救援人员大惊，用力地搬移上面、周围的石块，希望尽快解救这对母女，但是石块那么多、那么重，怎么也无法快速到达她们身边。媒体到这儿拍下画面，救援人员一边哭、一边挖，辛苦的母亲一面苦撑等待着……透过电视、透过报纸，土耳其人都心酸地掉下泪来。更多的人放下手边的工作投入救援行动。救援行动从白天进行到深夜，终于，一名高大的救援人员够着了小女儿，将她拉出来，但是……她已气绝多时。母亲急切地问："我的女儿还活着吗?"以为女儿还活着，是她苦撑两天的唯一理由和希望。这名救援人员终于受不了，放声大哭："对，她还活着，我们现在要把她送到医院急救，然后也要把你送过去！"他知道，如果母亲听到女儿已死去，必定失去求生意志，松手让土石压死自己，所以骗了她。母亲疲累地笑了，随后，她也被救出送到医院，她的双手一度僵直无法弯曲。隔天，土耳其报纸头条是一幅她用手撑地的照片，标题是《这就是母爱》。导游说："我是个不轻易动感情的人，但是看到这篇报道，我哭了。以后每次带团经过这儿，我都会讲这个故事。"

"其实不止他哭了，在车上的我们，也哭了……"

思考题：请结合自己的实际情况，谈谈你对母爱的理解，以及我们应该怎样尊重母亲、孝顺父母。

2. 为人子女的礼仪

(1) 首先要尊敬孝顺父母。做儿女的应该报答父母的生养之恩，不仅要有物质上的赡养，还要有精神上的安慰。所以，即使不在父母身边，经常性的问候也是非常必要的。

(2) 不要干涉父母的事。父母有自己的社交、人情、利益开支，更有自己的思想感情，做子女的切忌越俎代庖。尤其是失偶父母再婚问题，子女应为父母自身的幸福着想，支持理解，不能粗暴干涉。

(3) 注意生活小事。比如，和父母在一起的时候，应尽可能地帮父母多做一些家务活，多和他们聊聊天。父母生日的时候，在可能的情况下，为他们准备一点小礼物，一家人在一起吃顿饭。这些看似不起眼的事情，对于父母失落、孤独的心，是最好的安慰。

【课堂训练】

和同桌分享父母的20大优点，并在合适的机会向父母说出你对他们优点的喜欢。

3. 子女与父母的沟通之道

(1) 重视与父母的沟通。不要因为父母话多啰唆，思想"落伍"，就对父母可贵的人生经验嗤之以鼻。俗话说“不听老人言，吃亏在眼前”，多与父母谈谈，可以增长见识，多获得些人生经验，多懂得些做人的道理，还有更大的收获——亲情。

（2）主动与父母沟通。作为子女，我们要感谢父母，是他们将我们带到这个美好的世界；是他们用爱与呵护为我们撑起一把温情的保护伞。中国古语有“百善孝为先”“孝为德之本”之说，主动沟通是孝心的表现。由于社会发展很快，对于相差二三十年的人来说，思想上的差异是有的，即所谓“代沟”。但“代沟”并非难以逾越，能够同父母交流的话题是很多的。学校里的事情、老师、同学、新鲜事等都可以。中老年人大多喜欢追忆往事，特别是有特殊意义的往事。如果我们能主动谈论父母的经历，那么父母是很乐于诉说的，并在诉说中告诉我们一些生活经验、做人的道理。另外，也可以谈一些社会新闻、动态，也是很好的交流沟通方式。

（3）讲究沟通技巧。与父母沟通要在互相尊重的基础上，运用以下技巧。

① 敞开心扉，平心静气地和父母沟通。要想彼此理解，就得彼此了解，增进彼此了解的方法就是沟通、交心，让爱心和孝心在沟通中涌动。

② 学会道歉。我们往往比较反感父母把自己当作孩子，认为自己已经是一个大人了。但不少大学生的“面子”心理也越来越强，变得特别“嘴硬”，明知是自己错了，就是不肯服软，这恰恰是不成熟的标志。这只能让父母更加恼火，于是，一场“战争”也就在所难免了。所以适时地向父母道歉是明智选择。

③ 控制情绪。父母发脾气，不妨暂时躲开；自己情绪不高，找点高兴的事情调整一下，切不可向父母发火；父母错怪你的时候，与其当场争辩，不如换个时间换种方式沟通。如果事事都顶风而上，这个家也就永无宁日了。

④ 从细微之处做起。早晨起来之后，向家人道声早安；外出或回到家中，和父母打声招呼；平时吃东西前，先问问父母吃不吃；父母身体不适，要多关心、多问候，尽可能多地陪伴他们；主动为父母分忧，要节俭；离家远行，可通过电话、书信等方式报平安。这些看起来似乎微不足道，做起来又非常容易的区区小事，却可以给父母家人带来莫大的精神安慰。

【小案例】

母子沟通

丹尼斯·摩尔的父亲已经失业很久，父母的确无钱为他买同学们穿的那种流行款式的服装，这无不令他情绪低落。一天，丹尼斯从学校回到家里，情绪低落、灰心丧气，这一切都被母亲看在了眼里。母子展开了以下对话。

摩尔太太：“你看上去不怎么高兴。”

丹尼斯：“是不怎么高兴。”

摩尔太太：“今天有事使你不愉快，对不对？”

丹尼斯：“嗯。”

摩尔太太：“愿意和我谈谈吗？”

丹尼斯：“请不要以为我太自私，但是我没有朋友们穿得好，这使我很苦恼。他们穿的衣服比我的这些破衣旧衫不知要高级多少倍。”

摩尔太太：“漂亮的衣服穿起来的确使人风光。”

丹尼斯："嗯，我想我不能总显得这么寒酸。我必须想办法改变这种状况。"

摩尔太太："听得出来，你好像对衣服问题有些主意。"

丹尼斯："嗯，我听说现在有些地方可以打工。也许我能找一份工作，如给人家送东西。我可以用打工的钱买衣服。"

摩尔太太："愿意跟我详细谈谈你的计划吗？"

丹尼斯："我先看看本地报纸的招聘广告，或者去附近商店仔细探析一下，看有什么活我可以干。"

摩尔太太："你想干就干吧！有什么进展告诉我，好吗？我们还可以一起好好商量。"

丹尼斯："你支持我的想法，我真是太高兴了。好的，我将随时告诉你我找工作的进展情况。"

与母亲成功地沟通后，丹尼斯就去打工了。结果，他用挣来的钱买了漂亮的衣服，这让母亲与他都感到很愉快。

思考题：本案例的母子沟通对你有何启示？

三、尊老敬老礼仪

1. 对长辈礼仪上的禁忌

中国有敬重长辈的传统，敬重分寸随长辈的辈分和亲疏而异，如果辈分不清，亲疏无别，礼仪上失去分寸，就会落下笑柄。

长辈一般有三类：一是亲属长辈，如叔父母、伯父母、姨父母、舅父母、岳父母以及与之相应的更长一辈的亲戚。二是师友长辈，这是没有亲戚关系而又比较亲近的长辈，如老师和老师的妻子与父母，朋友的父母、祖父母和岳父母。三是一般的长辈。

在长辈面前忌"抢"。如举行家宴，一道菜上来长辈还没有动筷子，千万不要一边喊"烤鸭上来了"，一边手筷并用，把细嫩的脯肉抢到自己碟里。

在长辈面前忌"野"。如父母说的话不符合实际或不符合自己的心思，切忌失态地说"你胡说"之类失礼的话。

在长辈面前忌妄自尊大，应谦虚有礼。

在长辈发生诉讼纠纷，特别是和父母亲或祖父母、外祖父母这些辈分上的至亲发生诉讼纠纷，要依法陈述或辩驳，切忌谩骂、嘲讽，失去对长辈应有的礼节。父辈与祖辈之间发生的矛盾，孙辈忌以亲疏失礼，不要助父骂祖，也不要助祖谤父，要严守理与礼的立场。

与长辈发生争论，应该先设法使老人平了气，然后再心平气和地商谈。

子女外出，要向长辈告知，如说"爸爸，我去……了"之类；每次回家，不要一声不吭，要说"妈妈，我回来了"等。

对相处亲近的长辈生日、结婚纪念日或他自己十分重视的特殊纪念日，要祝贺。

长辈正当的恋爱、婚姻，晚辈不宜不礼貌地干涉或反对。

面对长者的称谓：用表示尊敬的人称代词"您"；称辈分名，如爸爸、姥爷、老师、伯伯之类；忌直呼其名，或"你"来"你"去的。

对长辈行礼的礼式，一般可以鞠躬或口头祝福，不宜行握手礼，更不宜先伸手去握。

2. 孙辈孝敬祖辈

除了自己的父母外，祖父母、外祖父母都是自己的家庭成员。祖父、祖母、外祖父、外祖母辛苦了一辈子，含辛茹苦地养大了父亲、母亲，没有他们，便没有我们的父母，更没有我们。所以，我们应该孝敬他们，对他们要特别讲礼貌。

老人年岁大了，走动不便，我们对他们要给予特殊的照顾：给他们盛饭夹菜，睡觉时为他们铺床盖被放蚊帐；在他们走动时予以搀扶；有空时陪他们说话解闷……如果老人病了，更要给予精心照料，主动为其煎药、喂药，嘘寒问暖。俗话说"树老根多，人老话多"。老人上了年纪，说话比较啰唆，有些事情翻来覆去要说好几遍。对这种必然的生理现象应该充分理解，而不该表示厌烦，总是粗暴地打断老人的絮语。当老人家唠叨时，正确的话，我们要听；就算错了，也让他们说完以后再作解释。如果只是一个劲地嫌老人啰唆，对他们的话不理不睬，甚至粗暴地反驳，那就必然令他们伤心。就算我们内心还是孝敬老人的，就算平日里我们也曾用心照顾他们，但只要有过一次粗暴无礼的行为，长辈受伤的心就不易康复。这一点一定要切记。

【小故事】

我国古代尊老敬老的传统

中国为礼仪之邦，尊老敬老乃传统美德，历代的敬老习俗为世人传颂。

① 尊老惩虐。春秋战国，诸侯割据，战争频繁。但各诸侯国对老人仍非常尊敬和关怀。当时，各诸侯国规定：凡 70 岁以上的老人，可免一子服役；80 岁以上的老人，可免两子服役；90 岁以上的老人，可免全家服役。《秦律》上规定了惩治虐待老人者处罚的办法：凡是殴打、虐待 60 岁以上的祖父母、曾祖父母的子孙，要被流放或处死刑。

② 敬老发米。汉高祖规定了《授粥法》：对 80 岁以上的老人由国家发给当年新收获的精米和鲜肉、醇酒。90 岁以上的老人，另外加发绸一匹，丝絮 3 斤。

③ 优待老人。唐太宗李世民对灭隋兴唐的老一辈功臣关怀备至，对重要功臣视为父兄，亲如骨肉。

④ 盛宴千叟。清康熙六十一年正月初二，康熙皇帝在乾清宫设"千叟宴"，招待满、蒙、汉等各族文武大臣及退休人员中年龄在 65 岁以上的老人 680 人。初五，又宴请了汉族大臣中年龄在 65 岁以上的老人 340 人，两次共宴请了 1020 人。康熙皇帝和老人们举杯畅饮，命皇子皇孙侍立观礼，给老人们敬酒。

四、亲属亲戚礼仪

1. 亲属礼仪

不论是亲兄弟姐妹还是堂（表）兄弟姐妹，都要相互尊重、关心、谅解、帮助、谦让，长爱幼，幼尊长，彼此爱护，不争不吵，情同手足，共同创造温馨祥和的家庭氛围。家庭能否愉快和幸福，兄弟姐妹的和睦相处起着重要作用。在现实生活中，兄弟姐妹都是差不多的同龄人，朝夕相处，要做到处处符合礼仪，也并不是一件容易的事。这之间一般要注意以下礼节。

(1) 哥哥姐姐的礼仪。假如是哥哥姐姐,就应该时时以身作则,努力成为父母的得力助手;多干家务活;遇事要宽宏大量,不与弟、妹斤斤计较,更不要以为他们比自己小就随意指挥他们干活;当弟、妹求教或请求帮忙时,应耐心帮助和解答,切忌不耐烦或不屑帮忙。弟弟妹妹有错时,不要在父母或他人面前斥责他们,以免伤害他们的自尊心,更不能经常在父母面前"告状",而引起他们的反感。万一与弟弟妹妹发生争吵,应当看父母的面,在父母面前作自我批评。兄弟姐妹要和睦,如有意见可以通过父母解决,不可相互争吵。

(2) 弟弟妹妹的礼仪。假如是弟弟妹妹,就要尊重哥哥姐姐。不能有优越感,更不能骄蛮无理,干什么事都不把哥哥姐姐放在眼里,为所欲为,不为他人着想。与哥哥姐姐发生争执时,不要利用自己的得宠地位到父母亲面前去"告状",以免加深兄弟姐妹间的隔阂。

称呼时要有礼貌。称呼自己的哥哥姐姐、堂(表)兄、堂(表)姐,不应直呼姓名或小名,也不能起外号。如果在场的堂(表)兄弟姐妹多,称呼时可能不知在叫谁,可在称谓前加上他(她)的名字,如俊祥哥哥、惠珍姐姐等。

2. 亲戚间的礼仪

(1) 亲戚间应多联系。"走亲戚"这一俗语生动地反映了亲戚间的联系方式。在交通和通信不太发达的情况下,亲戚间逢年过节串门是不可缺少的内容,平时的联系也靠"走"。现代社会生活节奏快、时间宝贵,但现代社会通信发达,亲戚间的联系已不再只靠"走"的形式来实现。多日不见,应通个电话,表示关心和问候;碰上亲戚有喜事应带上礼物前去祝贺;对长辈,逢年过节应去探望;知道亲戚生病或有困难更不能退避三舍。

(2) 贫富高低一样亲。亲戚有贫、有富,亲戚间存在着地位、职业、爱好、性格等方面的差别。对地位高或经济状况好的亲戚,不卑躬屈膝,不逢迎奉承,不低三下四。对各方面状况都比自己差的亲戚,应热情,以免损伤对方的自尊心。

亲戚间应只有年龄辈分的差别,做到贫富高低一样亲。当然,亲戚间的远近、关系不可能是完全一样的。住得近或兴趣相投的,走动多一些,关系近一些。住得远或共同话题少的走动少一些,关系会相对远一些,这很正常。但不能以贫富、职务高低来确定远近关系,这与自然形成的远近关系有着本质的差别。

(3) 亲戚间切忌搬弄是非。对亲戚中发生纠纷的家庭,不闻不问固然不好,但也不能随意干涉,自以为是。"清官难断家务事",如果对方委托就其纠纷帮忙解决,应首先弄清情况,客观公正,不可偏袒一方。

(4) 亲戚求助时的礼仪。亲戚有所求,自然是遇到了困难。对一般朋友的困难都要尽心帮助,亲戚就更没有理由推脱了。遇到此情况,首先应耐心倾听亲戚的要求,千万不能心不在焉,或表现出高人一等的神情,即使是帮不上忙,也应让亲戚带一份真诚和热情回去。如果答应了对方的求助,应尽心尽力地去办,敷衍了事还不如不答应。没能力帮忙的请求,应耐心解释,以征得对方的理解。

在求亲戚帮忙时,也应有成与不成的心理准备。否则,会责怪对方,并在心理上蒙上阴影。

五、家庭起居礼仪

1. 进餐的礼仪

在家里，我们都是一日三餐，家家如此。家庭用餐时也讲究礼仪，家庭餐饮同样能反映出家庭的文化修养。那么家庭餐饮要注意些什么呢？

（1）餐前准备。如果饭菜还没做好，应该帮家长做些力所能及的下手活。在用餐前要主动帮家长做准备工作，不应坐在餐桌前，等着父母把饭菜端上来。帮助家长摆好桌凳，用干净抹布擦拭饭桌，再摆好碗筷，在饭桌上摆放筷子时，要把筷子一双双理顺，大头冲桌外，小头冲桌里；然后轻轻放在每个人的餐桌前。不要一横一竖交叉摆放，也不要一根是大头，一根是小头，筷子要放在碗的右边，不能搭在碗上。要请长辈入席。

吃饭前要洗手。如果刚放学回来或刚运动完毕，应该先洗手、洗脸再上餐桌，否则，满头大汗，满脸灰尘就用餐，不仅不讲卫生，还会影响别人的食欲。要主动帮助家长盛饭、端菜。盛饭时，不要盛得过满；端菜端饭时，用大拇指扣住碗或盘边，食指、中指、无名指托住碗或盘的底部，手心空着。要注意，大拇指翘起来，不然大拇指沾到饭菜上很不卫生。端着饭菜要端稳慢走，不要让饭菜掉出来。

饭菜先端给谁，摆在什么位置，要注意按老幼宾主顺序。端饭要先端给长辈，如先端给爷爷、奶奶，再端给爸爸、妈妈，最后端给自己，如果有客人共同进餐，要先端给客人，再按家庭辈分依次端上。端菜，要先把好吃的菜或合长辈口味的菜摆放在靠近长辈的面前。即使是自己最爱吃的菜，也不能放在自己面前。有时，长辈出于疼爱，将我们爱吃的菜摆放在面前，也应礼让。

（2）谦让入座。家庭用餐的入座，虽然不像参加宴会或到他人家中做客那样讲究，但也应注意一定的礼仪。

先请长辈入座。一般上座应让爷爷、奶奶或爸爸、妈妈坐，自己坐下首，即对着爷爷、奶奶或爸爸、妈妈的位置。如果爷爷、奶奶年老体弱，行动不便，应搀扶着他们入座。要按照就餐的坐姿来要求自己。坐姿要端正，两小臂靠近桌边上，手臂不要横托在桌上；双手在桌上，右手持筷子，左手扶着饭碗，不要右臂在桌上，左臂在桌下；两腿靠拢，双脚平放，不要一条腿搭在另一条腿上，两腿交叠，更不能坐在桌前跳脚晃身。

如果有客人共同进餐，座次会有变动，一般是请客人坐上座。如果这时饭桌坐不下了，自己应主动地坐另外的桌子上，让出座位。千万不要争座位，那样就有失礼节了。

待用餐时不能在饭菜还未摆好上齐时，就先拿起筷子准备夹菜，或眼睛盯着饭菜，显出迫不及待的样子；更不能坐在饭桌边，一手拿着根筷子随意敲打，或用筷子敲打碗碟。

（3）文雅用餐。用餐时让长辈先动碗筷用餐，或在听到长辈说“大家一块儿吃吧”，你再动筷，不能抢在长辈的前面。

吃饭时，要端起碗，大拇指扣住碗边，食指、中指、无名指扣住碗底，手心空着。不端碗时，要注意吃相文雅。夹菜时，不能用筷子在菜盘里翻来翻去，或用筷子搅菜，应从盘子靠近或面对自己的盘边夹起；不要用筷子穿刺菜肴，当餐叉使用；不要将筷子含在口中，更不能把筷子当牙签使用。如果筷子上有饭粒或菜叶，应吃干净后再去夹菜。注意夹菜时，不要让菜汤滴下来，遇到别人也来夹菜时，要注意避让，谨防“筷子打架”。一次夹菜不要太多。

喝汤时，调羹不要碰响碗盘，从外向里舀（吃西餐时则应从里往外舀），调羹就口的程度，要以不离碗、盘正面为限，千万不要把汤滴在碗、盘的外面。喝汤时不能发出响声，也不要用嘴对着热汤吹气。可先用调羹少舀一点尝尝，慢慢喝，或舀到碗里，等汤稍稍凉些再喝。不能将汤碗直接就口喝，当汤碗里的汤快喝尽时，应用左手端碗；将汤碗稍稍侧转，再用调羹舀汤，不要将汤端起一饮而尽。吃饭时，要闭嘴咀嚼，细嚼慢咽，这样既有利于肠胃消化，也是餐桌上的礼仪要求。绝不能张大嘴，大块往嘴里塞，狼吞虎咽，更不能在夹起饭菜时，伸出脖子，张开大嘴伸着舌头用嘴去接菜；一次不要送入口中太多的食物，这样会给人留下一个嘴馋和贪婪的印象，也不要遇到自己爱吃的菜时，就把盘子端到自己跟前，或者大吃特吃，要顾及餐桌上的其他人。如果盘中的菜已不多，我们想把它吃干净，应征询一下同桌人的意见，别人都表示不吃了，才可以把它吃光。

在吃饭中途需要暂时离桌时，要将筷子轻轻搁在桌子上的碗边或碟边，不能插在饭里或放在碗上。不要用筷子指别人，在请别人用菜时，不要把筷子戳到别人面前。总之筷子不能在餐桌上舞动。用餐的动作要文雅一些。夹菜时，注意不要碰到邻座，不要把盘里的菜扒到桌子上，不要把汤泼翻。不挑食、偏食，珍惜粮食不掉饭菜。嘴角沾有饭粒，要用餐纸或餐巾轻轻擦掉，不要用舌头去舔。咀嚼时不要发出响声，口含食物时最好不要讲话，尤其不在用餐时开玩笑，以免口中食物喷出，或口中食物呛入气管，造成危险。如果确实需要与家人谈话时，应轻声细语。

吐出的骨头、鱼刺、菜渣等，要用手取出来，放在自己面前的桌子上或专用的盘子里，不能直接吐到桌面或地面上，如果要咳嗽或打喷嚏，要用手或手帕、餐巾纸捂住嘴，并把头向后方转。吃饭时嚼到沙粒或嗓子里有痰，应离开饭桌去吐掉。

吃饭时，要主动给长辈添饭、夹菜，遇到长辈给自己添饭、夹菜时，要道谢。吃饭时精力集中，不能一边看电视或看书报一边吃饭，这样既不卫生，也影响食物的消化吸收，还会损伤视力。与兄弟姐妹在一起用餐时，要相互礼让，不要在吃饭时打打闹闹或边吃边玩左顾右盼。不应随便走动，尽量少说话，使大家能在安静的环境中以良好的情绪进餐。

(4) 餐后收拾。用餐后，要轻轻放下碗筷，用餐纸或餐巾擦嘴。如果自己先吃完，要与父母或其他长辈打声招呼再离开座位。如说“爸爸，您慢慢吃”，或者说“大家请慢慢吃”等，不能一推饭碗什么话也不说就离开餐桌，这是不礼貌的。等大家都用餐完毕，应帮助家长一同收拾碗筷，擦桌子，洗刷碗筷，不能碗筷一撂，就扬长而去，或坐在一边由家人忙碌，自己无动于衷，这都是不礼貌、没有教养的表现。

2. 睡眠的礼仪

睡觉可不是一件简单的事，人的一生有将近 1/3 的时间是在睡眠中度过的，在酣然入梦之际，切不可失礼。

(1) 睡前。准备就寝前，应准备好第二天的工作。这样做既可放心就寝，又为第二天工作、学习提供方便，不要随便一推就上床睡觉。为保护牙齿、促进血液循环，增强睡眠效果，睡前要刷牙、洗脸、洗脚。睡前不要再吃东西，不然有害于牙齿和肠胃消化系统。还要上厕所方便一下，不然夜里起来上厕所，既不方便，也打扰家人睡觉。

(2) 就寝。上床前，先把床单扫净、理平，再把枕头放在床的一头，然后铺好被褥，不要硬拉乱扯。上床时要有次序地脱鞋解衣，摆放整齐。不然早上起来会因慌乱而耽搁时间。睡前不要看刺激性的电影、电视节目，以免影响睡眠；也不要躺在床上看书，看书姿势不正会损害眼睛。入睡时要关灯，避免浪费。可将闹钟定时。睡觉姿势要端正。应该仰卧或侧卧，不趴着身子睡觉。被子要盖到头部以下，不要用被子蒙着头睡觉，更不要将身子蜷卧进被子，这样有害身体发育，影响健康。如果在半夜里起床上厕所，注意脚步要轻，开门关门要轻，不要弄出响声，以防打扰家人休息。

(3) 起床。养成按时起床的习惯。穿衣动作要有条理。起床后，要自觉主动地叠好被褥。先刷牙，再洗脸。刷牙时要上下刷，注意方法要正确。漱口时不要故意发出响声。洗脸要注意把脖子和耳朵背后也洗一洗，洗完脸后把毛巾洗净拧干，晾在通风处。每天早起要向父母尊长道早安。如果父母或家人还没起床，要轻手轻脚，不要打扰他们。

【小贴士】

测一测你的家庭幸福指数

① 你正与朋友通电话，妈妈希望你讲得不要太久。你会：

A. 不耐烦地大声吼叫："知道了！"

B. 放下电话，但心里说："真烦人！"

C. 尽快放下电话，说声："对不起。"

② 父母下班回家，你会：

A. 视而不见。

B. 懒洋洋地打声招呼，或大叫："吃什么呀，我饿了！"

C. 主动打招呼，并做一些力所能及的事。

③ 父母在你心中的印象是：

A. 唠叨不断，思想落伍。

B. 勉强跟得上形势。

C. 有作为，有能力，为他们骄傲。

④ 你们家庭成员之间的关系是：

A. 有了心事懒得跟家里人说。

B. 有代沟，沟通有障碍。

C. 平等民主，互相鼓励。

⑤ 父母发脾气，或错怪你时，你会：

A. 顶嘴。

B. 躲在自己屋子里，懒得解释。

C. 劝慰父母

测评标准：如果你选择 A 多，说明你的家庭关系紧张，幸福感低；如果你选择 B 多，说明你与父母的关系一般，要进一步加强沟通；如果你选择 C 多，说明你与父母关系融洽，家庭幸福。

六、诞生祝寿礼仪

庆贺婴儿出生、生日和为老人祝寿,是一项重要的家庭礼仪和交际形式。

1. 诞生礼仪

诞生礼仪可分为生育礼仪和生日礼仪。

(1) 生育礼仪。诞生是人生的开始,诞生给家庭事业生机、活力和希望。家庭、家族乃至整个社会对人的诞生都非常重视。传统生育礼仪如报喜、洗三、满月礼、百日礼、抓周等至今在有些地方仍然比较流行。不过,时代在发展,现代的生育礼仪远没有传统生育礼仪那么复杂了。然而一个新生命来到人世间,毕竟是一件重大的事情,所以对于满月和百日还是要举行一定的仪式。

亲朋好友知道一个生命呱呱坠地后,也会携带衣服、食品、水果、玩具等礼品陆续去看望产妇和婴儿;在满月那一天,部分家庭会摆上满月酒宴,恭请亲朋好友光临,感谢亲朋好友送来的礼物和祝福;在百日那天,农村甚至部分城市仍然盛行给婴儿打制长寿锁或手足镯子等仪式;在周岁时,外公外婆还会送来衣服、玩具之类的礼物。

在举行上述仪式时,人们往往还拍照乃至摄像纪念,把照片放在《宝宝成长相册》中并附上一些文字。也可将影像刻成光盘或存入计算机长期保存,既有长远的纪念意义,又增添许多生活乐趣。

(2) 生日礼仪。对成长阶段的青少年,一般在每年的生日那天举行一定的仪式,提醒过生日者又长大一岁,要更加懂事、更有责任感、更快进步。按传统方式,过生日者要吃一碗太平面,有的家庭会备办一桌较丰盛的饭菜,全家老小和亲朋好友围桌而坐,共同祝愿孩子(过生日者)健康成长、学业有成。现在,由于受西方生日礼仪的影响,多数家庭往往买一个生日蛋糕,由至亲好友或小孩子的同学朋友欢聚一堂,然后举行吹蜡烛仪式。孩子几岁,就点几根蜡烛。点燃蜡烛后,亲友齐唱生日歌,唱歌完毕,即由过生日的孩子一口气吹灭所有蜡烛,在热烈的掌声中,大家共祝生日快乐,健康成长。你的生日,也是母亲的受难日、纪念日。所以,在过生日的场合别忘了对父母亲的养育之恩表示感谢,同时请父母亲谈谈对自己以后的希冀和要求。相信这样做,将使你的生日晚会增色不少,意义更为充实,大家会度过一个美好的晚会。

【小贴士】

西方生日习俗趣谈

在西方,最初的生日聚会唯有国王才有权力举办,后来逐渐在民间普及,平民百姓也可以举办生日聚会了。不同国家的生日风俗虽然有所雷同,但不同的文化传统还是会产生不同的生日礼仪,其中有些很奇怪,有些很有趣。

在美国,绝大多数小孩过生日都会有一个插着蜡烛的生日蛋糕,过生日的人要对着点燃的蜡烛许愿,然后吹灭蜡烛。如果他一口气吹灭了所有的蜡烛,那么人们相信他的愿望将会成真。而德国的生日蛋糕大部分是用巧克力制成的。许多德国家庭都备有一些专供点燃生日蜡烛的木制圆环。这些圆环大得足以套在一块生日蛋糕外面,上面有许多插蜡烛的孔,可以插上如数的蜡烛。

英国人常说“生活从40岁开始”，所以许多英国人40岁那年，家人和亲戚好友会为他开一个盛大的生日聚会。不过英国一些地区也有奇怪的习俗。人们会在生日蛋糕内藏硬币、顶针等小物件。这种习俗源自中世纪，吃到硬币必有好运，吃到顶针则永远无法结婚。

在西班牙，据说人们如果忘记自己的生日就不会再变老。因此人们将生日代之以庆宴，即过“命名”日。他们还在祭祀保护神的日子，为过生日的孩子取个保护神的名字。

在荷兰，孩子的生日晚会除了吹蜡烛之类的活动外，来宾们还要参加一项特殊的活动。那时，所有客人的礼物都要挂在一条绳子上，客人们必须蒙眼睛去摸索，直到每人摸到一件礼物为止。拿进生日蛋糕时，孩子们会唱起：“朗一兹欧一赫耶兹一莱温。”这是荷兰孩子们在表达“祝他长命”。

在芬兰，父母在孩子生日的前一夜，要在孩子房间布置一张祝贺生日的桌子，桌面用鲜花装饰，中间摆上生日蛋糕和亲朋送来的礼物。第二天早晨，全家人来到孩子屋里，唱起生日歌，唤醒酣睡的孩子为他庆祝，然后这个孩子在床上用早餐，有时他还会得到一个特制的生日花冠。

澳大利亚的家庭若是临海，全家人则要在孩子生日的那一天到海里游泳。游泳后全家人就在海滩上野餐，来庆祝孩子的生日。

以色列的孩子在生日当天，要坐在装饰有鲜花和绿叶的椅子上，由亲友围拥着举起，孩子几岁就举几次，多举一次便是求得好运。而墨西哥人则在生日聚会上，会让过生日的孩子蒙上眼睛，拿着棍子敲打从屋面吊下的容器，直到敲开为止。此时，容器内事先装进的各式糖果、玩具便纷纷掉下来，人们争先恐后地上前抢夺。当地人认为，这可以带来好运。

最有趣的是爱尔兰的“生日撞头”习俗。父母要把过生日的孩子的头朝下拎起，轻轻撞碰地板，一岁撞一下，有几岁就撞几下，多撞一下也表示求得好运。而北美一些地区则盛行“生日打”，不过打的是屁股，一岁打一下，打的次数以过生日的孩子岁数计算。接着，还要按“成长”“活下去”“有得吃”“以后结婚”等必要的祈愿各打一下。

相比以上各种有趣的生日习俗，有些国家的生日却异常庄重，如北欧的丹麦、挪威等国。这些国家一年中除了重大公众节日外，若见哪家门口挂国旗，就表示这家必有人过生日，如是该国重要人物过生日，则大街小巷都要挂国旗。而挪威的孩子过生日，还要在全班同学面前与舞伴一起跳舞，其他同学则唱生日歌为他祝福。

2. 祝寿礼仪

寿，是年龄久长之称。古时候，人有上寿、中寿、下寿之分，100岁称上寿，80岁称中寿，60岁称下寿。为老人祝寿是最具有中国特色的社交礼仪之一，为老人祝寿一般都是很有讲究的，譬如多大年龄才能做寿？按照中国的习俗，父母不在世了，五十岁以上可以做寿，所以才有五十大寿、六十大寿的说法，但绝没有四十大寿的说法。但如果父母健在，即使年过五十，也不能做寿，只能叫作“过生日”。过生日和做寿都有一个祝贺的问题，于是就有了祝寿礼仪的规范。

(1) 充分准备。传统的祝寿准备是比较繁杂的，农村现在还遗留着传统的祝寿礼仪规范。比如，给老人祝寿，儿子们(已经出嫁的女儿一般不需要参与准备)要提前做好各项准备工作，第一是预备招待宾朋的馒头、菜肴和酒水。第二是准备寿面、寿桃、寿糕等。寿面多为挂面，没挂面可用自擀的细面条，称为“长寿面”，是祝寿时的必备主食。寿桃一般都是先用白面做成桃形，蒸熟后再涂上红绿食色。寿糕一般是指用白面和红枣蒸制的多层枣馍，城镇特别是大城市现在一般都以买生日蛋糕代替。第三是布置寿堂。寿堂一般设在堂屋正厅，屋内张灯结彩，正面墙壁中间悬挂中堂图画，男寿多为南极仙翁，女寿多为瑶池王母，或八仙庆寿，或百寿图，或红纸上写一大金色寿字。中堂两边为“福如东海长流水，寿比南山不老松”等祝福语句的对联。墙下放礼桌，桌上陈寿桃、寿糕、寿酒等，两边设一支或两支红蜡烛。桌前地上铺设红毡或花席，以备后辈人行拜寿礼。

中国人给老人庆寿并无严格的仪式程序，但却有约定俗成的大致章法。一般是寿辰之日先把祖宗的神主牌位请于神案之上，点燃香烛，鸣放鞭炮，寿诞老人穿戴一新，率全家拜祭。之后，老寿星端坐寿堂椅子上，一般是男坐寿堂左边，女坐寿堂右边，晚辈们衣冠整齐，恭恭敬敬依次磕头祝寿，并献上贺寿礼品。祝寿磕头为“寿头”，“寿头”是必定要磕的，现在很多年轻人不会磕头，可变通为三鞠躬。

祝寿完毕，寿宴要开始，众人给寿星敬酒，寿星把寿糕、寿蛋、寿果等吃食分给众人，众人踊跃嚼食，据说这是替老人“嚼灾”。吃长寿面时，儿女们要把自己碗中的面条拨向老人碗中一些，此谓给老人“添寿”。

寿宴后稍事休息，大家陪老寿星看戏、看电影。晚上请执事人等喝酒答谢，寿礼便圆满落幕。

(2) 精选礼物。为老人祝寿，一定要表现出足够的诚意，祝寿时绝不可空手上门。一般来说，关系亲密的，礼品的纪念性一定要更加突出才好，因为这容易让老人在寿礼过后睹物思人。如果是关系一般的，礼品的适用性和习俗性就成为必须认真加以考虑的因素，因为如果你送的礼品不适用，老人会感到很没有意思，甚至会怀疑你的诚意；如果你送的礼品违背了受礼人的习俗，比如老人忌讳人家给他送钟、送伞，如果你送了这些东西，会让老人的精神受到伤害。给老人祝寿的亲朋邻里都要拿祝寿礼品，祝寿礼品也多种多样，除了一些日用品之外，还可以送写有祝寿字句的寿幛、寿联、寿屏和寿匾。

(3) 彬彬有礼。祝寿时要表现得彬彬有礼。在向老人祝寿的场所，成年人不可大声喧哗，除非老人已经耳背，否则会让老人觉得不清净而反感，即使是老人耳背，也只能是和老人讲话时抬高音量，而在贺客之间的交谈仍然应保持彬彬有礼的形象。祝寿时一定要多用敬语。老人年纪再大，只要能够做寿的，一般而言都是身心比较健康的人，他们对贺客的要求也就会比较高，贺客表现自己敬意的最好方式是必须对老人使用敬语。

同时，祝寿时贺客应有足够的耐心。这种耐心首先体现在贺客在祝寿过程中绝不能表现出心不在焉、心神不安的样子。所以贺客有天大的事，在为老人祝寿时都不应当表现或流露出来，以免扫了老人和其他贺客的兴致。特别需要注意的是，贺客必须既来之则安之，不要很快离开，因为老人一般都喜欢和晚辈多待一会儿。要哄好还不能够自制的小孩，因为童言无忌，小孩不高兴了，就会吵着要走，这样就会扫大家的兴致，所以要想方设法哄小孩开心，尽可能地把祝寿的时间延长一点。

(4) 不要缺席。祝寿时亲朋和晚辈一般不要缺席。老人做寿，至少是盼了一年，甚至是数年的事情，这种场合，老人希望看到自己亲人、朋友，特别是晚辈，所以应到场之人最好不要缺席,否则会让老人非常扫兴,而且多疑的老人会在情绪上受到很大影响,所以在这种大喜的场合,应到之人是不能缺席的,如果因故不能准时到场,可通过各种方式事先向老人说明,然后再采取或先行到场,或随后到场的方式加以补救。

(5) 服饰得当。祝寿的寿星和贺客的服饰是很讲究的,必须做到服饰得当,特别是对那些比较迷信、比较传统、比较保守的老人来说,贺客的服饰就更应该讲究一些。

一般而言,应该穿的喜庆一点,热闹一点,明亮一点。千万不能穿制服,如医院的医生、护士穿工作服来祝寿,会让老人甚至也会让其他贺客产生反感,祝寿的良好气氛也就会遭到破坏。祝寿时也不能穿深色服装,这样容易给寿宴增加压抑感、沉重感,因此常需要特别注意。

(6) 举止文明。祝寿时的举止要文明高雅。在整个祝寿过程中,贺客都应当表现出足够的文明优雅,这样有助于提升祝寿的人文档次,让人感觉到寿星和贺客都是一群有教养、有品位、有知识、有地位的人,这样一来,祝寿的气氛就会比较和谐、喜庆、高雅,给人留下难忘的印象。

【小贴士】

长寿面最早出现在唐代

过生日最普遍的食俗是吃长寿面。这种习俗最早出现在唐代。宋代朱翌《猗觉寮杂记》卷上记有:"唐人生日多具汤饼。"汤饼就是面条。宋代马永卿《懒真子》卷三上记有:"必食汤饼者,则世所谓长命面者也。"《新唐书·后妃传上·王皇后传》载有:唐玄宗移情别宠,想把发妻王皇后废了,王皇后惴惴不安。有一天,她哭泣着对玄宗说:"陛下独不念阿忠脱紫半臂易斗面,为生日汤饼邪?"玄宗未得势时,曾与王皇后度过一段艰难的日子,艰难到无钱过生日的程度。有一年玄宗生日,王皇后的父亲阿忠脱下身上穿的紫色短袖上衣换了一斗面为玄宗做生日面条。这一事例告诉我们,过生日时吃长寿面的习俗唐代已经流行。

如今人们过生日时,吃长寿面的现象已不是很普遍了,其地位已被生日蛋糕所取代。

七、待客做客礼仪

日常生活中,我们经常会被热情的朋友邀请去家中做客,也经常要邀请一些朋友来家做客,因此,为了得体、礼貌地请客与应酬,应了解有关礼仪知识。

1. 待客礼仪

(1) 做好准备。当知道有客人来访,应提前做准备。主人的服饰要整洁大方,家庭布置要干净美观,水果、点心、饮料、烟酒、菜肴等要提前备好。如果是正式宴请,如婚礼、寿诞等,还要预先送请柬或电话邀请,确定宴请时间、地点,给客人排好座次,落实宴请形式、规模、档次。

(2) 热情迎接。客人在约定时间到达,应提前到门口迎接,不宜在房中静候,最好夫妇同往,女主人在前。如果有客人突然临门,要热情相待,若室内未清理,应致歉并适当收拾,但不宜立即打扫,因为打扫有逐客之意。

【小故事】

倒履相迎

相传东汉时期有一个“倒履相迎”的故事，说的是东汉时期的大学问家蔡邕，他是蔡文姬的父亲，文史、辞赋、音乐、天文无不精通，官任皇室右中郎将，人称“人学显著，贵重朝廷，常车骑填巷，宾客盈座”。但他从不摆架子，从不傲慢，很善于和人交往，好朋友很多。有一次，他的好友王粲来拜访，正逢蔡邕睡午觉。家人告诉他王粲来到门外，蔡邕听到后，迅速起身跳下床，急急忙忙踏上鞋子就往门外跑，由于太慌忙，把右脚的鞋子踏到了左脚上，把左脚的鞋子踏到了右脚上，而且两只鞋都倒踏着。当王粲看到蔡邕是这么个模样，便抿着嘴笑起来。由此便有了“倒履相迎”之说，借以比喻对来客的热情与诚意。

(3) 问候寒暄。见到客人，应热情招呼，女主人应主动伸手相握。如果客人手提重物，应主动帮忙，对长者或体弱者可上前搀扶，进入室内应把最佳位置让给客人坐，如果客人是初次来访，应分别介绍家人和客人。主人的表情要面带微笑，步履轻松，不能有疲惫心烦之相。

(4) 茶水招待。冲泡茶时首先要清洁茶具，斟多杯茶时应一字排开来回冲，每杯茶应2/3为宜，“浅茶满酒”，敬茶应双手捧上放在客人的右手上方，尊长者先敬。

(5) 陪客交谈。客人坐下，奉敬烟茶糖果之后，应及时与之交谈，话题内容可因实际而定。一般来说，应谈一些客人熟悉的事情。若无法奉陪客人交谈，可安排身份相当者代陪或提供报纸杂志、打开电视供客人消遣，切不可出现主人自己忙，把客人晾在一旁的现象。

(6) 宴请招待。家庭常见请客有正式宴会、便宴、家宴三种，前两种一般在酒店餐厅举行，后者一般由女主人亲自下厨料理，家人共同招待，规模较小，自然、随便。宴请宾客还得安排座次，一般以向门一面为主宾席，主人背门而坐。上菜应左首上右首下，上菜顺序一般为冷盘—土菜—热菜—人菜—甜菜—点心—汤，上菜时机选择恰当，要防止空盘堆积过多；上最后一道菜时应暗示酒宴已近尾声。每上一道菜，主人可适当介绍并邀主宾先动手品尝或给客人分菜；酒水分白酒、葡萄酒和啤酒三大类，席间如果有女性不饮酒，可以用软饮料代替。斟酒顺序一般按顺时针方向依次从右首斟酒，注意酒杯不能离席，若有尊长者或远客、贵宾可先斟，以示敬重。祝酒时，主人先举杯，杯口应与双目齐平，微笑点头示意，但不能交叉碰杯。

(7) 招待小住。有时客人来访可能要小住几天。这更应注意如何使客人满意而来、高兴而归，要做好心理准备、物质准备，了解客人情况、陪同游览购物等，并注意客人小住期间的家庭小节，以免引起客人不适，尤其不能当着客人面谈论近期家庭开支等经济问题。

(8) 礼貌送客。当客人散席或准备告辞时，主人应婉言相留，客人要走，应等其起身后，主人再起身相送，家人也应微笑起立，亲切告别。若客人来时有礼物的，应再一次提及对礼物的感谢或互赠礼物，并不忘提醒客人是否有东西遗忘，或有什么事需要帮忙，送客应送到大门口或街巷村口，切忌跨在门槛上向客人告别或客人前脚走就“啪”地立即关门。如果是初次来客应主动指路或安排车辆接送，远方来客则应送至火车站、机场或码头，并说祝愿的话或发出再来的邀请。

2. 做客礼仪

（1）预约或应约。到别人家做客，一种是自己主动前往；一种是受别人邀请。若是前者应事先电话约好时间，以防突然造访给别人带来麻烦，如果是后者则无论答应还是拒绝，都应及时告知对方，切忌答应某一邀请后，又因参加别的约会而失此约。

（2）服饰仪表。首先要整洁大方，中式赴宴无明确规定；西式赴宴，请柬中往往写明“请穿礼服”，所以应按请柬中的要求穿着，一般喜庆时应穿华丽一些，丧祭时以黑色或素色为宜，并带好手帕、面巾、香烟、打火机等物品。

（3）准备礼品。根据不同宴会要准备不同礼品，如生日寿诞、结婚喜宴可送耐用、易保留的礼品，探病丧礼则宜选用一次性的礼品。

（4）到访的礼仪。首先应准时到达，或稍稍提早，到达主人家门前，要先擦净脚上泥巴，叩门按铃切忌重手重脚或时间过长；进门后要将大衣、雨具交给主人安置，并向主人问候、寒暄，还要向在场的主人家属、其他客人打招呼，待主人安排或指定座位后再坐下；主人敬茶续茶要起身道谢，双手迎接，并致敬意，果皮、果核不应乱丢、乱弹、乱扔。

（5）客居小住。有时要在亲朋好友家中小住几天，由于你的到来已给主人增添了许多麻烦，更应注意有关礼仪：首先，要了解主人的生活习惯，尽量遵从主人的这些习惯，自己住的房间要自己打扫；其次，主人陪你观光购物时，各项费用尽量自己支付，时间尽量选择主人的节假日；再次，小住期间，未经主人准许不要进入主人书房或卧房，也不能随意翻检书刊、信札等物品，话题应避免涉及主人隐私或钱财的内容；最后，客居期间应别忘为主人家做一些力所能及的事。

（6）进餐礼仪。走进餐厅不应忘记打招呼，尤其要与女主人打招呼，并对主人的宴请说一些赞扬话，为主人创造融洽、热烈的气氛；入席时要按既定次序入座，不可贸然坐下；坐在餐桌前要注意体态礼仪，主人祝酒时要专注听，主人敬酒时要起立回敬，即使不会饮酒也应当沾唇以示尊敬，待主人招呼后再动筷夹菜；进餐中要注意饮食礼仪，席间谈笑应多聊些愉快、健康、轻松的话题，中途离席要尽量避免，确实有事应向主人说明歉意方可离去。

（7）退席告辞。作为客人，口头提出告别后应立即起身辞别，不能几次三番说要走，结果还是坐着滔滔不绝地说，走之前不要忘记对主人的热情招待表示感谢，尤其是要向女主人道别，当主人送你到门口将分手时，应主动与主人握手道别，并说“请回”“留步”“再见”之类的客套话。

【课堂训练】

学生先分组，自由组合，每5人一组，2人扮演客人，3人扮演主人，分别演示上门做客、在家待客的情境。注意上门做客时的服装、打扮、语言交际礼仪。

第二节 恋爱婚姻礼仪

爱情、婚姻和家庭是一种与人们生活紧密相连的社会形式，是人们一生中所经过的重要历程。一般来说，爱情是婚姻的前提，婚姻是组成家庭的基础，家庭是社会的细胞。爱情、婚姻和家庭中的道德礼仪，关系到每个人的切身利益，关系到家庭的和睦与幸福，同时也关系到整个社会的安宁与稳定。

一、恋爱礼仪

法国剧作家莫里哀说过：爱情是一位伟大的导师，教会我们重新做人。这是因为，一方面，怎样对待爱情，能反映一个人的精神境界和道德品质；另一方面，如何正确处理恋爱婚姻所遇到的各种矛盾，也会使人走向成熟。大学时期是学习的黄金时期，大学生年龄大都在18～22岁。一般来说，无论从生理、心理成熟情况，还是从人生观的形成情况来说，恋爱都不是必需的。然而，有些同学已经涉足爱的领域，既然已经迈出了这一步，那么，就应该注意大学生恋爱礼仪。

1. 恋爱的礼仪规范

(1) 爱情出发，志同道合。爱情具有自然性、自主性、对等性、专一排他性、持久性和道德性等特征。男女双方的恋爱关系应从爱情出发，建立在志同道合的基础上，那种以恋爱为手段，骗取他人感情，以达到某种个人目的的行为，是社会道德所不容许的。爱情是双方相互发自内心的真挚情感，附加的因素越多，爱情在双方感情中的比重就越轻。

(2) 恋爱学习，正确处理。谈恋爱的同学碰到的首要问题是如何处理恋爱与学习之间的关系。有些同学说一上课就走神，虽眼看黑板，心里却想着对方的事。一些同学把时间用在花前月下、谈情说爱上，严重地冲击了学习。不可否认，爱情是生活中一项重要内容，把它处理好是要花一定时间的，但爱情毕竟是理想、事业之下的“从属问题”，总不能把它当作头等大事而忘却其他。因此，谈恋爱时要经常克制自己，过于放纵就会给学习带来无端的损失。

(3) 不忘集体，水乳交融。两个本来在集体中很活跃的同学，一谈起恋爱之后便与原来判若两人，集体的活动漠不关心，同学有什么困难也不闻不问，两个人形影不离，走路在一起，吃饭在一起，看书也在一起，完全游离于集体之外，在同学中造成很不好的影响。大学生生活在集体之中，不仅需要爱情，更需要同学的友爱和集体的温暖。同学的友爱，集体的温暖在某种程度上比爱情更为重要，因为人是社会的人，只有将自己与集体水乳交融，才能使自己更有活力。游离于集体之外，视同学形同陌路，那是不可取的事情。

(4) 消费节俭，互相促进。有些谈恋爱的同学常常喜欢出入于酒店、餐厅和咖啡厅等，用钱大手大脚，挥霍无度，与一个大学生消费者的身份和大学生应有的品德极不相称。其实，恋爱成功与否与花钱多少并没有必然的联系，如果认为花钱越多，穿梭于茶楼饭馆的次数越多，爱情就越美好，那正说明还根本不懂得爱情的真谛，有时还会出现“钱了情也尽”的结局。这样做，不仅仅使双方空耗了许多读书学习的时光，而且给家里也带来了不应有的经济负担。

此外，有些同学还经常把女友或男友领进宿舍，卿卿我我，一待就是半天，有的甚至还出现一些很不文明、很不雅观的动作，不仅妨碍了别人的学习和休息，还有伤大雅，容易引起他人反感，造成不良影响，这是十分值得注意的。大学生即使恋爱了，也应当做到在精神上互相鼓励，在学习上互相交流，在事业上互相促进。

（5）相互理解，信守责任。不能认为确定了恋爱关系，就要严格控制对方，"草木皆兵"，甚至于对方跟异性同学或朋友多说两句话都感到酸溜溜的。大学是青年汇集的地方，一些谈恋爱的同学还可能会碰到第三者的求爱，这时应主动地向第三者说明情况或婉言谢绝，切莫脚踏两只船，害人害己。

恋爱双方既要相互尊重彼此的独立人格，又要承担与恋爱、爱情相互联系的道德责任和义务。恋爱中的同学要善于自觉地运用理智来克服自己的感情，既要尊重对方的人格，也要保持自己的人格。互尊互爱，自尊自爱，是爱情严肃性、高尚性的表现。切不可因一时的感情冲动或受自私心理的驱使而丧失理智，以致做出使自己追悔莫及、悔恨终生的事情。这既是不尊重对方的人格，也是缺乏恋爱礼仪及基本道德规范的表现。

此外，如果在恋爱期间通过了解，发现双方差距太大，恋爱关系维持下去于人于己不利时，那就应该处理，及早表明态度，不要进退维谷，犹豫不决。对此，双方都应互相理解，切莫做出愚蠢的事情。

（6）爱情逆境，正确对待。爱情的责任感不仅表现在顺境之中，爱情逆境更是对人格的一个严峻考验，一定要做到失恋不失志。失恋给人带来的精神创伤固然是痛苦的，但是正确对待失恋，不但会减轻痛苦，而且会促进人追求更美好的爱情。"塞翁失马，焉知非福。"生活中的幸与不幸常常是相互转化的。失恋仅仅意味着一次恋爱的失败，并非永远失去爱情，正相反，它提供了再一次选择爱的机会。在一定意义上，失恋也是人生的一次重大考验。一个具有正确恋爱观、人生观和意志坚强的人，应该从失恋中奋起，迅速回到正常的、积极的生活轨道上，自强不息，再创美好生活。

（7）女子自爱，保护尊严。爱情是无私的奉献。但并不是要求女子牺牲自我，失去自我，一味地去依附于某个男子，即使他是你的至爱。女子的价值并不仅仅全在男子身上，女子有自己的独立地位时，在男子的心中才会发光。因此，女子必须自爱、自重、自立、自强，有文化、有知识、有才能、有强有力的自我意识，才可以平等地和男子站在同一高度来决定自己，保持尊严，从自己创造的生活中提高自己的价值。

2. 恋爱的一般礼仪

（1）恋爱约会礼仪。第一次约会对于初恋的人来说，往往留下终生难忘的印象，对于爱情的发展无疑是十分重要的一步。初次约会者，一般应注意以下几个方面。

① 应注重仪容得体的修饰，服装整洁而不娇饰，给人以严肃、庄重的感觉。

② 准时赴约，万不可失信。这对男方非常重要；至于女性，也要遵守。被约的一方，特别是女孩，适当的"迟到"是可以的，但切勿以此来"拿架子"。

③ 两人交谈要自然、大方、诚恳、文雅。过分羞涩，会引起对方拘束；而过分洒脱，往往会惹对方猜疑。在倾听对方言谈时，切忌心不在焉，不认真听而想别的事情，或者目不转睛地盯着对方打量，应以自然的神色为佳。

④ 谈吐热情而不轻佻。按照中国的习俗，初次约会的主角应是男方，女方的表现是比较含蓄的。但是，男性不擅长辞令，女方则应主动提些问题，引起谈兴。双方避免长时间的冷场。

【小贴士】

情侣就餐礼仪

① 女方不可径自点菜。让男方有充分的主动权来掌握自己的预算，也可显现出女方是受尊重、被照顾的一方。

② 尽量征询女方的意见。男方不可自行其是，按着自己喜欢的来。女方也不能以"随便"作答，要真诚地告知男方自己的喜好。

③ 女方要举止高雅，不可过分热情。女方不要主动为男士做倒酒、拿毛巾、夹菜等动作，这些应该由男方或服务人员来做。

④ 男方要举止文雅，不可过分殷勤。男士不可频频向对方劝酒、劝菜，需要为对方夹菜时，也不可用自己的筷子。

⑤ 双方要照顾细节，体现礼节。女方需要上洗手间或站起接电话时，男方要微微起身相送，并欠身相迎。女方吃好后，也要适当等候男方用餐。

(2) 求爱礼仪。在双方情绪好的时候，选择较有浪漫情调氛围的场所，如空旷辽阔的草原、登高望远的山巅、泉水叮咚的林野田园等一些富有诗情画意的地方，有利于调节双方的情绪，增强感染力。要让对方感觉到你的求爱是积蓄已久的"火山"爆发，虽然不用言语来表达山盟海誓，但也要让对方感到你真切的恋慕和急切的盼望，这对那些还略带犹疑的对方来说，往往有一定的"催化"作用，帮助他(她)下定接受你的决心，打掉尚存的一丝犹疑。要注意委婉求爱的技巧，求爱最忌俗套、直白，诸如"我爱你""你愿嫁(娶)我吗"等，给人一种猝不及防的感觉，也让求爱这种人生大事失去了应有的浪漫情调。许多人注意借物言情，往往令人终生回味。

【小案例】

网球上的字条

一位坠入情网的小姐在网球上贴上字条，然后将球放进球罐中。当她的球伴打开球罐时，果然看到她所贴着的字条。上面写着："这次是我们第 58 次玩单打比赛。难道你不觉得我们该玩玩双打比赛了吗?"她的球伴其实早就和她有相同的想法，只是过于害羞，一直都没有采取行动，看到这张字条后，立刻跳过球网，上前亲吻她，并且直接求婚。

【点评】 别出心裁的恋爱表白不但博得对方的芳心，而且显示出自己的智慧和意趣，让对方留下终生难忘的印象。

(3) 拜见未来公婆及岳父母。出于礼貌，未来的新郎首先应当拜见未来新娘的父母，征得他们的同意和支持，同时表示自己会一生一世给其女儿以关爱、照顾、呵护，让她永远幸福；其次，未来的新郎还要带未来的新娘拜见自己的父母，希望他们喜欢并同意自己的选择；最后，未来新郎的父母要主动约请未来亲家，双方家庭在友好气氛中见面，共商婚礼的各项具体事宜。

当你的朋友及其父母邀请你到他（她）家做客时，你一定很紧张、激动、兴奋和喜悦。因此，你应注意以下礼仪：应适当打扮一下自己。过分修饰化妆大可不必。可以与你的朋友商量一下，是否携带礼物。礼物不宜过分破费，礼物与好感并不成正比。

在进入对方居室前，轻轻叩门，等待允许方可进入，不可擅自破门而入。对室内不熟悉的人，则要等你的朋友介绍后再一一亲切称呼、问候。对朋友的父母，要大方地称呼“伯父”“伯母”“大叔”“大婶”。而称呼“爸爸”“妈妈”还为时过早。

举止要大方，说话要得体。要多聆听长者问询，让长辈掌握话题。也不要过分拘谨，缩手缩脚。

留下用餐时，要待主人安排后入座。饮酒不能过量。

临行时要对主人的热情款待表示感谢，同时，对其他客人也一一告别。

二、结婚礼仪

1. 订婚礼仪

我国古代，男女间的婚姻关系，常以婚约的订立为开始，此即所谓“订婚”。现在，订婚在法律上并无保障，因而现代的订婚仪式比较简单。一般来说，也不外乎是男女双方作一般的约定，告知父母以及亲友，进行一些有庆贺意义的活动。

首先，当事人双方的父母要见见面。牵线人当然是他们的儿女。一般应该是男方的父母去看望女方的父母，表示自己对儿子和对方的女儿的婚姻很高兴、很满意，并希望早日完婚等。前去的时候，携带必要的礼品当然是必要的。

订婚时举行一些庆贺性质的活动也是可以的。最常见的是举行一次宴会。中式的宴会一般在饭店举行，宴会上的礼仪一般是由家长宣告子女订婚的消息，来宾予以祝贺。西式的订婚宴会一般采用鸡尾酒会或晚宴形式。订婚的消息由女方或其母亲来宣布。未来的新郎应站在女主人的身旁，对他无须作正式介绍，只要他站在女方家人一旁，由女方介绍给大家即可。如果采用晚宴的形式，订婚的消息可由女方父亲宣布，并提议向新人祝酒。

订婚宴上向新人祝福，是必要的礼仪。姑娘的父亲宣布订婚消息后，即可起身举杯提议祝酒。在客人的要求下，新人可以讲几句话感谢大家的祝愿。

订婚时男方给女方兼具庆祝、纪念双重意义的订婚戒指，已经渐渐地被人们认可。订婚戒指应该戴在左手无名指上。订婚戒指在婚礼上应该取下来，婚后再和结婚戒指一起戴上。如果女方的母亲已故，女儿也可以戴上其亡母的订婚戒指，但不能戴她的结婚戒指。

在农村，不少家庭仍将订婚作为结婚的重要程序，通常是备几桌酒筵或茶点，除双方当事人及法定代理人外，散发订婚喜柬或口头邀请，请双方介绍人、证明人以及比较知己的亲友共同会餐，有的即席交换饰物，填写订婚证书等。所谓交换饰物，一般是赠送订婚戒指等，然后由订婚人、证明人、介绍人、主婚人（家长或法定代理人在场时，为当然主婚人）在订婚证书上盖章或签字。订婚证书一式两份，男女双方各执一份。席终人散，订婚仪式也就告成了。至于被邀请参加订婚礼的亲友，究竟是否应该送礼，这随各地风俗习惯有所不同，不过就目前来说，大都是送钱，也可以送花篮等。

2. 婚礼的准备

婚礼的准备包括约定婚期、准备彩礼嫁妆并布置新房、发出邀请、选定伴郎伴娘、请好婚礼主持人、婚礼会场布置等环节。

(1) 约定婚期。按一般的习惯，男女双方在领完结婚证书，举行过订婚仪式之后，就需要约定具体的结婚日期，并举行庆典活动。结婚是人生中的大事，约定婚期又称“择日”，由两人和双方家长共同商议。

传统婚礼的时间一般选在双日子举行婚礼等。现代婚礼则多在节假日举行，星期日或法定节假日，例如，“劳动节”“国庆节”或“春节”，经常是人们举行婚礼所选择的时间。因为在节假日里举行婚礼，宾客便于参加，不影响工作，同时，又可借节日气氛增添一些喜庆。在农村，人们多会选择农闲季节。科学地选择婚期，一般应考虑以下几个方面。

① 婚姻检查结果。虽说婚前体检现已自由选择了，但为对方和下一代负责，还是应该检查一下双方的健康状况。如发现有传染性疾病和严重的心脏病的，应暂缓婚期，耐心治疗，康复后再定婚期。

② 女方月经期。月经期内结婚，因同房而易引发女方的子宫内膜炎、输卵管炎，还可能因盆腔充血而造成血量增多。因此，选日子应避开女方的月经期，选择在下一次月经来潮前的一周内结婚，可避免结婚当月怀孕，也有利于优生优育。

③ 结婚准备工作是否就绪。如新房是否布置好了，衣物、家具、家电等是否置齐了，婚礼经费是否准备好了。

④ 看时节。节假日、春秋季节或农闲时节比较适宜，可以增加喜庆气氛，使时间更宽裕，也方便亲友参加。春天，生机勃发；秋天，秋风送爽，天气暖和，都是结婚的佳日。

⑤ 考虑工作任务是否繁重。最好找一个工作比较轻松的日子，将婚礼举行得从容些、井然有序些，甚至还能有一个短期的蜜月旅行。

⑥ 尽量避开结婚高峰期。若在结婚高峰期举行婚礼，饭店、婚庆服务比较难预订，且价格也比平常高出许多。还应该考虑主要亲友是否能参加婚礼。

(2) 准备彩礼嫁妆并布置新房。在中国传统中，送彩礼、准备嫁妆是婚礼之前很重要的一项活动。父母亲送给子女的结婚礼物不外两类：一类是支持新家庭生活的实用礼物；一类是带有吉庆、纪念意义的物品。新人的新房要精心布置，充满喜庆气氛。

(3) 发出邀请。举行婚礼前，应拟定参加婚礼的宾客名单，并提前一两周发出邀请，有外地亲友的更要提前一些，这样给客人充分的准备时间，以避免因与其他事务冲突而不能出席婚礼。

邀请的范围视婚礼的规模大小、亲疏程度和经济条件而定，一般包括亲属朋友，包括新娘新郎的好友，也包括双方父母的好友；亲密的同事或邻居。有的情况下也可以请父母或子女单位的领导。特别不能忘记的是，邀请与缔结这桩婚姻关系重大的人(如介绍人)参加婚礼。需要注意的是，同等亲疏关系的人，要请则都请，要么都不请，忌讳请了这个忘了那个，这样容易造成感情伤害。

另外，对于至亲的远方朋友或那些应该邀请的人，即使知道他们有重大的事务不能前来，也要发出邀请，以示尊敬，否则会显得礼数不周。这样的客人往往可以通过其他途径和方式向新郎新娘表示祝贺。

邀请的方式多种多样，一般为口头与书面两种。口头邀请一般针对经常能见面的亲友，打个电话邀请即可；也可以采用书面发请柬的方式（一般通过微信一一发出），婚礼请柬又叫"请帖""邀请书"，它是举办婚礼的当事人邀请亲友参加婚礼或婚宴的专用书信。对请柬的大小、质量、印刷、风格等应该予以全面的考虑。请柬应该是典雅、喜庆的，一般选择红色和烫金的。里面可以印字，也可以手写。其内容要写明时间、地点、新郎新娘的名字等。婚礼的请帖分男方和女方家长发出的请帖，也有以新婚当事人名义共同发出的请帖。一般可由新郎新娘共同具名，也可以分别具名，或由其家长具名。

• 新郎新娘共同具名

请　　柬

我俩谨订于××××年××月××日×午××时，假座××饭店××厅举行婚宴 谨请光临××× 谨订×××。

• 家长具名

请　　柬

谨订于××××年××月××日×午××时，假座××饭店××厅为儿×××（女×××）举行婚宴 谨请光临××× 家长 谨订×××。

写请柬应注意：被邀请者的姓名应写全，不应写绰号或别名；在两个姓名之间应该写上"暨"或"和"，不用顿号或逗号；应写明举行婚礼的具体日期与时间（几月几日几时，星期几）；写明举行婚礼的地点。

此外，还可以随请柬发出几种附件：一是指示婚礼地点的路线圈；二是标示客人宴席座位的座位卡。如果需要了解参加人数，请柬上可写明"请回复"。作为接到邀请的亲友，无论请柬上写没写"请回复"，最好能及时地和邀请者联系，一般通过微信或打电话回复，说明自己能否参加。这是必要的礼貌。

(4) 选定伴郎伴娘。伴郎伴娘也称"男傧相""女傧相"。傧相是需精心选择的。女傧相，一般选择新娘的妹妹、表妹或好友，男傧相可以选择新郎的兄弟或好友等。傧相的主要任务是陪伴、辅助新郎新娘举行婚礼。选男女傧相的主要条件：第一当然要仪态端正；第二要未婚者，年龄一般都比新郎新娘小；第三要注意身材高矮，适配新郎新娘。

(5) 请好婚礼主持人。一般请德高望重、有风度、有经验的人充当，也可聘请专业的司仪来主持。

(6) 婚礼会场布置。在外门、会场门及会场内贴好成双的"喜"字，摆些鲜花、彩带。允许鸣放鞭炮的地方一般可以在大门外悬挂两挂大红鞭炮，这样可以增添许多热闹气氛。对于新人来说，还要准备好婚礼服，新娘至少应准备两套：一套婚礼上用的婚纱（可租可买），一套婚宴上穿的喜庆便服（一般购置或定做）。新郎则有一套精制的西装即可。

3. 婚礼的程序

要根据自身的经济实力量力操办，应当将节约放在首位。国内较为常见的婚礼有家庭婚礼和集体婚礼。

(1) 家庭婚礼。即一对新婚夫妇在自己家中或其他场所举办的约请双方亲朋好友参加的小型婚礼，主要程序有七项。

① 接新娘。男方到女方家接新娘，然后一起到婚宴场地，下车后一起步入现场，在来宾的掌声和欢呼声中，金童玉女们向新郎新娘撒一些代表喜庆而吉利的彩花和彩条，这时可演奏或播放《婚礼进行曲》。

② 婚礼开始。新郎新娘入场后，由司仪宣布婚礼开始。

③ 行鞠躬礼。在司仪的主持下，新人首先向双方的父母或其他尊长鞠躬；其次向全体来宾鞠躬；最后还要双方相互鞠躬。

④ 证婚人讲话。主要内容是扼要介绍新人双方恋爱的经过，并向双方预祝婚后幸福、美满。有时也可代为宣读结婚证书，宣布新婚夫妇婚姻合法。

⑤ 新人讲话。应当请新郎新娘依次致谢，向全体来宾致以感谢。有时，也可以由新婚夫妇一同表演象征爱情、美好的节目。

⑥ 蛋糕。一般会准备一个大蛋糕，由新郎、新娘先许个愿，然后一起切蛋糕，也代表甜蜜婚姻生活的开始。

⑦ 婚宴开始。新郎新娘从主桌开始，逐席向来宾敬酒一轮，婚礼至此告一段落，宴会之后，如有条件，也可以举办小型的舞会或放映电视录像和唱卡拉OK助兴。

(2) 集体婚礼。即数对新人在公共场所有组织地进行的大型婚礼，基本程序有十项。

① 宣布婚礼开始，鸣鞭炮或奏乐。

② 全体新人入场，入场时应一对夫妻一排，男左女右，相互牵手，在乐曲、掌声和花海中列队缓步入场。

③ 证婚人和有关领导上主席台就座。

④ 新人向家长、亲友行鞠躬礼。在集体婚礼中，新人的家长一般在会场的前排就座，这时，应起立接受新人的敬礼，并略微躬身答礼。

⑤ 新郎新娘互致鞠躬礼。

⑥ 新人向证婚人、出席婚礼的有关领导和来宾行鞠躬礼。

⑦ 证婚人或领导讲话。一般情况下，证婚人皆由地方或单位领导担任，他们在讲话中首先要宣布新人结婚合法有效，并向新婚夫妇表示祝贺，最后提出一些希望。讲话要简明扼要、热情洋溢。

⑧ 家长代表讲话。可以事先在参加集体婚礼的家长中推出代表，在讲话中，既要表达对下一代的祝愿和期望，也要对有关领导出席集体婚礼表示感谢。

⑨ 新婚夫妇代表讲话。内容主要是感谢领导和亲友出席婚礼，并表示婚后夫妻恩爱、相伴终生的决心。

⑩ 向新人赠礼。由主办集体婚礼的单位向新婚夫妇赠送纪念品，通常是书籍、镜框等有纪念意义的物品。

4. 参加喜宴的礼仪

人们经常会应邀参加亲戚、朋友、同事的结婚、订婚典礼等喜宴，为了将祝福的心意传达给对方，避免冲淡喜庆的气氛，应注意以下几个方面的基本礼节。

(1) 接受邀请。收到喜帖邀请函后，要马上打电话或是回函给对方，通常应先说声“恭喜”，然后再告知出席与否，好让对方能掌握正确的出席人数。

(2) 准备礼金。在参加喜宴时一般要准备礼金。礼金要装入礼金袋中，此时，千万不要忘记在上面写上祝福的话。常用祝福贺语如下。

新婚贺语：天地之合、心心相印、永结同心、百年好合、永沐爱河、佳偶天成、百年偕老、花好月圆、珠联璧合、天缘巧合、美满良缘、郎才女貌、同德同心、情投意合、天赐良缘、白头偕老。

订婚贺语：缔结良缘、缘定三生、成家之始、鸳鸯璧合、文定吉祥、姻缘相配、白首成约、喜订鸳鸯、誓约同心、终身之盟、盟订良缘、许订终身。

礼金金额应根据当地的习俗和个人经济条件而定。一定要偶数，偶数象征着双双对对的祝福，最忌4(死)和9(苦)，礼金的纸钞最好是新的。

(3) 喜宴当天的礼节。要注意以下五点。

① 服装要穿得豪华亮丽些。红色是最讨喜的颜色，柔嫩的粉色系也是不错的选择，尽量穿着豪华亮丽的服装出席，但“锋芒”千万不可超过新娘。尽量避免穿白色服装，因为那一天白色代表新娘；若是穿深色，最好佩戴小饰品来点缀，以免太过沉重。

② 出席喜宴要提前半小时到达，而且要整理一下仪容，不要匆匆忙忙地赶到，不然很没礼貌。在接待柜前先将礼金袋交给接待人员，并签名祝贺。

③ 如果有事会迟到或早退，要事先通知对方。迟到时不要自行进入会场，最好让招待人员领你进去。若要早退，最好等来宾都致辞后再走。离开时不需要再跟新郎新娘打招呼，但要跟坐同桌的两侧人打招呼。

④ 在接待柜前，先对新人的亲戚道贺，报上大名，并要说谢谢他们的招待。递上礼金袋，正面朝上递给对方，此时顺便说些祝福的话。再在签名簿上签名，如果夫妻一起出席，要先写先生的名字，再写太太的名字。

⑤ 喜宴开始后至敬酒前这段时间是媒人和来宾致辞。要安静聆听致辞，不可喧闹。边听演说边用餐，但要记住最初和最后一定要放下餐具鼓掌。如果同桌有人上台演讲的话，尽量不要用餐，专心聆听，致辞结束时要鼓掌致意。另外，如果跟你同桌的人都是陌生人，你也要表现出愉悦的心情。在就座前应先打招呼，并进行自我介绍，才不会显得尴尬，但也不要让自己太出风头。

(4) 特殊情况应注意的礼节。因特殊情况不能出席婚礼，要马上告知对方，也可以找代理人出席，代理人最好是双方都认识的朋友，礼金就请代理人代送。如明确自己不能出席喜宴，也应该送礼金。应在典礼举行前直接送给对方或邮寄给对方，并记得在上面写些祝贺的话。

在喜宴中如突然被邀请上台致辞。因是喜庆场合，不能推辞。首先，向新人及双方家人致贺，说声“恭喜”；其次自我介绍，说些祝福新人的话，2～3分钟即可。如果在婚礼结束后才知道对方结婚。虽然没有被邀请出席，但却知道朋友结婚的事实，首先要打电话致贺，并在婚礼过后1～2周再送礼物或礼金表示祝贺。

5. 婚后礼仪

婚后礼仪包括答谢有关人员和走访亲友两个方面。

(1) 答谢有关人员。对有关人员的答谢，是婚礼后必须顾及的礼数。主要包括那些为操办婚姻及婚礼出过力的人，比如，婚礼的主持人、伴娘、伴郎等。答谢的方法没有统一的规定，送些纪念品倒是有意义的。对于他们来说，他们的心愿是新人的婚姻美满和家庭幸福。所以与此有关的礼品也就最为适宜。

答谢婚礼的参加者、祝贺者，尤其是那些送了礼品的人，也是一项不可或缺的内容。此外，对于那些没有参加婚宴的同事或比较熟识的人散发喜糖，也是现在常见的礼数。

重点要答谢婚礼介绍人，也就是"红娘"，或称"媒人"。红娘在婚姻中扮演着极为重要的角色，对促进青年男女结为伉俪起着积极作用，据不完全统计，我国目前新婚夫妻的组成中红娘牵线搭桥联姻的占 65%～75%。这一比例在农村还会更高些。因此答谢红娘也成了新婚夫妇必须考虑的礼仪。从婚礼的全过程来说，答谢从礼数上要分以下三步。

第一步，男女双方一旦确立了结婚日期，就应该双双前往看望，邀请他们参加自己的婚礼，并诚恳地与他们商量婚姻事宜，介绍婚礼准备情况，并征询他们的意见，以示对他们的尊重。

第二步，在婚礼上，要以贵宾的礼节招待他们，并向亲朋好友介绍他们，表达对他们的感谢之情。

第三步，在婚后，新郎新娘应前往红娘家中正式道谢，这次可不能空手而来，要做到情礼并重。至于送什么样的礼物要因人而异。如果红娘有小孩，可赠些书包、文具、玩具给其孩子；如果红娘是年轻女子，可赠香水、衣服表示情谊；如果红娘是文人，可以书、笔等文具赠之，礼品未必要昂贵，但要做到"礼轻情意重"。

另外，平时逢年过节，夫妇俩也可以登门造访，备一些礼品，以报牵线搭桥之恩。

(2) 走访亲友。传统婚礼有所谓"认大小"的风俗，它是传统亲族观念的反映。在现代社会，此项礼俗也仍然存在。婚后拜访双方的至亲好友，可以说就是突出的表现。经过这种礼节性的拜访，亲友间就会相互熟识起来，接纳新郎或新娘为其成员。一般来说，当他们来拜访，亲友应当给以衷心祝福。

【小贴士】

关于新娘的九个礼仪传说

① 为什么准新郎以钻石订婚戒指向心上人表示此情不渝？

这个传统始于15世纪，当时奥地利大公麦西米伦以钻戒向柏根地的玛丽许下海誓山盟。他的亲信大臣呈文："殿下，在订婚时，您必须送一枚嵌有钻石的戒指。"麦西米伦纳言。这个仪式从此流传至今，已有数世纪之久。

② 为什么新娘要戴手套？

在中古世纪时，准新郎提出来象征着爱的信物，以稳定心上人的心。当时许多绅士送手套给意中人表示求婚。如果对方在星期日上教堂时戴着那副手套，就表示她已答应他的求婚。

③ 为什么钻石订婚戒指要戴在左手的无名指上？

古人认为左手无名指的血管直接通往心脏。中古世纪的新郎把婚戒轮流戴在新娘的三根手指上，以象征圣父、圣子和圣灵三位一体，最后就把戒指套在无名指上。于是左手的无名指就作为所有英语系国家传统戴婚戒的手指。

④ 为什么钻石被视为爱情的最高象征？

热能和压力孕育出颗颗结晶的钻石。钻石是人类目前所知硬度最高的物质。在古代，人们并没有切割钻石的工具和技术。钻石因此自然成为永恒不渝的爱情的象征。而孕育钻石的热能就代表着炽热的爱。

⑤ 为什么新娘穿白色礼服？

自罗马时代开始，白色象征着欢庆。在1850—1900年，白色也是富裕的象征。到了21世纪初，白色代表纯洁的意义就远超过其他。

⑥ 为什么在结婚典礼时，新娘总是站在新郎的左边？

古时候，盎格鲁·撒克逊的新郎常常必须挺身而出，以保护新娘子免得被别人抢走。在结婚典礼时，新郎让新娘子站在自己的左边，一旦情敌出现，就可以立即拔出佩剑，击退敌人。

⑦ 为什么要特别订制结婚蛋糕？

自罗马时代开始，蛋糕就是节庆仪式中不可或缺的一部分。在那个时代，婚礼结束时，人们会在新娘头上折断一条面包。制造面包的材料小麦象征生育的能力。而面包屑则代表着幸运，宾客无不争着捡拾。依照中古时代的传统习俗，新娘和新郎要隔着蛋糕接吻。后来，想象力丰富的烘焙师傅在蛋糕上饰以糖霜，也就成了今天的美丽可口的结婚蛋糕。

⑧ 为什么有蜜月之旅？

“蜜月”(honeymoon)一词的由来起源自古欧洲的习俗。新婚夫妇在婚后的30天内，或直到月缺时，每天都要喝由蜂蜜发酵制成的饮料。古时候，蜂蜜是生命、健康和生育能力的象征。“蜜月”是新婚夫妇在恢复日常生活前，单独相处的甜蜜时光。

⑨ 为什么新郎要抱着新娘跨过门槛？

古罗马的新娘为了表示舍不得离开娘家，必须由人拖着越过新居的门槛。此外，民间还传说门槛上有邪灵环绕着，因此为了保护新娘，新郎就必须把新娘抱起来并跨过去。

三、夫妻礼仪

【小贴士】

致　橡　树

舒　婷

我如果爱你——绝不像攀缘的凌霄花，借你的高枝炫耀自己；
我如果爱你——绝不学痴情的鸟儿，为绿荫重复单调的歌曲；
也不止像泉源，常年送来清凉的慰藉；
也不止像险峰，增加你的高度，衬托你的威仪。
甚至日光。甚至春雨。
不，这些都还不够！
我必须是你近旁的一株木棉，作为树的形象和你站在一起。
根，相握在地下；叶，相触在云里。

每一阵风过，我们都互相致意，
但没有人听懂我们的言语。
你有你的铜枝铁干，像刀，像剑，也像戟；
我有我红硕的花朵，像沉重的叹息，又像英勇的火炬。
我们分担寒潮、风雷、霹雳；我们共享雾霭、流岚、虹霓；
仿佛永远分离，却又终身相依。
这才是伟大的爱情，坚贞就在这里。
爱——不仅爱你伟岸的身躯，
也爱你坚持的位置，足下的土地。

正确处理好夫妻关系，可以增进双方之间的感情，巩固家庭生活。反之，则会彼此疏远，不欢而散，“飞鸟各投林”。夫妻关系，可以说是各种人际关系中最为亲密的一种关系。虽说如此，在处理夫妻关系时，仍须遵守必要的礼仪规范。因为遵守这些礼仪规范，是有助于维护夫妻之间的正常关系的。

1. 互敬

(1) 相互尊重。夫妻之间的正常关系，应当是一种平等关系。夫妻之间的平等关系，必须建立在相互尊重的基础之上。没有相互尊重，夫妻之间就难有平等可言，因而也是不正常的。相互尊重，就夫妻生活而言，应着重注意以下几点：其一，要相互尊重对方的人格。彼此讲话要和气，遇事要进行商量，不要搞“一言堂”，或是一方欺压另一方。其二，要相互尊重对方的个性。每个人的性格不可能与别人完全相同。对夫妻而言，重要的是要彼此适应。其三，要相互尊重对方的兴趣。夫妻之间的事业、爱好并不一定完全一样，但是对对方的正当兴趣，必须持理解、宽容的态度，并且要注意彼此适应。

(2) 相互赞赏。人人都有自尊心，夸奖和鼓励能满足对方的虚荣心。夫妻间也一样，彼此都有优点，当妻子有点成绩，丈夫就应该真诚地赞美几句，这费不了多少事，效果却不可估量。即便配偶的赞美不一定完全合乎事实，但对方仍然喜欢听，从而造成一种良好的家庭心理气氛，并会引起家庭各方面事务良好的连锁反应，求得家庭和睦。在对方经受挫折时，尤须这么做。千万不要当众指责、挖苦、谩骂对方，在其亲友和孩子面前，更不能这么做。

2. 互信

(1) 彼此之间多做交流。遇到问题，要告诉对方；取得成绩，要与对方分享欢乐；拿不定主意，更要与对方多商讨。千万不要拒绝沟通，故作神秘。

(2) 允许对方保守个人隐私。夫妻之间，有时也存在难言之隐。因此，对对方要持宽容的态度，要体谅对方的难处，不要事事较真，样样“打破砂锅问到底”。

(3) 力戒猜疑。聪明的人，就不要没事找事，自寻烦恼，对自己的配偶疑神疑鬼。在这一点上做过了头，必定会伤害对方。

(4) 相互忠诚。爱情是排他的，夫妻关系则更是如此。因此在夫妻之间相互忠诚于对方，是绝对必要的。要在夫妻关系方面相互忠诚，首先就要在“爱”字上做文章。要一如既往地爱护对方，并且想方设法深化对对方的感情。与此同时，要坚决抵制来自外界的诱惑。不以任何借口放纵自己，不存非分之念，不做不忠之事。若是在婚姻之外再去寻求情感慰藉，则是极不道德的行为。

(5) 适当保持距离。什么是宽松？宽松就是善于调节距离。两个人不要捆得太紧太死，以便为爱情留出自由空间。夫妻之间要亲密，但不要无间。人与人之间必须有一定的距离，相爱的人也不例外。婚姻之所以容易终成悲剧，就因为它在客观上使得这个必要的距离难以保持。一旦没有了距离，分寸感便丧失。

结婚是一个信号，表明两人如胶似漆仿佛融为了一体的热恋到达的极限，然后就要降温，这时就要适当拉开距离，重新成为两个独立的人，携手共度一生。然而，人们往往误解了这个信号，反而以为结了婚便是一体了，结果纠纷不断。

好的爱情有韧性，拉得开，但又扯不断。相爱者互不束缚对方，是他们对爱情有信心的表现，谁也不限制谁，到头来仍然是谁也离不开谁，这才是最爱。可有人认为，相爱的夫妇必须绝对忠诚，对各自的行为乃至思想不得有丝毫隐瞒。然而，人生漫长，人之阅历各异，谁没有若干小秘密呢？

其实，只要爱情本身是真实的，这一点点隐秘细节又算得了什么呢！诚然，爱侣之间应有基本的诚实和相当的透明度，但万事都有个限度，苛求绝对诚实反而会酿成不信任的氛围，甚至逼出欺骗和虚伪。一种健全爱侣关系的前提是相互尊重，包括尊重对方的隐私。

3. 互爱

(1) 用美妙的称呼。在婚姻中，称呼起着奇妙的作用。爱人的心思可以通过彼此的称呼揣摩出来，如果你和你的爱人之间还在连名带姓彼此称呼，或者只加一个“小”和“老”，应该马上发明一种更加亲密的称呼。如果你还不习惯在有外人在场的时候称呼“老公”“老婆”或者其他昵称，先在只有两个人的场合熟悉起来。当然，每对恩爱的夫妻都有一个称呼是说不出口的，那是一些特殊的时候才唤的，永远也不能让外人知道。如果你们还没有，那么应该检讨一下，这可不是件小事，是婚姻亮起的第一盏红灯。

(2) 维护形象与美丽。有一句古语“情人眼里出西施”，它有一定的道理，但也不能够绝对化。事实上，夫妻之间依然希望对方的仪容更美一些，举止更有风度一些，穿着打扮更加得体一些，此所谓“爱美之心，人皆有之”。

因此，即使是在家中单独面对配偶时，也要努力维护个人的完美形象。在力所能及的前提下，要经常进行自我修饰，并且注意保持。不要只讲“女为悦己者容”，做丈夫的也有美化自我形象的义务。

另外，在夫妻双方个人魅力方面也要注意适当地有所增进。魅力是指在一个人身上所体现出来的吸引其他人的力量。从根本上讲，一个人的魅力来自其个人修养和精神风貌。因此，在婚后不断学习，并注意保持良好的精神状态是非常必要的。唯有如此，对配偶才会魅力常新，魅力无穷。

(3) 多说一声“我爱你”。夫妻之间的爱情，应当犹如一棵常青树。随着岁月的流逝，双方的爱情应当更加甘美。对于配偶，不搞同床异梦，爱在心里是绝对必要的。然而对对方的心中之爱，必须借助于具体形式表达出来。有些时候，默默而深情地凝视着对方，轻轻说一声“我爱你”，为对方选择一件小礼物，牢记对方的生日与双方的结婚纪念日，都会使配偶由此觉察到无限的爱意。必须切记，对配偶的示爱，是多多益善的。

(4) 倾听、理解、关心妻子。其方式多种多样，如睡前为她冲一杯热牛奶，端到手里，而且每天如此。专门办一个家庭聚会，感谢妻子为家所做的贡献。参加成员可以是夫妇双方共同的好朋友，也可以是家庭三代所有成员，即使只有夫妻两人也一样能够举办一个温馨浪漫的家庭宴会。

当妻子说一件事时，即使那个话题你真的很没兴趣，也要克服自己转换话题或顾左右而言他的欲望。帮助她的工作和事业。很多丈夫认为妻子上班所从事的工作远不如秘书重要。其实，重要不重要除了工作职位、性质和收入外，还要考虑她的感受。让妻子从内心深处感受到丈夫的体贴关心才是最重要的。遇事也要向妻子征求意见，如购置大件商品，干什么大事，均须和妻子商讨。频繁的语言交流，是加强夫妻间思想沟通和情感交融的最有效的方式。

当妻子不断责备某人或诉说某人不是时，不要与她对着干。妻子要获得的并不是公正的评判，而是丈夫对自己的态度。即使你不见得完全同意她的看法，认为那个受指责的人着实冤枉，也不要当场指出，最好的方式是随声附和。大多数情况下，妻子也只是说说而已，等她平复了情绪，自己也会找出不公正的地方。

(5) 体贴妻子。丈夫对妻子要以豁达、谅解、体贴的情怀，在生活上关心，在社交方面支持妻子，去赢得妻子的敬重和爱戴。丈夫应该使妻子享受与男子同等的权利。有一首日本歌曲《男子汉宣言》中有这样两句话，“在你嫁给我之前，我有话要对你说，……你不能比我睡得早，不能比我起得晚……”。在这里诙谐地勾画了一个大男子主义者的真实心理。身为丈夫不要把在社会上扮演的角色带回家中，俨然是一家之主，从不买菜、不洗衣服、不做饭、不接送孩子。男的不分担家务，把一切都放在妻子肩上，对这样的丈夫只能说他是不会体贴妻子的。

(6) 夫妻心里装着对方。如记住对方的生日，尤其是女性，对自己的生日或结婚纪念日记得特别准，一束鲜花、一件小礼品会令妻子激动不已；又如，外出回归莫空手。只要丈夫心里有妻子，外出购来的一套衣服、一份化妆品、一件工艺品就会换来妻子的温柔与体贴。

不少妻子一旦有了孩子就把感情马上转移到孩子身上，甚至连自己的言行举止、装饰容貌都不讲究，披头散发像个黄脸婆，连丈夫的亲近也当作没有瞧见；其实，父母感情融洽、家庭气氛和谐，都是孩子顺利成长的首要条件。

【小案例】

尽量使对方满意

甲乙两对夫妻，丈夫都做小生意。这天，甲丈夫回家，告知妻子：“今天赚了200元。”妻子冷冷地说：“就只有200元？”“你以为钱好赚吗？”丈夫心中充满埋怨。第二天他故意分文不带，好让妻子知道赚钱的辛苦。

而乙的妻子见丈夫赚回200元，欢天喜地地说：“真不错，今天的开销有着落了！”乙心中暗喜。“200元算什么，明天还会更多！”他高兴而又带点自傲地回答老婆。第二天，他带回来400元。

【点评】 家庭中，夫妻双方如果处处为对方着想，尽量让对方心情舒畅，你自己也会得到快乐和收获，投之以桃报之以李，何乐而不为啊。学一学乙的妻子，家中的日子定会其乐融融。

4. 互让

(1) 避免争吵。夫妻长期相处，难免发生口角，此时应注意避免恶语伤人、忌“翻旧账”、忌“回娘家搬救兵”、忌人身攻击。为尽量避免夫妻之间争吵，或降低争吵程度，应注意这几点：一是多尊重少责备；二是主动认错、勇于自责；三是多一分幽默，多一点宽容；四是善于总结分析；五是手下留情，不乱摔东西，因为家产无罪。

(2) 不要强迫改变对方。生活中有不少的男人和女人，都在拼命地去改变伴侣，要求伴侣跟随自己的喜好，强迫伴侣做些超过自身能力以外的事情。如果每个人的爱好、能力相同，这世界也就全然没有色彩，成了一张白纸。不是每个人都可以当将军的。所以，对于不感兴趣、没有把握的事，千万不能强求你的伴侣。只能尽量鼓励他、协助他，更要爱他。绝不能强迫地改变他，企图达到一个在他能力之外他不能达到的目标。

(3) 照顾伴侣兴趣。比如看电视，妻子喜欢看戏剧，丈夫喜欢看体育，如果能把两个“我”融合在一起，相互谦让、相互照顾对方的兴趣，就会使对方体会到一种爱、一种理解和支持，夫妻感情就会得到进一步升华。

5. 互谅

在夫妻之间，需要相互支持，相互帮助。但是彼此之间的相互谅解，从某种意义上讲，是更为重要的。谅解对方，就是体贴对方。

要对配偶真心实意地爱护、支持，就必须对其行为予以谅解。不要总是站在自己的立场上去看问题，出主意，想办法，遇事要善于替对方设身处地多想一想。

尤其应当注意，在对待个人工作、家庭支出、子女培养以及孝敬父母等一系列非常实际的问题上，既要提倡夫妻之间有事多讨论，多商量，又要对对方已经做了的事加以体谅，不要与对方斤斤计较，求全责备。

夫妻长期在一起生活，为了和睦相处，必须对对方的缺点和失误大度一些，不能过于指责和挑剔。生活中夫妻双方性格、爱好、生活方式等存在着差异是正常的，当这种差异发展成为矛盾时，必须以一方的妥协才能告终。这时，只能是有一方妥协，才能化解矛盾，否则可能导致矛盾激化。

在家庭经济问题上，也要讲究互谅。夫妻双方藏“私房钱”，不外乎以下几个原因：一是感情不和，自备退路；二是赡养父母，意见不一；三是家庭消费，各有所好；四是经济拮据，互不相让；五是互不平等，限制过死等。无论哪种原因，都说明家庭的责任感淡薄，夫妻的信任感淡漠。因此，家中钱物归谁保管，这无所谓，关键是双方都应享有理财权，切不可一方独揽大权。家庭重大消费决策需要双方协商、共同决定，家庭生活开支提高透明度，使双方都有责任花好钱、理好财。

【小贴士】

了解爱人

真切地关注才是爱。心理学家认为，对爱人了解得越深，就越能赢得对方的欢心。那么，该从哪些方面去了解和关注对方呢？请选择你喜欢的几种方式。

① 爱人的生日及你们的结婚纪念日。

② 爱人父母的生日。

③ 爱人最喜欢什么、最怕什么？

④ 爱人最喜欢吃什么、玩什么？

⑤ 爱人最喜欢穿什么颜色的衣服？梳何种发型？

⑥ 爱人最欣赏你的哪一点？

⑦ 爱人最想要的节日礼物是什么？

⑧ 爱人最喜欢的鲜花是哪种？

⑨ 爱人最爱看哪种类型的书籍？

⑩ 爱人最爱看哪种类型的电影？

【小幽默】

幽默的苏格拉底

古希腊哲学家苏格拉底是一个颇有幽默感的人，有一次，他正对一群学生讲学，他的妻子对他这种高坐清谈早就不满了，开始是唠唠叨叨，继而是指桑骂槐，后来干脆将一盆洗碗水泼了过去，学生们不知如何是好，而苏格拉底则不紧不慢地说："我早就知道，雷鸣过后，定有大雨。"他妻子也忍不住笑了出来，紧张的气氛一下子缓和了下来。

第三节 邻里相处礼仪

【小案例】

紧张的邻里关系

住在楼上的邻居在阳台上养了不少盆花，浇水时，常把水淋到楼下晾晒的衣服上。楼下居民一看楼上浇花，就在楼下阳台上假装骂狗"瞎了眼""撒尿"，每看见邻居在场，故意说一些道听途说的"缺德"事，然后说"现在缺德的人真不少"。邻居也听出对方是在故意骂自己，下回浇花时故意往楼下倒水，听见骂声也跟着骂，两家的关系一天比一天紧张。

【点评】 邻里发生矛盾，即便自己完全有理，也不能得理不饶人。邻居家的有些做法确实影响到了自家利益，也不应该怒火中烧，指桑骂槐，没完没了。要心平气和地给邻居讲清自己的意见，听听对方的想法，给邻居一个考虑和改正的时间。切不可自恃有理，就逼人太甚，以致矛盾激化，有理变成了无理。

中国有句话："远亲不如近邻。"邻里交往是最频繁的社会交往、低头不见抬头见嘛。注意与邻里之间的友谊，建立一种顺畅和谐的邻里关系，可以使我们生活的质量更高。

一、邻里相处的原则

1. 以礼相待

要具有与邻居和睦相处的友好愿望，要以礼相待，平时见面要互相打招呼，并行点头礼或招手礼，不要旁若无人，径直而过。要正确称呼：比自己父母辈分人的称呼：爷爷、奶奶；与自己父母同辈但岁数大的称呼：伯父、伯母；与自己父母年龄相仿或比父母年龄小的称呼：叔叔、婶婶等。

2. 互谅互帮

不打扰左邻右舍，早出晚归进出居室要保持安静，不要大声喧哗和说笑；使用音响设备要掌握适宜的音量；尊重邻居的生活习惯。日常生活中，对邻居的老人和小孩，要给以尊重和照顾，特别是孤寡老人，当他们行动不便或遇到困难时，要及时给以帮助。如在楼道里或窄小的地方遇到长辈，要主动让路，请长者先走，遇到老人，应上前去搀扶。见到邻居提、搬重物，要主动让路，不能抢上抢下或挤上挤下，还应主动询问是否需要帮助。

3. 友好相处

不背后议论、猜疑；不去打听邻居的私事。对于公用场地，不要随地吐痰，不乱扔废弃物，并能主动清扫。向邻居借用东西要有礼貌，如轻轻敲门，等主人开门后用请求、商量的口气说明来意，归还时要表示谢意。借邻居家的东西要小心使用，十分爱惜，不要弄坏弄丢。如果万一损坏要主动赔偿，并赔礼道歉。如果主人不要求赔偿，除了当面赔礼道歉外，最好以别的方式弥补人家的损失。借用的东西使用完之后应立即送还，不要忘还，更不能让邻居来要。如需延长借用的时间，应向邻居说明，经同意后再继续使用。一般较贵重的东西，最好不去借。

【小幽默】

另一只鞋

有这样一段相声：一个老大爷住在楼下，一个二十多岁的年轻人住在楼上，老人晚上休息得比较早，而年轻人则总是很晚才回来。偏偏这个年轻人总是穿一双皮靴，走起路来动静极大。每天晚上，老人总会被年轻人弄出的巨大声响从梦中惊醒。从上楼到脱掉两只皮靴，老人只好等年轻人安静下来才继续入睡。终于有一天，老人忍不住告诉年轻人："希望你晚上回来时能轻一些。"年轻人也很抱歉，答应以后小心。可是就在当天晚上，晚归的年轻人忘记了老人的嘱咐，直到脱掉一只鞋后才想起来，后悔莫及，于是他轻轻地脱掉另一只鞋上床睡觉了。第二天老人又找到年轻人，抱怨道："昨天我一晚上没睡，就等着你把另一只鞋也脱了。"

二、邻里交往五忌

每一家都有自己的邻居，每一家又都是别人家的邻居。邻居交往有两大特点：一是天天见;二是生活琐事多。这就决定了邻里之间要常常注意避免发生无原则的矛盾。

1. 忌以邻为壑

有些人心眼小、私心重,在邻里生活中总怕邻居沾了自己的光,反过来自己却总想瞅机会沾别人家的光,甚至明里暗里做些损害邻居利益的事。这在邻里交往中是最忌讳的,其结果只能在邻居中孤立自己。

2. 忌"各扫门前雪"

邻里交往中,持这种态度的人不在少数,以为邻居间避免矛盾的办法就是少相互掺和,自家管自家最好,少数人家甚至发展到"老死不相往来"。事实上,邻里之间自顾自的做法绝不是上策,俗话说"远亲不如近邻",谁保证自己在日常生活中不发生需要别人帮助的事情?到那时候,好邻居的作用可大呢。

3. 忌在邻居间说长道短,搬弄是非

邻居交往,所谈多是家常琐事,稍不注意,就会扯到邻居的长短是非上来,这是邻里团结的一个大威胁。当然,如果是为了解决邻里不和,大家谈一谈,共同想办法搞好团结,这是正常的。如果只是挖苦、嘲讽、攻击别的邻居,有意挑拨邻里关系,这绝不是应取的态度。

4. 忌无端猜疑

有时候,邻里纠纷倒不是有人挑拨产生的,而是纠纷的一方无端猜疑导致的。即使是一家人也免不了有思想上的分歧,何况邻里间要做到完全消除戒备,没有任何疑心,恐怕也是不现实的。关键在于,是合理猜想还是无端猜疑。前者多是理智考虑,后者则多是感情用事,所以无端猜疑最容易产生误会,给邻里关系造成不利影响。

5. 忌自以为"常有理"

邻里交往中发生矛盾,应多做自我批评,但有些人总喜欢指责别人家,总觉得自己家正确,胳膊肘总往里拐。最明显的要算对待孩子方面的事了,邻居间孩子闹矛盾,有些家长总是偏袒自己的孩子,不管有理没理都不让人,表面上是护孩子,其实是害了孩子,助长了孩子的蛮横心理,而且恶化了邻里关系。所以,在邻里交往中自恃"常有理"的做法实际上是很不明智的。

三、居住的礼仪

如果住在平房,一墙之隔,邻居间的来往就多一些,关系就密切一些。因此,更应注意处理好邻里关系。

保持自家院落的安静整洁。在院落里不要喧哗、吵闹,清晨、午休、深夜尤其要注意,以免影响、惊扰邻居。不要往自家院外随便丢弃垃圾、杂物。要爱护花草树木,不要摘花。自家门前的道路脏了,应主动打扫,搞好环境卫生。冬季雪后,要主动和邻居一起清扫积雪,把周围环境打扫干净。

要爱护公共设施,自觉地节约用水、用电;头脑中要有"公共"意识,不要占用公共地方,不要影响邻居的活动,不要侵占他人的空间。

要懂得谦让,团结互助,不吵嘴打架。电视机、录音机的音量都不宜过大,否则不仅会打扰邻居休息，也会影响邻里关系。

同时，随着城市化进程的加快，越来越多的人告别平房而住进了楼房。住楼房更不能忽视礼仪。

搬动桌椅要轻些，尽量不在屋里砸东西；不要穿带跟、带钉的皮鞋在屋里走来走去，最好一进门就换拖鞋、布鞋等不会发出响声的鞋子，不要在屋里乱跑乱跳或将东西使劲往上扔等。

不要往楼下倒污水或扔脏物。在阳台上浇花草时，小心不要把水洒到楼下，以免污染下面住户晾晒的衣物及室外环境；放在阳台栏杆边沿的花盆或其他杂物应固定好，避免被风刮落或不慎碰落，造成伤害。

做饭洗菜时注意，不要堵塞下水道，那样会给整栋楼的人家带来麻烦。

如果家里有事可能会影响邻居，要事先打个招呼，请求谅解担待。

注意公共楼道礼仪。楼道属于公共场地，上下楼梯，脚步尽量放轻些，不要跑上跑下打打闹闹。保持楼道整洁。不在楼道里丢弃果皮纸屑，不要乱写乱画；倒垃圾时，要格外小心，不要把垃圾撒到楼道里，一旦撒出立即清扫干净。住户要主动去清扫楼道。不要占用楼道，有的人在楼道里堆杂物，有的把电动车停放在楼道里，这样会给邻居造成不便。如果我们的家人这样做了，应说服家人，把东西挪开，给别人上楼下楼留下方便舒适的空间。

【小贴士】

养宠物的注意事项

① 按规定登记和体检。在饲养宠物之前，及时带宠物办理饲养证，注射疫苗等，不要私自养宠物，影响邻居生活。

② 注意安全和卫生。在公共场所携带宠物时，要用绳链进行束缚，避免给他人带来恐惧或伤害。并及时清理宠物的排泄物，以防止污染城市环境。

③ 不要带宠物进入禁止宠物入内的公共场所。不要带宠物乘坐公共汽车、地铁，去饮食店等，以免引起一些顾客的不安和反感。

④ 妥善安排宠物。出门走亲访友时，要妥善安排自己的宠物。如果将宠物带出去，要事先征得亲友的同意，以不影响对方生活为原则。

⑤ 不要随意抛弃宠物。饲养宠物是人类爱生命，关爱动物的表现，不能对宠物喜则宠，厌则弃，使流浪宠物成为传播疾病的安全隐患。

案例讨论

日　记

人们常说家庭是社会的细胞。可是，一个小小的社会细胞也会有许多风波。

有一次，我看完电影带着满意的心情走回家。“妈，我回来了。”我推门喊着，没人答应。大厅里静悄悄的。这时，我发现我房里有灯光，便悄悄地推开了房门。哦，妈妈正坐在写字台旁翻看我的日记本。这时,我一股怒潮从心底涌到头顶。这日记是多年来伴随我的密友,是我的私人秘密呀,别人怎么能随便翻阅呢?“您怎能偷看我的日记?”“我都是为你好,你不让我看你的日记,我知道你成天想些什么?”这时我的双眼模糊起来了,接下来的话我没听,我猛一转身,“砰”地关上门出去了。后来一整个星期我都没跟妈妈说过一句话,虽然我愤怒的情绪已经渐渐消退,但我对妈妈仍然怀有怨恨的心情。

又一个星期过去了。一天,我刚放学回到家,忽然发现我房间的写字桌上有一本带锁的日记本。粉红色的日记本上有一张纸条,上面写着:“婷婷,上次妈妈看了你的日记是不应该的,妈妈错了,原谅妈妈吧。”看着妈妈写的字条,我情不自禁地冲向厨房,高兴地喊了一声:“妈妈!”

思考题:

(1) 家长应该怎样与子女相处?

(2) 本案例对你有哪些启示?

家中没有女王

英国女王维多利亚有一次独自参加一个社交活动,深夜才回到寝宫。

她敲门,只听丈夫在房内问:“谁?”

“我是女王。”女王回答。可是门却没开。

女王再敲门,丈夫又问:“谁呀?”

“维多利亚。”女王答道。

门仍然没有开。女王在门口犹豫了一会儿,又一次敲门。

丈夫仍然问:“谁呀?”

这一次,女王温柔地回答:“你的妻子。”

门终于开了,丈夫热情地将妻子迎了进去。

英国女王终于明白,家中只有妻子,没有女王;在家里,她与丈夫的人格是平等的。

思考题:

(1) 夫妻相处应该注意哪些礼仪?

(2) 本案例对你有何启示?

孟母择邻

战国的时候,有一个很伟大的学问家孟子。孟子小的时候非常调皮,他的妈妈为了让他受好的教育,花了好多的心血呢!

他家住在墓地旁边,有一次,孟子就和邻居的小孩一起学着大人跪拜、哭嚎的样子,玩起办理丧事的游戏。孟子的妈妈看到了,就皱起眉头:“不行!我不能让我的孩子住在这里了!”孟子的妈妈就带着孟子搬到集市旁边去住。到了集市,孟子又和邻居的小孩,学起商人做生意的样子。一会儿鞠躬欢迎客人、一会儿招待客人、一会儿和客人讨价还价,表演得像极了!孟子的妈妈知道了,又皱起眉头:“这个地方也不适合我的孩子居住!”于是,他们又搬家了。这一次,他们搬到了学校附近。孟子开始变得守秩序、懂礼貌,喜欢读书。这个时候,孟子的妈妈很满意地点着头说:“这才是我儿子应该住的地方呀！”

后来，大家就用“孟母三迁”来表示人应该要接近好的人、事、物，才能学习到好的习惯！

思考题：

(1) 孟母为何“三迁”？

(2) 本案例对现代人有何启示？

实训项目

1. 家庭相处礼仪训练

(1) 学生分成小组，每组 5～6 人，每组设计不同家庭生活的片段，自编、自导、自演《家有儿女》短剧，形成富有吸引力的剧情，反映家庭礼仪的一个侧面，并形成剧本。

(2) 每组学生按照编写的剧本进行表演，用手机或者数码摄像机记录整个过程。

(3) 投影回放，学生自我评价，授课教师总结点评学生存在的个性和共性问题。

(4) 全班评选出“最佳编剧组”和“最佳表演组”。

训练手记：通过训练，我的收获是____________________。

2. 制订“邻里文明公约”

(1) 学生分成小组，每组 5～6 人，每组选一名同学担任楼长，其他人为居民，大家一起编写一份“邻里文明公约”，字数为 100～200 字，形式不限，应浅显易懂，朗朗上口。

(2) 针对这份“邻里文明公约”，各组研究一下，将通过何种方式让邻里知晓。

(3) 各组楼长在全班向大家宣布自己的“邻里文明公约”和让邻里知晓这份公约的操作方式。

(4) 学生自我评价，授课教师总结点评学生存在的个性和共性问题。

(5) 全班评选出最佳“邻里文明公约”。

训练手记：通过训练，我的收获是____________________。

课后练习

1. 因为一件生活琐事，你的意见和父母相左，此时你怎样做才符合作为子女的礼仪要求？

2. 试向父母表达感激之情，选择适当的时机说：“谢谢爸爸、谢谢妈妈！”然后将你的感受与同学们分享。

3. 在吃饭时和家人一起分享本章所介绍的“家庭起居礼仪”中的“进餐礼仪”。讨论其中合理与可借鉴处，形成统一意见后践行之。

4. 男女自由结组，讨论并归纳当代好妻子、好丈夫的10条标准。

5. 请阅读下面两段话，然后谈谈你的看法。

(1) 将要出嫁的女儿忐忑不安地向母亲讨教怎样抓住丈夫的心。母亲一声不响，抓来一把沙子交给女儿，让女儿用力抓紧。可女儿越是用力，沙子就会越快地从手指缝中溜走，最后，手里只剩下很少的一点沙。母亲意味深长地说，婚姻的真谛在于如何让自己保持吸引力，而不是想方设法地限制对方，否则只能适得其反。只要你可爱，就永远会有人爱你。

(2) 新婚的妻子要求丈夫每天必须夸她一点点。丈夫是个不善言辞的人，他把妻子的手按到他胸口说，爱在这里面。可妻子说，你说的爱我看不到。丈夫被缠得无奈，只好看了妻子一会儿，憋出一句："你的头发真不错。"妻子听到这一句赞语，认真地在镜子前摆弄了半天：自己的长发果真漂亮极了，飘逸如瀑。这以后，妻子每天都要向丈夫"索要"一句赞语，丈夫于是慢慢地夸开了：妻子烧的菜好吃；买的窗帘好看；读书的品位高；举止十分优雅等。总之，妻子身上的亮点，被丈夫一点一点地挖掘出来，加在一起，竟凝成"璀璨的宝石"，妻子焉能不醉？她因此变得光彩照人。而丈夫也很自得：天底下这么好的女人被我娶回了家，焉能不乐？配偶之间应随时随地发现对方的优点，并立即赞赏之、歌颂之，而不要埋没了自己的"发现"。

6. 请对以下发生在邻里之间的事例，谈谈你的看法。

(1) 在一栋居民楼的8层，住着一位三十五六岁尚未婚配的女士。6层的一位居民总是非常好奇，坐电梯遇到8层的另一户居民时经常问："你家隔壁的闺女还没出嫁呢？有对象了吗？是不是有什么毛病啊？"过了一阵，看还没动静，她会接着问："听说楼上的以前离过婚，是不是受了刺激不愿意找对象了？她妈特着急吧？"每当这位"热心"邻居发问时，一起乘坐电梯的人总是感到很尴尬，一声不吭似乎不礼貌，接话茬儿更不合适，唯有勉强笑笑以示回应。

(2) 住在平房院的一对夫妻经常吵架，经常扯着嗓门大喊，吵得四邻六舍都听得一清二楚。邻居张某平常与这对夫妻关系很好，听到双方吵得没完没了，于是上门去劝架。她一开口就批评吵架的妻子："大哥每天在外辛辛苦苦挣钱，不抽烟不喝酒的，你还不满足，天天跟大哥吵什么呀，把家务事做好就行了。"没说几句，吵架的妻子转而和这位邻居吵上了："你是不是看上我家大哥了？你这么向着他？"

(3) 几个年轻人合租一套房子。他们都养成了晚上不睡、早晨不起的习惯，每天过了午夜12点，流行音乐还在"砰砰"直响。楼下的邻居有神经衰弱的状况，每天被这些音乐搞得头痛欲裂。提了几次意见，音乐声倒是小了，可是那几个人穿着硬底鞋一趟趟在屋里走动直到凌晨才消停下来，邻居每天都为此苦恼不已。

(4) 有一栋居民楼是单位的宿舍，里面住的都是同事。有当总经理的，有当部门主管的，也有普通的工作人员。总经理的太太已经退休在家，她总觉得自己是这个楼里的"长者"和"长官"，谁家都得让她三分。比如她喜欢安静，谁家孩子在楼道里玩耍吵闹，她就要批评这家的家长；谁家装修，她说自己每天午休要到3点，所以装修工人只能3点才开始干活。时间长了，楼里的人都噤若寒蝉，心中怨气不小。

(5) 有两家邻居，住了几年彼此都不认识。有一天，其中一家三岁的小孩出门碰上邻居，见面就叫“阿姨好”，对方愣了一下，也随口跟着说“你好”，然后与大人打招呼。小孩只要见了邻居家的人，都会叔叔阿姨叫个不停，两家大人终于开始熟识起来，见面也亲切自然多了。

7. 如果你家准备装修房子，请谈谈应该怎样避免邻里纠纷。

第四章 日常交际礼仪

生活中最重要的是礼貌,它比最高的智慧,比一切学识都重要。

——[俄]赫尔岑

礼尚往来,往而不来,非礼也,来而不往,亦非礼也。

——《礼记·曲礼上》

学习目标

通过本章的学习,应该达到以下目标。

知识目标:在交际中能够得体地称呼对方;得体地进行自我介绍、他人介绍,更好地与人相识;熟练运用标准的握手、鞠躬等见面礼节;能够恰当地选择礼品,互赠礼品;正确地运用鲜花表达情意。

能力目标:能规范自身言行,提升交际能力;自主学习新知识,能够利用网络媒体资源查找与会面礼仪相关的知识。

思政目标:树立传承文化、开拓创新的意识;具有良好的审美情趣,努力提升个人整体形象;具有团队意识和协作精神。

案例导入

程门立雪

北宋时期,福建将乐县有个叫杨时的进士特别喜欢钻研学问,到处寻师访友,曾先后就学于著名学者程颢、程颐兄弟门下,到洛阳伊川书院求学。

一天,杨时与同师门的游酢去向程颐请教,赶上老师正在屋中打盹儿。为不惊醒老师,两人静立门口,等老师醒来。一会儿,空中飘起鹅毛大雪,越下越大,游酢冻得实在受不了了,几次想叫醒老师,都被杨时拦住了。

程颐一觉醒来,发现门外站着两个雪人,深受感动,从此更加尽心尽力地传授学识于弟子。杨时不负众望,终于学到了老师的全部学问。之后,杨时回到南方传播程氏理学,且形成独特学派,世称“龟山先生”。

思考题:

1. 日常交际中应注意哪些礼仪?
2. 本案例对你有何启示?

机会隐藏在细致、体贴的礼仪之中，日常交际礼仪体现了一个人的素养，事业的成功就建立在此基础上。

第一节　见　　面

【小案例】

见　　面

张薇高中毕业后，10 年未与高中的同学见过面。在今年 8 月 6 日的同学聚会中，她的同学童谣一见面时就问："喂，还记得我的名字吗？"张薇微笑着摇摇头，"抱歉，想不起来了。"童谣开口就说："真是贵人多忘事，连老同学都想不起来了，你的眼角怎么就长皱纹了，是不是没有保养。"张薇听了很不高兴，马上就想走。童谣也意识到自己说的话有些不太礼貌，对多年没见的同学不应那么随意，最终弄得彼此都非常尴尬。

【点评】 见面问候是我们向他人表示尊重的一种方式。见面问候虽然只是打招呼，是简单的三言两语，却代表着我们对他人的尊重。多年不见的人，要注意语言的表达方式，不要口无遮拦，以免造成双方的不快。

一、问候

问候，即与人见面时微笑、点头问好、打招呼，或以语言向对方致意的一种方式。问候的礼仪要求注意问候的次序、态度、方式、内容等。

1. 问候的次序

(1) 一个人问候另一个人。讲究"位低者先问候"，即辈分、身份较低者首先向辈分、身份较高者问候。如晚辈先问候长辈、下级先问候上级、主人先问候客人、男士先问候女士。

(2) 一个人问候多人。如果同时遇到很多人，可以笼统地加以问候，比如说"大家好"；也可以逐一加以问候。当逐一问候许多人时，可以按由尊而卑、由长而幼的次序进行，也可以采用由近及远的次序进行。

2. 问候的态度

(1) 主动。遇到认识的人要积极主动地问候对方。当他人首先问候自己时，要立即热情地予以回应，不能不理不睬失礼于人。

(2) 热情。问候他人时，通常要表现得热情、友好。面无表情地问候还不如不问候。

(3) 自然。主动、热情地问候他人，更要表现得自然大方。问候时，要面带微笑，注视对方的双眼，并且要专心致志。

(4) 专注。问候的时候，要面含笑意，以双目注视对方的两眼，以示口到、眼到、意到，专心致志。不要在问候对方的时候，眼睛已经看到别处，让对方不知所措。

3. 问候的方式

(1) 语言问候。一般熟人相见，使用频率最高的问候语是"你好"或"您好"，另加"好久没见,近来可好(怎么样)”等。问候语应根据不同场合、不同对象而灵活机动,总的原则是越简单越好。随着社会的发展进步,人们越来越喜欢用“你好”或“您好”来表达见面时的喜悦和礼貌。

(2) 动作问候。动作问候有点头、微笑、握手、拥抱、吻礼、鞠躬等。与外国人见面时,视场合、对象的不同,礼节也不同。对日本人等多数东方国家来说,鞠躬是最常见的。欧洲人则更喜欢拥抱的礼节。

【小贴士】

路遇的问候

① 遇到不太熟悉的异性。很多人都有这样的感受,就是在路上遇到不太熟悉的异性会觉得尴尬,不打招呼显得不礼貌,打招呼又不太好意思,或怕对方误会。正确的做法应该是一位女士偶然在路上遇见不熟悉的男士,应点头招呼,但不要显得太热情,也不要用冷冰冰的面孔来点头;一位男士在路上偶然遇见不太相熟的女士,应首先打招呼,但表情不可过分殷勤。

② 遇到很久不见的老朋友。遇到很久不见的老朋友时,不要大声惊呼,也不要隔着几条马路或隔着人群就大声呼唤,如果边喊边横穿马路,那是非常危险的。在问候之后,如果还想多谈一会儿,应该避开拥挤的行人,找一个相对安全和安静的地方谈,或另约时间、地点继续交谈,不要站在来往人流中进行攀谈。

③ 两人以上同行,遇到熟人。两人以上同行遇到熟人时,你应主动介绍一下这些人与你的关系,如“这是我的同事”或“这是我的朋友”,但也没有必要一一介绍;然后应向同伴们介绍一下你的这位熟人,但也只要说一下他(她)与你的关系即可,如“这是我的邻居”,被介绍者应相互微笑,点头致意。

如果是两对夫妇或两对情侣在路边,互相致意的顺序应是女士们首先互相致意,然后男士们分别向对方的妻子或女友致意,最后才是男士们互相致意。

4. 问候的内容

(1) 直接式。直接式问候就是直截了当地以问好作为问候的主要内容。它适用于正式的公务交往,尤其是宾主双方初次相见。

(2) 间接式。间接式问候就是以某些约定俗成的问候语,或者在当时条件下可以引起的话题,主要适用于非正式、熟人之间的交往。比如,“忙什么呢”“您去哪里了”等,来替代直接式问好。交谈者可根据不同的场合、环境、对象进行不同的问候,常见的问候语有以下几类。

① 表示礼貌的问候语。如“您好”“早上好”“节日好”“新年好”之类。根据问候对象的不同,如从年龄上考虑,对少年儿童要问:“几岁了?”或者问:“上几年级了?”对成年人问:“工作忙吗?”从职业上考虑,对教师可以问:“今天有课吗?”对作家问:“又有大作问世了吧?”对朋友、邻居、同事的问候就更为丰富了,如果用得好能密切关系、增进友谊。

② 表示思念之情的问候语。如“好久不见,你近来怎样?”“多日不见,可把我想坏了!”等。

③ 表示对对方关心的问候语。如“最近身体好吗?”“来这里多长时间了,还住得惯

吗?”“最近工作进展如何,还顺利吗?”等。

④ 表示友好态度的问候语。如“生意好吗”“在忙什么呢”等这些貌似提问的话语,并不表明真想知道对方的起居行止,往往只表达说话人的友好态度,听话人则把它当成交谈的起始语予以回答,或把它当作招呼语不必详细作答,只不过是一种交际的媒介。

【小故事】

令人乏味的问候

四海公司的王经理到沿海某市出差,住在当地的一家较为高档的酒店。当他到餐厅用午餐走出电梯时,站在电梯口的一位女服务员很有礼貌地向他点头,并且说:“您好,先生!”他微笑着回答道:“中午好,小姐。”当他走进餐厅后,迎宾员也很有礼貌地对他说:“您好,先生!”他微笑地点了一下头,没有开口。

王经理吃完午饭后,顺便到饭店内的庭园走走。当他走出大厅时,门口的一位男服务员又是同样的一句话:“您好,先生!”这时王经理只是敷衍地略微点了一下头,已经不耐烦了。当王经理重新走进大厅时,不料迎面而来的仍然是那个男服务员,“您好,先生!”的声音又传入他的耳中,此时王经理已心生反感,漠然地径直向电梯走去,准备回客房休息。谁知在电梯口仍碰见原先的那位服务员小姐,又是一声:“您好,先生!”王经理这时已忍耐不住了,开口说:“难道你不能说一些其他的话同客人打招呼吗?”

【点评】 工经理之所以会产生反感,主要是因为该饭店的几个服务员在短短的时间里,多次和同一个客人照面,却只会机械呆板地使用同一敬语进行问候,反而会给客人造成诚意不够、没有从内心深处表达敬意的印象。

二、称呼

在交际中,双方见面时,如何称呼对方,这直接关系到双方之间的亲疏、了解程度、尊重与否及个人修养等。一个得体的称呼,会令彼此如沐春风,为以后的交往打下良好的基础;否则,不恰当或错误的称呼,可能会令对方心里不悦,影响到彼此的关系乃至交际的成功。

【小故事】

叶永烈采访陈伯达

著名传记作家叶永烈在着手写陈伯达传记时,必须采访陈伯达,采访时究竟怎样称呼陈伯达,叶永烈颇费了一番心思。采访的前一天晚上,叶永烈辗转反侧,明天见到了陈伯达到底该怎么称呼他呢?叫他陈伯达同志不合适,因为陈伯达是在监狱服刑的犯人;叫他老陈也不行,因为陈伯达已经是84岁的老人了,而自己才48岁,究竟应怎样称呼他呢?突然叶永烈灵机一动,称呼他陈老,这是再恰当不过的称呼了。果然,第二天采访时,叶永烈一声“陈老”亲切得体的称呼,令陈伯达听了感动万分,眼里充满了泪花。由此可见,一个得体的称呼真可谓交际的“敲门砖”啊!

1. 常用的称呼

(1) 职务性称呼。即以交往对象的职务相称,以示身份有别、敬意有加。这是一种最常见的称呼，一般在较为正式的职业场合，如官方活动、公司活动中使用。这种称呼具体可以分为三种情况：一是只称职务，如董事长、市长等；二是职务前加上姓氏，如王总经理、张市长等；三是职务前加上姓名，如王平主席、李明局长等。

(2) 职称性称呼。对于有专业技术职称，尤其是具有中高级职称者，可以直接以其职称相称。这种称呼具体也可以分为三种情况：一是只称职称，如教授、工程师等；二是职称前加上姓氏，如李教授、刘工程师等；三是职称前加上姓名，如刘亚珍教授、吴俊明工程师等。

(3) 行业性称呼。在职场中按所从事的行业进行称呼，一般可以直接以职业作为称呼，如老师、医生、会计、律师等。此类称呼前均可以加上姓氏或姓名，如汪老师、张医生、李敏律师等。

(4) 学衔性称呼。在职场中按对方的学衔进行称呼，一般可以增加被称者的权威性，也有助于增强现场的学术气氛。这种称呼具体可以分为四种情况：一是只称学衔，如博士；二是学衔前加上姓氏，如王博士；三是学衔前加上姓名，如王小明博士；四是将学衔具体化，说明其所属学科，并在后面加上姓名，如生物工程学博士王小明。这种称呼最正式。

(5) 姓名性称呼。在职场中直接称呼姓名，一般只适用于同事、同学和熟人之间。这种称呼具体也可以分为三种情况：一是直呼姓名，如王力江、李大鹏等；二是只呼其姓，不称其名，一般要在姓氏前面加上"老""小""大"等前缀，如老刘、小王、大赵等；三是只称其名，不称其姓，一般在亲友、同学、邻里间使用，尤其适用于上级称呼下级、长辈称呼晚辈，如岩松、艳洁等。

(6) 性别性称呼。对于从事商界、服务性行业的人，一般约定俗成地按性别的不同分别称呼"小姐""女士""夫人""先生"，"小姐"是对未婚女性的称呼，"夫人"是对已婚女性的称呼，"女士"是对已婚或婚姻状况不明确者的称呼，"先生"主要是对男士的称呼。

【小故事】

小姐还是太太

一位先生为外国朋友订做生日蛋糕。他来到一家酒店的餐厅，对服务员小姐说："小姐，您好，我要为我的一位外国朋友订一份生日蛋糕，同时打一份贺卡，你看可以吗？"小姐接过订单一看，忙说："对不起，请问先生，您的朋友是小姐还是太太？"这位先生也不清楚这位外国朋友结婚没有，从来没有打听过，他为难地抓了抓后脑勺想想说："小姐？太太？一大把岁数了，太太。"生日蛋糕做好后，服务员小姐按地址到酒店客房送生日蛋糕，敲门，一女子开门，服务员小姐有礼貌地说："请问，您是怀特太太吗？"女子愣了愣，不高兴地说："错了！"服务员小姐丈二和尚摸不着头脑，抬头看看门牌号，再回去打电话问那位先生，没错，房间号码没错。再敲一遍，开门，"没错，怀特太太，这是您的蛋糕。"那女子大声说："告诉你错了，这里只有怀特小姐，没有怀特太太。""啪"的一声，门被用力关上，蛋糕掉到了地上。

2. 称呼的禁忌

(1) 忌使用错误的称呼。如因字多音而叫错对方的姓氏，误称未婚女性为夫人等，容易使人产生不悦或误会。

(2) 忌使用过时的称呼。如对官员使用“老爷”“大人”等已过时的称呼,不符合现代社会的标准,显得不伦不类。

(3) 忌使用不通行的称呼。如南京人爱称人为“师傅”、山东人爱称人为“伙计”,这样的称呼具有一定的地域性,在全国不通行,有时还会引起误会,如广东等地的南方人把“师傅”当成是“出家人”、把“伙计”当成是“打工仔”。

(4) 忌使用不当的行业称呼。行业称呼具有行业特点,如工人可以称为“师傅”,称呼政府职能部门的公务人员为“师傅”则不合适;同样,现在一些美容院和理发店将美容师和理发师称呼为老师也是不合适的。

(5) 忌使用庸俗低级的称呼。在交际中,尤其是职场中使用“老大”“哥们儿”“姐们儿”等称呼会显得庸俗低级,甚至还带有黑社会的味道,不合适。

(6) 忌使用绰号的称呼。在交际中,特别是职场中不能随意用别人的绰号来称呼对方,如“四眼”“张瘸子”等,还有一些人的小名也不能叫,如“小狗子”“狗剩”等过去家人起的所谓“贱名”。

(7) 忌使用替代性的称呼。在交际中不应该使用一些替代性的称呼来代替正规的称呼,如医院的护士叫病人的床号“八床”“五床”等替代病人的姓名,服务行业称呼客人为“几号”或“下一个”等。

(8) 忌使用不适当的简称。有时为了显示亲热,有人会使用简称来称呼领导,如“李局(长)”“张处(长)”,但并不是所有的称呼都可以用简称的,如范局长不能简称为“范局”,戴校长不能简称为“戴校”。

(9) 忌不使用称呼。不使用称呼,即和别人沟通时用“喂”“哎”等词语开头,这是很不礼貌的,也会令人十分不满,引起误会。

(10) 忌使用昵称。在正式交际场合中坚决不能使用“宝贝”“亲爱的”“哥”“姐”等昵称,一来反映自身的素质问题;二来会令人十分尴尬。

【小案例】

“小”字别乱喊

孙西是某咨询公司的高级培训师,上个月,他与公司另一名同事去杭州出差做一个项目。在企业做了一天的内部访谈后,第二天安排到市场一线做实地调研,由各地的区域经理负责安排接待陪同。

市场调研到了嘉兴,当地的区域经理白天陪同一起走访市场,晚上安排一起吃饭。区域经理几杯啤酒下肚,便开始称兄道弟。当他得知孙西比自己小几岁后,敬酒时便对孙西的同事喊着“张经理,我们干一杯”,然后冲孙西说:“小孙,咱们也喝一杯。”

孙西一听,感觉有点儿不对味,故意推辞:“不好意思,我吃完饭回去还得整理一下调研材料,就免了吧。”那个区域经理觉得被扫了面子,又冲着孙西的同事说:“张经理,你看小孙可真不够意思!”

孙西闻言,更加不舒服了,他端起酒杯很绅士地对那个区域经理说:“请问您贵姓?”区域经理很纳闷,答道:“我姓彭。”“哦,小彭,咱们第一次见面,也不是很熟悉,但我要很负责地跟您说句话,您听好了——即使是你们老板跟我一起吃饭,敬酒时也都会很尊敬地称我一声'孙老师'或'孙经理'! 好了,这杯酒我敬您。喝完我就先告辞了。"孙西一饮而尽,留下那个屁股刚抬起一半准备喝酒的区域经理,站也不是,坐也不是,呆立当场。

三、介绍

介绍是人与人相互沟通的出发点,能有效地缩短人与人之间的距离。介绍分为自我介绍和居间介绍。

1. 自我介绍

自我介绍即将本人介绍给他人。从某种意义上说,自我介绍是进入社会交往的一把钥匙。在缺少介绍人的情况下,自我介绍是非常必要的,运用得好,可为交际活动的顺利进行助一臂之力。

(1) 自我介绍的场合。自我介绍的场合一般选择在正式场合,在没有干扰的情况下。具体如下。

① 应聘求职、会议场合可以作自我介绍。

② 因为业务关系需要与相关人士接洽时需要作自我介绍。

③ 当遇到你知晓或久仰的人士,他不认识你时,可以作自我介绍。

④ 出差、办事与别人不期而遇时,为了增加了解和信赖,可以作自我介绍。

⑤ 初次前往他人居所、办公室登门拜访时要作自我介绍。

⑥ 参加聚会,主人不可能作细致的介绍,与会者可以与同席或身边的人相互作自我介绍。

(2) 自我介绍的顺序。自我介绍的顺序要求遵循尊者有优先知情权、位低者先行的原则。具体如下。

① 职位高者与职位低者相识,职位低者应该先作自我介绍。

② 男士与女士相识,男士应该先作自我介绍。

③ 长辈与晚辈相识,晚辈应该先作自我介绍。

④ 资深人士与资历浅者相识,资历浅者应该先作自我介绍。

⑤ 已婚者与未婚者相识,未婚者应该先作自我介绍。

(3) 自我介绍的方式。根据不同场合、环境的需要,自我介绍的方式有应酬式、公务式、礼仪式、社交式和问答式五种,见表 4-1。

表 4-1 自我介绍的方式

类型	适用场合	使用目的	内容	举例
应酬式	适用于公共场合、一般性的社交场合,如旅途中、商场里	面对泛泛之交而不想深交的人	只包括本人姓名	"你好,我叫/是张明"
公务式	适用于工作场合,如业务洽谈、工作联络	与对方建立工作关系	包括本人姓名、单位、部门或从事的具体工作三要素,缺一不可	"你好,我叫张明,是五湖四海医药公司的营销部经理"

续表

类型	适用场合	使用目的	内　　容	举　　例
礼仪式	适用于讲座、报告、演说、庆典、仪式等正规场合	向对方表示友好、敬意	包括本人姓名、单位、职务等项内容，还可以适当加一些谦辞、敬语等	“各位来宾，大家好！我叫张明，我是五湖四海医药公司的营销部经理。我代表本公司热烈欢迎大家的光临……”
社交式	适用于各类社交活动，如私人交往、联谊会、网络交流等	使对方认识自己、了解自己，建立进一步交往的平台	包括本人姓名、职业、籍贯、爱好、自己跟交往对象双方所共同认识的人等	“你好，我叫张明，我是2018级营销班的。李军是我的老乡，我们都是北京人……”
问答式	适用于普通交际应酬场合	应聘求职、应试求学、初次交往等	主要根据提问进行介绍，有问必答	问：“请问您贵姓？”答：“您好！免贵姓张。”

【小案例】

罗兰的自我介绍

罗兰去参加朋友的生日宴会，在那里她遇上了几个不认识的人。当时朋友正在忙里忙外地招呼客人，所以没有顾得上更多地关照罗兰这个“自己人”。正当性格内向的罗兰胆怯地坐在客厅一角，不知道自己该不该和那些陌生人寒暄几句，更不知道自己应该如何启齿时，一位温文尔雅的先生走了过来，主动跟她打招呼：“小姐，您好！我叫邓雨轩，请问您怎么称呼？”缺乏准备的罗兰有点儿慌乱地随口应道：“叫我小罗好了。”

其实，罗兰这时打心眼里感谢这位不熟悉的邓先生过来跟她打招呼，使她不至于“孤立无援”，而且她也真想大大方方地同邓先生聊上几句。然而意想不到的是，罗兰就那么一句“叫我小罗好了”，让邓先生的热情顿减，立马扭头走了回去。

【点评】 在作自我介绍时需选用恰当的方法，把握好相应的时机和场合，掌握好分寸。本例中属于一般性的社交场合，需介绍自己的姓名，而不应该只介绍自己的姓。

（4）自我介绍的注意事项。作自我介绍时应注意以下几方面。

① 注意时机。要抓住时机，在适当的场合进行自我介绍。对方有空闲，而且情绪较好，又有兴趣时，这样就不会打扰对方。

② 注意态度。自我介绍的态度一定要自然、友善、亲切、随和，应镇定自信、落落大方、彬彬有礼。既不能怯场，又不能虚张声势、轻浮夸饰。语气要自然、语速要正常、语音要清晰。自我介绍时出现畏怯紧张、结结巴巴、目光不定、面红耳赤等情况，会给人缺少经验、缺乏自信的感觉，为他人所轻视。

③ 注意时间。自我介绍要简洁、言简意赅，尽可能节省时间。一般以半分钟左右为佳，不宜超过一分钟，且越短越好。话说得多了，不但显得啰唆，而且交往对象未必记得住，也未必感兴趣。为了节省时间，作自我介绍时，还可利用名片、介绍信作为辅助手段。

④ 注意内容。自我介绍的内容包括三项基本要素：本人的姓名、现供职的单位以及具体部门、担任的职务和所从事的具体工作。这三项要素，在自我介绍时，应一鼓作气连续报出，这样既有助于给人以完整的印象，又可以节省时间，不说废话。要真实诚恳，实事求是，不可自吹自擂，夸大其词。

【小贴士】

自我介绍要善于巧解姓名

名字是一个人的有声名片，要向他人介绍自己的名字，让人印象深刻，恒久不忘，就需要巧解姓名，把自己的名字介绍得顺耳入心。

相声大师马三立有段著名的自我介绍："我叫马三立。就是马啊，剩下三条腿还立着呢——马三立！三立，立起来，被人打倒；立起来，又被人打倒；最后，又立起来了。"

从自己的名字中寻找特点、亮点，与众不同、标新立异地予以介绍，想必会收到意想不到的效果。

⑤ 注意方法。自我介绍前，应先向对方点头致意，得到回应后再向对方介绍自己。如果有介绍人在场，自我介绍则被视为不礼貌的行为。应善于用眼神表达自己的友善，表达关心以及沟通的渴望。如果想认识某人，最好预先获得一些有关他的资料或情况，诸如性格、特长及兴趣爱好等。这样在自我介绍后，便很容易融洽交谈。在获得对方的姓名之后，不妨口头加重语气重复一次，因为每个人都乐意听到自己的名字。

他人在进行自我介绍时，我们也要注意以下方面：一是引发对方作自我介绍时应避免直话相问，缺乏礼貌，如"你叫什么名字"，而应该尽量客气一些，用词更敬重些，"请问尊姓大名""您贵姓""不知怎么称呼您""您是……"等。二是要仔细聆听他人的自我介绍，记住对方的姓名、职业等。如果没有听清楚，不妨在个别问题上仔细再问一遍，这比他人作过自我介绍，而你还是不明情况的好。三是等一个人作了自我介绍后，我们也应做相应地回应——向对方作自我介绍，这才是礼貌的。

【小贴士】

尴尬不堪的介绍

情境：A男士和A女士两位秘书在门口迎接来宾。

一辆小轿车驶到，一男士下车。A女士走向前，道："王总您好！"呈上自己的名片，又道："王总，我叫李月，是××集团的秘书，专程前来迎接您。"王总道谢。A男士上前："王总您好！您认识我吧？"王总点头。A男士又问："那我是谁？"王总尴尬不堪。

【点评】 介绍是社交场合相互了解的一种方式，自我介绍应做到及时、准确、清楚，不应该理所当然地认为对方认识自己。即使原来有一面之交，也许会忘记，所以不应该让对方难堪。

2. *居间介绍*

(1) 居间介绍的时机。居间介绍即交际中的第三者介绍。在居间介绍中，为他人作介绍的人一般为社交活动中的东道主、社交场合中的长者、家庭聚会中的女主人、公务交往活动中的公关人员(礼宾人员、文秘人员、接待人员)等。

居间介绍的时机包括：在家中接待彼此不相识的客人；在办公地点接待彼此不相识的来访者；与家人外出，路遇家人不相识的同事或朋友；陪同亲友，前去拜会亲友不相识者；本人的接待对象遇见了不相识的人士，而对方又跟自己打了招呼；陪同上司、长者、来宾时，遇见了不相识者，而对方又跟自己打了招呼；打算推介某人加入某一交际圈；受到为他人作介绍的邀请。

(2) 居间介绍的顺序。为他人介绍时，要注意顺序。先确定被介绍的双方哪一方更应该被尊敬，对于更应该受尊敬的人，他有优先了解对方信息的权利。在我国古代，习惯以职位高低、资历深浅、年龄大小来决定受尊敬的程度。在西方，习惯以性别来决定受尊敬的程度，女士优先。国际上公认的介绍顺序如下。

① 将男性介绍给女性。

② 将年轻者介绍给年长者。

③ 将职位低者介绍给职位高者。

④ 将未婚女子介绍给已婚女子。

⑤ 将晚到者介绍给早到者。

如果被介绍的人同时具备以上两个原则，应该按后一个原则来介绍。如当一个晚到的女客人遇到一个早到的男客人时，就需要把晚到的女客人介绍给早到的男客人；当一位年轻的女士遇到一位年长的男士时，就需要把女士介绍给男士。

介绍的顺序应该注意场合。如严肃的工作场合，就要按照职位高低来介绍，把职位低的人介绍给职位高的人。对于公司的客户，就算是公司的总裁，在面对一个普通客户时，也要把总裁介绍给客户，因为客户永远是上帝。

【小案例】

不注重细节的小李

小李从某职业技术学院营销专业毕业两年多了，目前在一家中型私营企业从事销售工作。工作中，小李很勤奋、很努力，业务做得也还算顺利，但是他有个缺点就是不注重细节，和客户打交道时常出小差错，为此不知道被部门领导说过多少次。这次小李陪同自己的部门经理去拜见甲方负责人，由于先前小李和甲方负责人有过几次接触，所以双方一见面，小李就指着甲方负责人对自己的经理说："张经理，他就是徐总经理……"说者无心听者有意，徐总经理的眉头微微皱了一下，接下来和张经理谈话不是很热情，交流很快就结束了。小李感到很迷茫，心想徐总经理平时感觉挺好的，今天怎么会这样呢。返回的路上，张经理指出了小李的问题所在。

【点评】 其实徐总经理态度冷淡也就是因为小李不注意细节，在作介绍时没有遵循礼仪原则，让对方感觉没有受到尊重，所以结果可想而知。

(3) 居间介绍的方式。居间介绍的方式见表4-2。

表4-2　居间介绍的方式

类型	适用场合	使用目的	内　容	举　例
标准式	适用于正式场合，如业务洽谈、宴会	使双方认识，并建立工作、交换等联系	以双方的姓名、单位、职务等为主	"我给两位引见一下，这位是我们公司营销部的李小姐，这位是五湖四海医药公司的总经理张先生"

续表

类型	适用场合	使用目的	内　容	举　例
礼仪式	适用于正式场合，是一种最为正规的他人介绍	与标准式略同，只是语气、表达、称呼上都更为礼貌、谦恭	包括双方姓名、单位、职务等内容，还可以适当加一些谦词、敬语等	“张先生，您好！请允许我把我们公司的销售部经理李军先生介绍给您。李先生，这位是五湖四海医药公司总经理张明先生”
推荐式	适用于比较正规的场合	将被介绍者举荐给另一位被介绍者	通常会对主要被介绍者的优点加以重点介绍	“这位是五湖四海医药公司的张明总经理，这位是我们公司的李军总经理。李总经理是管理方面的专业人士，他还是经济学博士呢。张先生，我想您一定愿意结识他吧”
强调式	适用于各类社交活动，如私人交往、联谊会等	使双方认识，并引起对其中一位被介绍者的重视	包括双方的姓名，往往还会刻意强调其中一位与介绍者之间的特殊关系	“这位是张教授的学生，这位是李经理，请李经理多多关照”
引见式	适用于普通交际应酬场合	将被介绍者双方引到一起即可	不需要具体介绍双方，由他们自行认识	“两位认识一下，这位是张经理，请张经理多多关照”
简介式	适用于一般的社交场合，如聚会、茶话会、舞会	使双方认识	双方姓名一项，甚至只提到双方姓氏为止	“我来介绍一下，这位是小李，这位是小周，你们认识一下吧”

(4) 居间介绍的注意事项。在为他人作介绍时，介绍者对介绍的内容应当字斟句酌，慎之又慎。在交往中，在为他人作介绍时，由于实际需要的不同，介绍时所采取的方式也会有所不同。

在正式场合，内容以双方的姓名、单位、职务等为主。在一般的交际场合，其内容往往只有双方姓名一项，甚至可以只提到双方姓氏为止。接下来，则由被介绍者见机行事。在比较正规的场合，介绍者有备而来，有意将某人举荐给某人，因此在内容方面，通常会对前者的优点加以重点介绍。

在进行居间介绍时，介绍者与被介绍者都要注意自己的表达、态度与反应。介绍者为被介绍者介绍之前，不但要尽量征求一下介绍双方的意见，而且在开始介绍时还应再打一下招呼，切勿上去开口即讲，显得突如其来，让被介绍者措手不及。

介绍时要注意实事求是，掌握分寸，不能胡吹乱捧。介绍姓名时，一定要口齿清楚，发音准确。把易混的字咬准，如“王”和“黄”、“刘”和“牛”等；对同音字、近音字必要时要加以解释，如“邹”和“周”、“张”和“章”、“徐”和“许”等。

居间介绍如图 4-1 所示。

(5) 接受介绍时的礼仪。介绍需要讲究必要的礼节，而接受介绍时采取什么态度和行为来表现自己呢？被介绍者在介绍者询问自己是否有意认识某人时，一般不应加以拒绝或扭扭捏捏，而应表示欣然接受。实在不愿意时，则应说明缘由。

当介绍者走上前来，开始为被介绍者进行介绍时，被介绍的双方应起身站立，面带微笑，神态庄重、专注，被介绍者的目光一定要注视着对方的脸部，无论是男是女。不要让

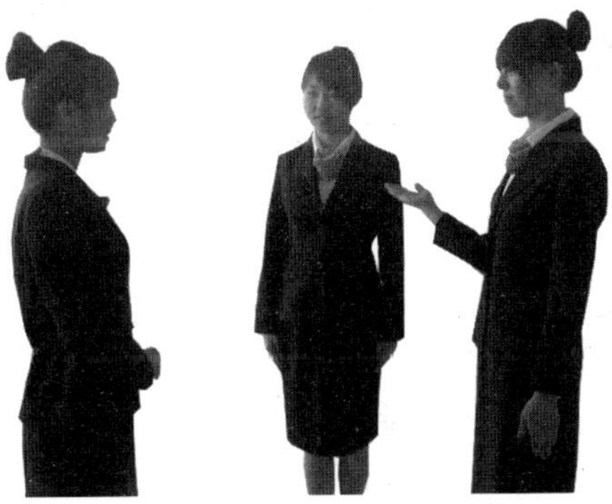

图 4-1　居间介绍

其他事情分散你的注意力，不要东张西望，以免给对方留下心不在焉、不重视或不欢迎的印象。

当介绍者介绍完毕后，如果双方均为男性，握手绝对必要，这象征着信任和尊敬。握手时问候对方并复述对方姓名。你可以说“能认识你很高兴，李先生”“您好，张先生”等。此时的常用语还有“久仰大名”“认识你非常荣幸”“幸会，幸会”等。必要时还可作进一步的自我介绍。如果把男性介绍给女性认识时，女性觉得有握手必要时，可以先伸出手来，表示出热诚。

交谈后走时要互相道别，一声“再见”可以给对方留下很好的印象。

在接受介绍时，你没有听清对方的名字，可以请对方再说一遍，千万不要觉得不好意思。你可以说：“对不起，我没听清楚你的名字，可否请你再讲一次？”别人不仅不会生气，甚至会觉得很受用，因为这表示你很在乎他的名字。

(6) 集体介绍的礼仪。集体介绍是他人介绍的一种特殊形式，是指介绍者在为他人介绍时，被介绍者其中一方或者双方不只是一个人而是多人。集体介绍时，原则上应参照他人介绍的顺序进行。在正式场合或隆重场合，介绍顺序是个礼节性极强的问题，其要领如下。

① 当被介绍双方地位、身份大致相似时，应是一人礼让多数人、人数少的一方礼让人数多的一方，先介绍一人或人数少的一方，再介绍人数较多的一方或多数人。

② 当被介绍双方的地位、身份存在明显的差异，地位、身份明显高者为一个人或人数少的一方时，应先向其介绍人数多的一方，再介绍地位、身份高的一方。

③ 被介绍双方均为多人时，应先介绍位卑的一方，后介绍位尊的一方；先介绍主方，后介绍客方。介绍各方人员时，则应由尊到卑，依次而行。

④ 当被介绍者不止双方而是多方时，应根据合乎礼仪的顺序，确定各方的尊卑，由尊而卑，按顺序介绍各方。如果需要介绍各方成员时，也应按由尊到卑的顺序依次介绍。

【小贴士】

集体介绍的特别注意

在集体介绍时有两点需要特别注意。一是尽量不要使用被介绍方单位的简称。例如，将“上海吊车厂”简称为“上吊”、将“怀来运输公司”简称为“怀运”等，这样听上去容易使人产生歧义，甚至于哗然大笑。至少，要在首次介绍时使用准确的全称，然后再采用不产生歧义的简称。二是在介绍时要庄重、亲切，切勿随意拿被介绍者开玩笑。

四、握手

【小贴士】

握手的由来

史前时期，人类的祖先以打猎为生，世界对他们来说是充满着危险的。因此，当陌生人相遇时，如果双方都怀着善意，便伸出一只手来，手心向前，向对方表示自己手中没有石头或武器，走近之后，两人互相摸摸右手，以示友好。这样沿袭下来，便成为今天人们表示友好的握手。

关于握手礼来源的另一种说法是：中世纪时，骑士们都穿着盔甲，全身披挂后，除两只眼睛外，其余都包裹在盔甲里，随时准备冲向敌人。如果表示友好，互相走近时就应脱去右手的甲胄，伸出右手，表示没有武器，互相握手，这是和平的象征。

当今，握手已成为世界上最为普遍的一种礼节，其应用的范围远远超过了鞠躬、拥抱、接吻等。在日常交际中，我们必须注意握手的基本礼节。

1. 握手的要求

握手的标准方式是行礼时行至距握手对象约 1 米处，双腿立正，上身略向前倾，伸出右手，四指并拢，拇指张开与对方相握。握手时的手势如图 4-2 所示。握手时应用力适度，上下稍许晃动 3～4 次，随后松开手来，恢复原状，如图 4-3 所示。

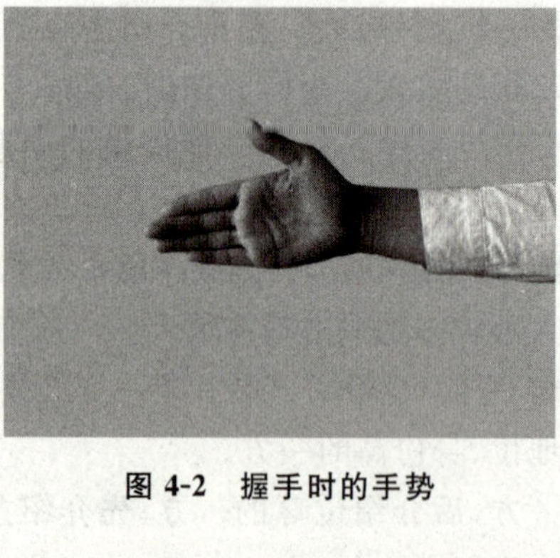

图 4-2 握手时的手势

图 4-3 握手

具体应注意以下几点。

(1) 讲究次序。根据礼仪规范，握手时双方伸手的先后次序，一般应当遵守“尊者先伸手”的原则，应由尊者首先伸出手来，位卑者只能在此后予以响应，而绝不可贸然抢先伸手，不然就是违反礼仪的举动。其基本规则如表 4-3 所示。

值得注意的是，在公务场合，握手时伸手的先后次序主要取决于职位、身份；而在社交、休闲场合，则主要取决于年龄、性别、婚否。

表 4-3　握手的次序规则

男女握手	男女之间握手，男士要等女士先伸出手后才能握手。如果女士不伸手或无握手之意，男士向对方点头致意或微微鞠躬致意。男女初次见面，女方可以不和男士握手，只是点头致意即可
	男女握手时，男士要脱帽和脱右手手套，如果偶遇匆匆忙忙来不及脱，要道歉。女士除非对长辈，一般可不必脱手套
主宾握手	主人有向客人先伸出手的义务。在宴会、宾馆或机场接待宾客，当客人抵达时，不论对方是男士还是女士，女主人都应该主动先伸出手，以表示对客人的欢迎
	客人告辞时，则应由客人首先伸出手来与主人相握，在此表示的是“再见”之意
长幼握手	长幼之间握手，年幼的一般要等年长的先伸手。和长辈及年长的人握手，不论男女，都要起立趋前握手，并要脱下手套，以示尊敬
上下级握手	下级要等上级先伸出手。但涉及主宾关系时，可不考虑上下级关系，做主人的应先伸手
一个人与多人握手	应讲究先后次序，由尊而卑，即先年长者后年幼者，先长辈后晚辈，先教师后学生，先女士后男士，先已婚者后未婚者，先上级后下级，先职位、身份高者后职位、身份低者

【小案例】

不懂握手规矩的小李

小李大学毕业后被恒达商业集团公司录用，并被安排在办公室工作。一次，单位接到一个通知，说某省考察团要来拜访，单位领导非常重视，让办公室认真负责。办公室主任把这次接待任务交给了小李，特意叮嘱他不能出现任何差错。经过多方请教和努力，小李很快拟订了一个极其详尽而且合理的接待方案，递交上去后，得到了办公室主任的认可和赞赏。

巧合的是小李与这次来访的考察团团长非常熟识，故被列为主要迎宾人员并陪同有关部门领导前往机场迎接贵宾。当考察团团长率领其他工作人员到达后，小李面带微笑，热情地走上前去，先与部门领导与考察团团长握手致意，然后转身向自己的领导介绍这位考察团团长，接着又热情地向考察团团长介绍了随自己同来的部门领导。小李自以为此次接待相当顺利，但他的某些举动却令其领导十分不满。

思考题：小李的举动为什么会令其领导不满？小李存在的问题是什么？

(2) 神态专注。与人握手时神态应专注、热情、友好、自然。在通常情况下，与人握手时，应面带微笑，目视对方双眼，并且口道问候。在握手时切勿显得自己三心二意、敷衍了事、漫不经心、傲慢冷淡。如果此时迟迟不握他人早已伸出的手，或是一边握手，一边东张西望，目中无人，甚至忙于跟其他人打招呼，都是极不礼貌的。

(3) 注意力度与时间。握手时用力应适度，不轻不重，恰到好处。如果手指轻轻一碰，刚刚触及就离开，或是懒懒地、慢慢地相握，缺少应有的力度，会给人勉强应付、不得已而为之之感。一般来说，手握得紧是表示热情。男人之间可以握得较紧，甚至另一只手也加上，包括对方的手大幅度上下摆动，或者在手相握时，左手又握住对方胳膊肘、小臂甚至肩膀，以表示热烈。但是注意既不能握得太使劲，使人感到疼痛，也不能显得过于柔弱，不像个男子汉。对女性或陌生人，轻握是很不礼貌的，尤其是男性与女性握手应热情、大方、用力适度，通常是握紧后打过招呼即松开。但如亲密朋友意外相遇、敬慕已久而初次见面、至爱亲朋依依惜别、衷心感谢难以表达等场合，握手时间可长一点，甚至紧握不放，话语不休。在公共场合，如列队迎接外宾，握手的时间一般较短。握手的时间应根据与对方的亲密程度而定。

【小贴士】

握手方式与性格

① 控制式。即用掌心向下或向左下的姿势握住对方的手。这种人想表达自己的优势、主动、傲慢或支配地位。一般具有说话干净利落、办事果断、高度自信的特点。凡事一经自己决定，就很难改变观点，作风不大民主。

② 谦恭式。即用掌心向上或向左上的手势与对方握手。这种人往往性格软弱，处于被动、劣势地位，处世比较谦和、平易近人，不固执，对对方比较尊重、敬仰，甚至有几分畏惧。

③ 对等式。即握手时两人伸出的手心都不约而同地向着左方握在一起。这种人比较友好，也可能是很遵守游戏规则的、平等的竞争对手。

④ 双握式。即在右手相握的同时，再用左手加握对方的手背、前臂、上臂或肩部。加握部位越高，其热情友好的程度也显得越高。这种人热情真挚、诚实可靠、信赖别人。

⑤ 捏手指式。即只捏住对方的几根手指或手指尖部。女性与男性握手时，为了表示自己的矜持与稳重，常采取这种方式。如果是同性别的人之间这样握手，就显得有几分冷淡和生疏。若换成显贵人物，则其意在显示自己的"尊贵"。

⑥ 拉臂式。即将对方的手拉到自己的身边相握。这种人往往过分谦恭，在他人面前唯唯诺诺、轻视自我、缺乏主见与敢作敢为的精神。

⑦ 死鱼式。即握手时伸出一只无任何力度、质感，不显示任何积极信息的手。这种人的性格不是生性懦弱，就是对人冷漠无情，待人接物消极傲慢。

2. 握手的禁忌

在人际交往中，握手虽然司空见惯，看似寻常，但是由于它可被用来传递多种信息，因此在行握手礼时应努力做到合乎规范，注意以下禁忌。

(1) 不要用左手与他人握手，尤其是在与阿拉伯人、印度人打交道时要牢记此点，因为在他们看来左手是不洁的。

【小案例】

郑某吃哑巴亏

郑某是一个推销员，常驻西安。一次，一家建筑公司老板进门谈生意，握手时，郑某因只顾和熟人说话，竟用了左手。建筑公司老板嫌郑某没礼貌，起身就走，并撂下话说："八台搅拌机不从你们这儿买了。"郑某懊悔地说："那种搅拌机一台一万多元，不懂礼仪让我吃了个哑巴亏。”

思考题：你如何理解“不懂礼仪让我吃了个哑巴亏”这句话？

(2) 不要在握手时争先恐后，而应当遵守秩序，依次而行。

(3) 特别要记住，如与基督教信徒交往时，要避免两人握手时相握的手形成交叉状。

(4) 不要戴着手套握手，在社交场合女士的晚礼服手套除外。

(5) 不要在握手时戴着墨镜，只有患有眼疾或眼部有缺陷者才能例外。

(6) 不要在握手时将另外一只手插在衣袋里。

(7) 不要在握手时另外一只手依旧拿着香烟、报刊、公文包、行李等东西而不肯放下。

(8) 不要在握手时面无表情、不置一词，好似根本无视对方的存在，而纯粹是为了应付。

(9) 不要在握手时长篇大论、点头哈腰、滥用热情，显得过分客套，让对方不自在、不舒服。

(10) 不要在握手时把对方的手拉过来、推过去，或者上下左右抖个没完。

此外，不要在与人握手之后，立即揩拭自己的手掌，好像与对方握一下手就会使自己受到感染似的。

【小故事】

跨越大洋的世纪握手

1972 年 2 月 21 日上午 11 时 30 分，美国第 37 任总统理查德·尼克松乘坐“空军一号”专机飞抵北京，这是中华人民共和国成立后美国国旗首次在北京上空飘扬。身着深蓝色大衣的周恩来总理为尼克松在首都机场南机坪举行了欢迎仪式。当飞机舱门打开后，尼克松和夫人先行走下舷梯，在离地面还有三四级台阶时，为表示平等，刻意换上大衣的尼克松身体前倾，向周总理伸出手说：“我非常高兴来到中华人民共和国的首都——北京。”周总理一语双关地回答说：“你的手伸过了世界上最辽阔的海洋——我们 25 年没有交往了！”尼克松单独下机和周恩来握手的场面，是尼克松刻意安排的，意味深长。这一举动既向世界宣示了已对抗 20 余年的中美两国改善和发展相互关系的决心，也纠正了 1954 年在日内瓦和谈会议上美国国务卿杜勒斯拒绝与周恩来握手的错误。

第二节　通　　联

世界已经进入信息时代，人们之间的联系交流因为科学技术提供的先进通信工具和手段而变得更加方便、准确和及时。过去人们通联主要是写信、拍发电报，现在不仅固定电话普及，移动电话、电子邮件、传真机等也都成为现代社交活动的重要通信工具。电报这种过去的重要通信工具在现代社交活动中使用得越来越少，逐渐居于次要地位，但传统的书信通联依然具有其独特的功效和魅力。在享受通联便捷与快乐时，请不要忘记通联时的礼貌。

一、电话礼仪

【小贴士】

电话的语言要求

① 态度礼貌友善。当我们使用电话交谈时，我们不能简单地将对方视作一个“声音”，而应看作面对一个正在交谈的人，尤其是对某组织的办公人员来说更是如此。如果你与之是初次交往，那么这样一次电话接触便是你给公众的第一次“亮相”，应十分慎重。因此，在使用电话时，多用肯定语，少用否定语，酌情使用模糊用语；多用些致歉语和请托语，少用些傲慢语、生硬语。礼貌的语言、柔和的声音，往往会给对方留下亲切之感。正如日本一位研究传播的权威所说：“不管是在公司还是在家庭里，凭着个人在电话里的讲话方式，就可以基本判断出其‘教养’的水准。”

② 传递信息简洁。电话用语要言简意赅，将自己所要讲的事用最简洁、明了的语言表达出来。因为通话的一方尽管有诸如紧张、失望而表情异常的体态语言，但通话的另一方不知道，他所能得到的判断只能是来自他听到的声音。在通话时最忌讳发话人吞吞吐吐、含混不清、东拉西扯。正确的做法是问候完毕对方，即开宗明义，直言主题，少讲空话，不说废话。

③ 控制语速语调。通话时语调温和，语气、语速适中，这种有魅力的声音容易使对方产生愉悦感。如果说话过程语速太快，则对方会听不清楚，显得应付了事；太慢，则对方会不耐烦，显得懒散拖沓；语调太高，则对方听得刺耳，感到刚而不柔；太低，则对方会听不清楚，感到有气无力。一般说话的语速、语调和平常的一样就行了，即使是长途电话，也无须大喊大叫，把受话器放在离嘴约 10 厘米的地方，正对着它讲就行了。另外，通电话时，周围有种种异样的声音，会使对方觉得自己未受尊重而变得恼怒，这时应向对方解释，以保证双方心情舒畅地传递信息。

④ 使用礼貌用语。在电话交际中应使用礼貌用语，尤其是“你好”“请”“谢谢”“对不起”“再见”等礼貌用语应该常用不懈。

1. 接听电话的礼仪

(1) 及时接听。电话铃声一响，应该立即去接，最好不要让铃声响过三遍，即所谓的“铃响不过三”。若电话铃声响过数遍后才做出反应，会给人以不愉快的感觉。如果因为其他原因在电话铃声响三声之后才接起电话，在接起电话后首先要说声：“对不起，让您久等了！”在工作岗位上遇到距离自己较近的电话铃声鸣响的情况下，即便不是自己的专用电话，也应主动接听，帮助传达消息。

(2) 自报家门。接听电话时，首先要问好和自报家门，如：“您好，这里是×××公司，请问您找谁？”严禁以“喂”字开头，因为“喂”字表示是希望先知道对方是谁，在等着对方告诉你，而且如果“喂”时语气不好，就极易让人反感。所以，接听电话时的问候应该是热情而亲切的“您好”。如果对方首先问好，则要立即问候对方，不要一声不吭，故弄玄虚。

(3) 热情友好。接听电话要使用文明用语，要对对方礼貌、热情，态度要谦和、诚恳，语调要平和，音量要适中。可用“请问您找谁”“我能为您做什么”等礼貌用语。对方说明要找的人，可回答“请稍等”，然后去找。如遇人不在，可婉转告诉对方：“×××人不在办公室，请问您有什么事情需要转告吗?”假如要找的人正在开会，则应礼貌地告诉对方并让对方迟些时候再打过来。不要用生硬的口气说话，如“他不在”“打错了”“没这人”“不知道”等。

(4) 认真记录。代接他人电话时，若对方有重要事情转告或需要记录时，应认真予以记录，如时间、地点、联系事宜、需要解决的问题等。记录完毕后，应将重点内容再复述一遍，以证实是否有误。电话记录还应包括对方的姓名、单位、联系方式、致电时间、是否需要回电等内容。之后还应注意向相关人员及时转达电话内容，不可延误。

(5) 礼貌结束。要结束电话交谈时，一般应当由打电话的一方提出，然后彼此客气地道别，说一声“再见”，再挂电话，不可只管自己讲完就挂断电话。如果确实需要自己先行结束谈话，要向对方做出解释，并真诚致歉。通话完毕后，应等对方放下话筒后再轻轻放下电话，以示尊重。

【小案例】

接到不懂礼仪的人打来电话时

总是有一些不懂得礼仪的人，在打电话时不考虑对方的感受，遇到这种情况时应如何应对呢?

① 反复陈述型。接到“反复陈述型”的电话，应适时说：“×先生，容我对你刚才所讲的做个总结，如果有遗漏或错误的地方，请随时更正或补充。”

② 一心二用型。有的人在和你通电话时又和别人讲话。应付这样的人，可以建议他在不忙时和你见面再谈，或要求他重复刚刚说的话：“×小姐，我这里听得并不是很清楚，请你再说一遍好吗? 听起来你好像也在和其他人说话。”

③ 避重就轻型。当对方避重就轻时，你可以直接切入主题：“×先生，你到底需要什么? 我要如何才能帮你的忙?”

④ 喋喋不休型。接到“喋喋不休型”而又与己无关的电话，应立刻打断他的话：“对不起，×太太，我不认为这件事我能帮什么忙，但听起来应该和我们的业务部有关，请你稍等，我帮你转业务部李小姐。”

【小案例】

问询员的委屈

北京某饭店的一位问询员，每天都要接到若干问询电话。一次，他接到驻外地的一位外商打来的长途电话，询问他夫人所住的房间号。问询员几经翻阅登记簿，未有其人，便如实相告。不料这位外商竟然用不怎么熟练的中国话骂了起来。问询员感到十分委屈，但考虑到对方可能是有急事，为急宾客之所急，便强忍委屈，继续查找。后来终于知道，原来这位外商的夫人是用另一个名字登记入住的。当外商谈完事后，又专门打电话向问询员道歉。

【点评】 如果当时问询员得理不饶人，对外商的无理之举穷追不放，或是采取对骂的方法，那么也许是挽回了面子，心理上感到一些平衡，但却会使对方产生强烈的逆反心理，不但不会承认自己有错，而且也无益于事情的圆满解决。问询员的做法，维护了自身乃至整个饭店的良好形象。

2. 拨打电话礼仪

(1) 选好时间。打电话给别人，首先要注意选择好恰当的时间。通常情况下，公务电话最好避开临近下班以及用餐时间，因为这些时间段打电话，对方往往急于下班或用餐，极有可能得不到满意的答复。

公务电话应尽量打到对方单位，如果确实需要往家里打电话，则需避开吃饭以及睡觉的时间。通常，最佳打电话的时间是 9:00—12:00，14:00—17:00，20:00—22:00。

如果知道对方的上下班时间，则应避免对方刚上班半小时或下班前半小时通话。

如果不是十万火急的情况，一般不要在节假日、用餐时间和休息时间给对方打工作电话。

若是拨打国外电话，则还应该注意时差。

(2) 事先通报。电话接通后，要先通报自己的姓名、身份，如“您好，我是×××公司销售部小陈”。必要时，还要询问对方现在是否方便接听电话。若对方现在不方便接听电话，则应等对方方便时再打电话。

(3) 控制长度。打公务电话时，必须对电话的长度进行控制，基本要求是“以短为佳，宁短勿长”，即所谓的电话礼仪的“三分钟原则”。

作为商务场合的电话，刚开始的寒暄是必不可少的，但是要点到为止，不能没完没了，本末倒置。

然后开门见山，直奔主题。特别是打重要电话或国际长途电话时，最好事先做好充分准备，把需要的谈话内容要点先罗列在纸上，打电话时就不会出现丢三落四的现象。

通话时要干脆利落，不要东拉西扯，既浪费时间，又给对方留下不好印象。

交谈完毕后，再简单复述通话内容，然后就结束通话。

(4) 文明礼貌。通话过程中态度要热忱，吐字要清楚，语气要亲切。通话时要集中精力，不可边吃边说，更不可一边打电话一边同旁人聊天，或兼做其他工作，给人心不在焉的感觉。

打错电话时，要主动向对方道歉，不可一言不发，挂断了事。

无论哪方原因掉线，都应主动再打一遍，并说明原因，而不要等对方打来。

通话完毕时要说“再见”“打扰您了”等礼貌性用语。

(5) 举止得体。通话时，要站好或坐端正，举止得体。不可以坐在桌角上或椅背上，也不要趴着、仰着、斜靠着或双腿高架着。

使用电话时要轻拿、轻放。

不要在通话的时候把话筒夹在脖子下，抱着话机随意走动。

通话的时候，不要发声过高，免得让受话人承受不起。标准的做法是：使话筒和嘴保持 3 厘米左右的距离，以正常、适中的音量就可以。

【小贴士】

拨打电话的空间环境考虑

拨打电话时,也应考虑自己所处的空间环境。

① 一般而言,工作电话在办公室内打,私人电话在家中打。

② 在电影院、音乐厅、剧院等公众场合时,无紧急情况不要拨打电话。

③ 拨打电话时,要同时考虑及留意对方接听电话所处的空间环境。

④ 谈论机密或敏感的商业问题时,应在保密性强、安静的环境中拨打电话,且在接通后询问对方是否方便。

【小案例】

一时口误遭冷遇

王先生在兴发公司购买的产品出了一点小问题,于是他打电话找兴发公司的业务员寻求解决办法。

王先生拨通了兴发公司的电话后,一时口误将兴发公司说成了倾鑫公司。兴发公司的业务员小李一听对方要找的是自己的竞争对手,于是冷冷地说了句"你打错了",还没等王先生回过神来,便"啪"地一下挂断了电话。对此,王先生觉得心里很不舒服。他之前购买产品时就是与业务员小李联系的,当时小李表现得温文尔雅,而这次就因为一时的口误,小李便表现出这副德行,实在令人寒心。此事之后,王先生再也不想购买兴发公司的产品了。

【点评】 业务员小李在接到他人打错的电话后,态度冷淡并随即挂断电话的行为是极其不尊重发话人的行为,损害了兴发公司的商务形象。正确的做法如下:接通电话后,首先向发话人问好,并作自我介绍,然后主动询问发话人需要哪些帮助等。当发话人出现口误时,则应友好地告知对方,而不可表露出愤怒或不耐烦的情绪。

二、手机礼仪

手机是一种移动电话,它已成为现代商务人员使用最频繁的电子通信工具。商务人员在使用手机时,应当注意以下几个方面的礼仪。

1. 遵守秩序

使用手机时不允许有意、无意之间破坏了公共秩序,具体来说,此项要求主要是指以下几点。

在会议中、和别人洽谈的时候,最好的方式还是把手机关掉,起码也要调到振动状态。这样既显示出对别人的尊重,又不会打断发言者的思路。而那种在会场上铃声不断,像是业务很忙,使大家的目光都转向他的,实际给人的印象只能是缺少教养。

注意手机使用礼仪的人,不会在公共场合或座机电话接听中、开车中、飞机上、剧场里、图书馆和医院里接打手机,就是在公交车上大声地接打电话也是有失礼仪的。

公共场合特别是楼梯、电梯、路口、人行道等地方,不可以旁若无人地使用手机,应该把自己的声音尽可能地压低一下,而绝不能大声说话,同时不要妨碍他人通行。

在一些场合，比如在看电影时或在剧院打手机是极其不合适的，如果非得回话，或许采用静音的方式发送手机短信是比较适合的。

在餐桌上，关掉手机或是把手机调到振动状态还是必要的。避免正吃到兴头上的时候，被一阵烦人的铃声打断。

在体育比赛场馆，观看射击等比赛项目，运动员需要安静环境，这时也应注意使手机关机或处于静音状态。

2. 考虑对方

给对方打手机时，尤其当知道对方是身居要职的忙人时，首先想到的是，这个时间他(她)方便接听吗？并且要有对方不方便接听的准备。在给对方打手机时，注意从听筒里听到的回音来鉴别对方所处的环境。如果很静，应想到对方在会议上，有时大的会场能感到一种空阔的回声，当听到噪声时对方就很可能在室外，开车时的隆隆声也是可以听出来的。有了初步的鉴别，对能否顺利通话就有了准备。但不论在什么情况下，是否通话还是由对方来定为好，所以“现在通话方便吗？”通常是拨打手机的第一句问话。其实，在没有事先约定和不熟悉对方的前提下，我们很难知道对方什么时候方便接听电话。所以，在有其他联络方式时，还是尽量不打对方手机好些。

不要在别人能注视到你的时候查看短信。一边和别人说话，一边查看手机短信，是对别人不尊重的表现。

当与朋友面对面聊天时，不要正对着朋友拨打手机，避免发射高频大电流对他产生辐射，让对方心中不愉快。

3. 注意安全

使用手机时必须牢记“安全至上”，否则不仅害人，还会害己。要注意以下几点。不要在驾驶汽车时，使用手机电话，以防止发生车祸。不要在病房、油库等地方使用手机，免得他们所发出的信号有碍治疗，或引发火灾、爆炸。不要在飞机飞行期间使用手机，否则极有可能使飞机“迷失方向”，造成严重后果。

4. 放置到位

在一切公共场合，手机在没有使用时，都要放在合乎礼仪的常规位置。不要在没有使用的时候放在手里或是挂在上衣口袋外。放手机的常规位置有：一是随身携带的公文包里，这种位置最正规；二是上衣的内袋里；有时候，可以将手机暂放腰带上，也可以放在不起眼的地方，如手边、背后、手袋里，但不要放在桌子上，特别是不要对着对面正在聊天的客户。

【小贴士】

网络电话的接打礼仪

网络电话就是运用软件通过无线网或是手机数据流量传输到开发者服务器，通过回拨方式连接打电话者和接电话者双方。无论是在公司的局域网内，还是在学校或网吧的防火墙背后，均可使用网络电话，实现计算机之间的自如交流，无论身处何地，双方通话时完全免费。

① 下载安装要正规。网络电话品种很多，在很多平台都可以下载，而且只要是智能

机就可以使用这些软件,总体来说使用还是非常方便的。但是我们也要注意到一点,就是下载的时候要尽可能地选择官网下载。如果是在非正规的网站下载,很有可能会出现中病毒的情况,为了我们的手机安全,一定要选择正规的下载渠道。

② 注册按要求填写。注册的时候一定要填写自己的手机号码,如果没有填写正确的信息,那么使用的时候会出现问题。这样不仅影响正常使用,以后更换也会非常麻烦,所以建议在注册时就按要求认真填写。

③ 多使用 Wi-Fi 网络。因为网络电话更多还是要依靠网络的,在有 Wi-Fi 的情况下也是非常经济的,很多公用场所也都有免费的 Wi-Fi 可以使用,从而能够轻松拨打电话。

④ 接通时自报家门。使用网络电话拨号后,对方收到的电话显示的是网络号码,因此要先自报家门。杜绝使用网络电话拨打一些违反社会道德、法律的电话,如包括恐吓、诈骗、恶意骚扰、扰乱公共秩序、赌博、色情活动等内容的电话,如发现,应立即举报给公安部门。

⑤ 不散播不良信息。利用网络电话时,不能出现侮辱、骚扰他人,涉及赌博、毒品、六合彩、色情类、宗教、政治及其他涉嫌违规的内容,不能有一些虚假广告、涉及个人隐私以及危害国家、社会、他人的短信等。一旦计算机检测出有不良的短信内容,账号可能会被锁定,余额也会被冻结,情节严重的,会被举报给公安部门。

三、网络礼仪

1. 网络礼仪的基本规范

【小案例】

违背网络礼仪的小李

小李的女友小丽向他提出了分手,小李怀恨在心,为泄私愤,他在本市一家有名的网络论坛上发布了一个名为"拜金女被人包养,为钱抛弃初恋男友"的帖子。帖子中虚构了女友贪慕虚荣,主动投入有钱富商怀抱而将初恋男子抛弃的情节,并公布了女友的真实身份,引发网友围观。

经朋友提醒后,小丽在网上发现了该帖子,立刻要求该社区版主删除帖子,并向派出所报了案。民警利用网络侦查手段锁定并找到了小李,对其捏造事实诽谤他人的行为给予了应有的处罚。

(1) 充分尊重他人。当今,在互联网上交流已成为一种重要的交际方式。在互联网上人与人之间的交流,由于各种因素,双方往往难以完全正确理解对方所要表达的意思,这样就很容易使人际关系陷入"言者无心、听者有意"的困境。所以,在网络交往中更要充分尊重他人。

① 记住他人的存在。互联网为来自五湖四海的人们提供了一个交流的空间,这是高科技的优点。但往往也使得我们在面对计算机屏幕时忘了自己是在跟其他人打交道,忽略了其他人的存在,自己的行为也因此容易变得更粗劣和无礼。因此,有些话如果你当面不会说,那么在网络上也不要轻易说出口。现实生活中,有法律法规来约束我们的行

为;在虚拟的网络世界里,尽管法律法规没有那么完善,同样有相应的条款来约束我们的行为。

② 尊重他人的隐私。别人与你的电子邮件或私聊的记录应该是隐私的一部分。如果你认识某个人用笔名上网,在论坛未经同意就不得将其真名公开。如果不小心看到别人打开的计算机上的电子邮件或秘密,不应该到处传播。

③ 尊重别人的时间。在提问题前,自己先花些时间去搜索和研究。可能同样的问题以前已经被问过多次,现成的答案触手可及,这样可免去别人为你寻找答案而消耗时间和资源。

(2) 注意言行举止。特别要注意以下两点。

① 网络留言文明。因为网络的匿名性质无法根据人的外观对其做出判断,网络语言就成为了解一个人的唯一途径。所以,在网络上留言要格外注意文明、礼貌、规范。如果你对某个领域不是很熟悉,就不要贸然开口。发帖前要仔细检查自己的用词和语法,不要说脏话和故意挑衅的话。网络交流不得使用攻击性、侮辱性的语言。对于常用的语言符号,应当熟练掌握,以便理解对方的意思;同时也要谨慎使用语言符号,以免对方不理解而导致交流障碍。

② 注意交流的语气。在谈话中听来有趣和合理的东西,变成书面语就可能会显得咄咄逼人、唐突甚至粗鲁。大多数人写网络信息时,都不像写普通书面文章时那么认真和注意修饰。实际上,在把信息发表到网上之前应该好好地检查一下。与此同时,你也应当认真阅读别人所写的内容,他们真正要表达的也许并不一定是你所理解的那种意思。

(3) 宽容他人错误。任何人上网都有一个从生疏到熟练的过程,作为新手都会有犯错误的时候。所以,当看到别人写错字、用错词,问一个低级问题或者写一篇没必要的长篇大论时,请不要太在意。如果真的想给别人建议,最好用留言私下提出。

(4) 进行合理争论。网络上的争论可以说是一场"没有硝烟的战争"。其实这些争论都属于正常现象,要注意的是争论时要以理服人,不要人身攻击和使用侮辱性的语言。

【小贴士】

文明上网自律公约

(中国互联网协会 2006 年 4 月 19 日)

自觉遵纪守法,倡导社会公德,促进绿色网络建设;
提倡先进文化,摒弃消极颓废,促进网络文明健康;
提倡自主创新,摒弃盗版剽窃,促进网络应用繁荣;
提倡互相尊重,摒弃造谣诽谤,促进网络和谐共处;
提倡诚实守信,摒弃弄虚作假,促进网络安全可信;
提倡社会关爱,摒弃低俗沉迷,促进少年健康成长;
提倡公平竞争,摒弃尔虞我诈,促进网络百花齐放;
提倡人人受益,消除数字鸿沟,促进信息资源共享。

2. 电子邮件礼仪

电子邮件又称 E-mail,是通过互联网进行信息交流的一种联络工具。它能够帮人们以非常低廉的价格快速地传递信息，逐渐成为交际中不可或缺的联络手段。电子邮件礼仪即指在书写和收发邮件时应当遵守的礼仪规范。

（1）电子邮件的书写礼仪。电子邮件的书写通常应按照纸质信函的格式进行。书写电子邮件时，还应当注意以下礼仪。

① 主题明确。添加邮件主题是电子邮件与纸质信函的主要不同之处。商务人员在撰写电子邮件时，一定要在“主题”栏设定一个邮件主题。该主题应明确、具体、提纲挈领，但不宜过长（如“关于洽谈会的准备事宜”等），以便收件人通过主题快速判断邮件内容的轻重缓急，减轻查找或阅读邮件的负担。

② 内容规范。与纸质商务信函一样，电子邮件也应当用语规范、内容完整。与此同时，电子邮件的书写还应注意以下两个方面：一是尽量避免使用晦涩难懂的缩略语，且不要使用网络用语和符号表情，以免影响商务信函的专业性和严肃性；二是在英文电子邮件中，切勿使用大写字母书写正文，以免被误解为态度恶劣或强硬。

③ 签名恰当。商务人员可在电子邮件的签名档中列入写信人的姓名、公司、电话、传真、地址等信息，还可列入个人的座右铭或公司的宣传口号等信息，但信息行数不宜过多，一般不超过 4 行。

④ 附件合理。商务人员可以通过电子邮件的附件发送整理成文档形式的文件，还可以发送照片、音频、视频等文件。在使用邮件的附件功能时，应在邮件的正文中对附件进行简要说明，并提示收件人查看附件。

若附件为特殊格式的文件，则应在正文中说明其打开方式，以免影响收件人查看。

应为附件设定有意义的文件名。当附件的数目较多（多于 2 个）时，应将其打包成一个压缩文件。

若附件容量较大（超过 25MB），则应事先确认收件人所使用的邮件服务系统有足够的容量收取，否则，应将附件分割成多个小文件分别发送。

（2）电子邮件的收发礼仪。在发送和接收电子邮件时，应当注意以下礼仪。

① 及时确认发送状态。发送电子邮件后，一定要及时确认邮件是否已经发送成功。确认邮件发送状态的方法通常有以下两种：一是检查被发送的邮件是否已显示在“已发送”列表中，若该列表中有显示，则表明发送成功；二是邮件发送几分钟后，检查邮箱中有无系统退信，若无系统退信则表明发送成功。

② 通知收件人。在发完电子邮件后，一定要打电话通知收件人查收并阅读邮件，以免耽误重要事宜。

③ 及时回复。收到重要或紧急的电子邮件后，通常应当在 2 小时内回复对方，以示尊重。对于一些不紧急的电子邮件，则可暂缓处理，但一般不可超过 24 小时。

回复邮件时，最好只将原件中相关的问题抄到回件上，然后附上结构完整的答复内容。若只回复“已知道”“对”“谢谢”“是的”等，则是非常不礼貌的。

【小贴士】

令人反感的行为

曾有调查结果显示，以下几种行为最受电子邮件接收者反感：①转发伤风败俗的玩笑；②使用大写字母写邮件；③讨论敏感的个人问题；④对工作或老板抱怨不休；⑤就某问题争论不休；⑥不厌其烦地描述自己的不幸；⑦传播不负责任的流言蜚语；⑧随意批评他人；⑨详细谈论自己或者其他人的健康问题。

3. 微博礼仪

微博是近几年兴起的一种网络传播和交流的方式，其实就是一种通过关注机制分享简短信息的广播式的社交网络平台。微博可以相互关注，可以共享信息，可以交朋结友，而且使用起来极为方便和快捷，因而一经问世，立即风靡全网，现在依然是很受欢迎的私媒体和社交平台。

对话，是微博的基本形式。虽然大家在微博上彼此互动却不见其人，但微博绝非是一个纯虚拟空间。微博上的一言一行，都能体现出每个用户的不同学识、气质形象与品行素养。而企业的官方微博则更是一个直接的窗口，展现一家企业、一个品牌的内涵。因而，不论是个人的微博，还是企业组织的微博，都应特别注重方法技巧与礼仪规范。

(1) 文明高雅，客观评论。对于个人微博，发布的信息语言一定要文明高雅，内容要清新可读，不可语言粗俗，更不可攻击他人，甚至公开骂人；生气时尽量不发微博，别让自己的心情影响到大家；发送前一定要检查是否有错别字，转发时必须确保自己了解这件事情，评论别人的微博时要了解原文，客观地发表自己的意见，不能信口雌黄，更不能随意骂人，这些都是基本的发微博的礼仪。

(2) 礼尚往来，互相关注。微博也是一个网络社交的平台，在微博上同样讲究礼尚往来，互相关注也是一种礼貌。一般来说，我们会优先关注那些已经关注自己的人，那些回复自己消息的人，主要是获得心理的认知，感觉到互联网上有人关注你，体会到受人尊重的体验。如果你想和一个人交往，你不妨天天围着他的微博转，等到有一天混得脸熟，他会理会你、关注你。如果大家天天来关注你，你一直没有回复，时间久了，没有人再会理会你。也就是说，如果别人关注你，你也应当适时回访，也加上关注。

(3) 官方微博，注重形象。如果你将来在某企业就职，专门管理企业的微博，那就更需要讲究礼仪，这样才能树立企业的良好形象。因为从某种程度上来说，企业的官方微博就是企业形象的一个展示，甚至就是企业的形象。所以，维护好企业的官微，也就是维护好企业的形象。虽然微博操作的权限属于具体的某一位员工，但操作者必须清楚明白，他的所言所行都是代表一个官方企业账号在公共的平台上互动交流。与公众的关系不再是“我”与“你”，而是直接以企业的形象及相关权限身份与众人的在线会面。因此，在具体操作上应尽量减少和避免微博编辑与客服人员的个人行为，而遵循亲和、干练的职业化水准来进行。企业的官微要对大事件高度敏感，对一些公众最为关心或是当前的热点，不妨多加转发；对于一些公益活动，不妨积极参与并转发；对于企业客户，要全心全意服务，并从服务中提升企业的形象。

(4) 语言文明，灵活互动。微博上的礼仪，大多数都是通过微博的发布、回复、评论及私信得以体现。发布微博的语言应当文明礼貌、生动、风趣。微博的文明用语，不仅仅有助于培养积极健康的心态，还是一种热情、亲和、开放合作精神的体现。在微博互动时穿插趣味性、生动性的回复，偶尔与大家开开玩笑，也会起到很好的效果。微博文字中的“小表情”，也可很好地辅助传递情绪，体现人性化的感性内涵。如果一些敏感性问题不适合公开交流的话，那么不妨私信对方，同时要注意，如果没有必要进行私密沟通的事宜，应尽可能不以发私信的形式来处理，以免让对方产生反感，甚至是拉黑。

4. 微信礼仪

微信以其信息发布便捷、传播速度快、影响面广、互动性强等特点，在短短几年时间里迅速发展成为目前国内社交用户群体最多的软件。为了正确使用微信，提高沟通效果，树立良好形象，需要我们了解和掌握微信礼仪。

(1) 规范地命名。微信名虽说是网名，但使用时首先应本着利于交往、利于记忆的目的起一个规范、高雅的微信名，而不能随波逐流、标新立异、哗众取宠。有人认为，微信用户名就是网名，起名可以随心所欲。如有些微信用户用党和国家机关名称来命名，很不严肃；有些用外国政要人名来命名，更有甚者采用恐怖分子的名字；有些把丑当美，视低俗为高尚；有些名称则让人难记难懂，如用一长串英文字母和数字起名，用看不懂的似汉字非汉字的字当名字，等等。当人们看到这些名字时，虽然没见过本人，但内心会做出怪异、另类的判断，难以留下好的印象。

(2) 礼貌加好友。添加他人为好友，要在备注栏里作自我介绍。不作自我介绍就加他人，如果微信名不是自己的真实名字，会让被添加的人感到困惑，有一种"猜猜我是谁"的感觉，更多的时候会被直接忽略掉；即使微信名是自己的真实名字，为体现对被添加人的尊重，作自我介绍也是必要的。添加微信通讯录中的好友入微信群，要事先征得当事人的同意。在现实生活中，我们经常会莫名其妙地收到很多弹出信息，而这些信息大多是毫无半点用处的，究其原因，是我们"被"拉入了各种各样的"群"。

(3) 对等地沟通。这一方面体现在沟通方式的对等上。沟通信息时，一般采用文字，尽量不用语音。文字表达直观，语音很多时候不方便听取，有时甚至会因为发音不标准或不清晰而让人产生歧义或误解。一方采用文字，另一方为图省事而进行语音回复，本身就是沟通上的不平等，会使人感觉缺乏修养。表情符号作为一种"非语言的表达方式"，在一定情境下比文字更简练、更形象、更传神、更富有表达力，但是如果作为下级，在回复上级时仅仅使用表情符号是不妥的，表情符号并未设定明确含义，每个人的用法都可能不同，在不同情境下含义也可能不同，由于文化环境的差异同一个表情符号会有不同的理解。另一方面体现在沟通过程的对等上。微信和短信不同，发短信只要对方手机开机就能正常收到信息，微信则需要在手机上网的前提下才能正常发挥功能，所以要事先检查微信是否正常运行，以确保及时回复他人信息，因故未及时回复的要表明歉意。

(4) 慎"晒"朋友圈。微信朋友圈不是个人的私人空间，事实上，个人的微信朋友圈并非仅仅包括自己的家人和好友，还包括上级、同事，朋友圈其实已具有媒体属性，不是私域，而是一个公共场合。既然朋友圈是公共场合，因此"晒"什么就要十分慎重。一般来说，应做到三个坚守。一是要坚守政治底线，牢固树立"四个意识"，增强政治敏锐性和政治鉴别力，对重大原则和大是大非问题要有清醒的认知，自觉遵守 2017 年中共中央宣传部、中共中央组织部、中央网信办《关于规范党员干部网络行为的意见》，不发表违背党的基本路线，否定四项基本原则，歪曲党的政策，或者其他有严重政治问题的文章、演说、宣言、声明等；不妄议中央大政方针，破坏党的集中统一；不丑化党和国家形象，不诋毁、污蔑党和国家领导人，不歪曲党史、国史、军史，不抹黑革命先烈和英雄模范；不制造、传播各类谣言特别是政治类谣言，不散布所谓“内部”消息和小道消息；不制作、传播其他有严重问题的文章、言论、音视频等信息内容。二是要坚守道德底线，坚守高尚的品格，严以修身、严于律己，不断提升道德境界，追求高尚情操，自觉远离低级趣味，自觉抵制歪风邪气，敢于黑脸，敢于亮剑。三是要坚守法律底线，严格执行保密法规和制度，不泄露涉密信息，不传播非法出版物，不宣扬封建迷信、淫秽色情。

（5）恰当地点赞。微信朋友圈的生命力在于其互动性，互动性越强，“晒”的欲望越强。在实践中，常会发现一些不等距、不正常的现象：有的人不看内容先点赞，哪怕是发的令人悲痛的事情，标题看都不看就直接点赞，这种点赞只能引起他人的愤怒，不如不赞；有的人只给领导点赞，其他人一概不点赞，溜须拍马的形象在众人面前表现得淋漓尽致；有的人希望别人多关注，多点赞自己“晒”的内容，但对他人所发所“晒”内容不点赞、不评论；有的人点赞先看人，例如，同为一个办公室的同事，只为甲点赞，从不为乙点赞，丝毫不顾及别人感受，人为制造人际关系矛盾……为杜绝上述情况，使用微信点赞时，一是要对同事真诚相待，只有真诚才能获得别人的好感。二是要坚持等距离原则，不厚此薄彼。对上级要尊重而不恭维，不吹捧，不溜须拍马。对同事要保持一视同仁、平等对待，不搞小圈子、小集团。创造团结向上的和谐工作环境。

【小贴士】

微信时代过年新礼仪

① 亲朋好友来家里拜年，要及时迎上去告诉 Wi-Fi 密码。不少亲朋远道而来，流量根本不够用，主动告知家里的 Wi-Fi 密码，显得体贴又周到。

② 吃年夜饭的时候，不要着急动筷子。因为有人肯定想拍照留念发朋友圈，等大家都拍完了，再等长辈先动筷。

③ 在朋友圈“晒”年夜饭的时候，记得要感谢辛苦准备年夜饭的亲人。

④ 除夕当天，不要在整点发祝福短信。影响别人抢红包就不好了。

⑤ 春节祝福微信满天飞，要经常检查手机，是否有祝福消息收到没回。再不济也要在 48 小时内回复，否则别人会觉得你不尊重他的祝福。

⑥ 如果有人没有及时回复你的祝福消息，也要将心比心，对方可能是过节太忙碌，不要太往心里去。

⑦ 过年非常开心，有很多信息想发到朋友圈和大家分享，但是不要连续发几条朋友圈刷屏，一天的朋友圈最好控制在 5 条以内。发太多别人会有想屏蔽你的冲动。

⑧ 群发的节日祝福显得太没诚意，一条好的祝福信息需要三要素：有称呼、有特定（个性化）祝福语、有发信人落款。

⑨ 过年遇到许久不见的亲朋好友，想添加为好友，一定要主动扫长辈的微信，不要让长辈或者女士手忙脚乱地来扫你。

第三节 馈 赠

馈赠是人们在交往过程中通过赠送给交往对象礼物，来表达对对方的尊重、敬意、友谊、纪念、祝贺、感谢、慰问、哀悼等情感与意愿的一种交际行为。俗话说："礼尚往来，往而不来，非礼也，来而不往，亦非礼也。"正当的礼品馈赠，是礼仪的体现和感情的物化。馈赠作为一种文化现象，自有其约定俗成的规矩，如何做到既不显山露水，又能打动人心，是人际交往中应当把握的关键。

一、馈赠礼品的选择

馈赠礼品的选择要注意以下方面。

1. 情感性

馈赠礼品要重视其情感意义。礼品作为友好的象征物，其意义并不在于礼品本身，而在于通过礼品所传达的友好情义，这是馈赠礼品的基本思想，所谓"千里送鹅毛，礼轻情意重"。能够融入和体现送礼人情感的礼品，就是最好的礼品。无视情意而只看重礼品价值的行为、以权谋"礼"和行贿受贿的馈赠行为，都是在馈赠时要避免的。

【小贴士】

折 柳 相 送

古人"折柳相送"的故事常为人津津乐道，因为柳的寓意有三：一为表示挽"留"；二为柳枝在风中飘动的样子如人惜别时的心绪；三为祝愿友人如柳能随遇而安。仅就礼物本身的物质价值而言，柳的确是很轻的，然而它所寄寓的情意则是浓重的。

【小故事】

麦琪的礼物

美国作家欧·亨利在其著名的小说《麦琪的礼物》里讲了这样一个故事：妻子十分想在圣诞节来临时送给丈夫一份礼物，她盼望能买得起一条表链，以匹配丈夫祖上留下的一只表。因为没有钱，于是她把自己秀丽的长发剪下来卖了。圣诞之夜，妻子对丈夫献上了自己的礼物——一条精美的表链。丈夫也在惊愕之中拿出了他献给妻子的礼物，竟是一枚精致的发卡。原来，丈夫为给妻子买礼物把自己的表卖了。这时，他们紧紧地拥抱在一起，彼此的爱成为这圣诞之夜唯一的却是最珍贵的礼物。这对夫妻献给对方的礼物，在此时似乎已毫无效用，然而并非如此，它们不但升华了他们之间的爱，使他们得到了最大的精神满足，而且更激发了他们战胜生活困难、追求幸福生活的决心和意志。有这样的情和爱，世上还有不可克服的困难和不可逾越的生活难关吗？

2. 独特性

送人礼品，与做其他许多事情一样，是最忌讳"老生常谈""千人一面"的。选择礼品，应当精心构思，匠心独运，富于创意，力求使之新、奇、特。这就是礼品的独特性。赠送具有独特性的礼品给人，往往可以令其耳目一新，既兴奋又感动，因为这等于是“特别的爱给特别的你”。真是这样的话，赠送者在对方心目中往往也会因此“升值”。

【小幽默】

我的礼物就叫作“一统江山”

电视剧《宰相刘罗锅》里有这样一个情节：乾隆皇帝要过生日，大臣们都在为送什么礼物而头痛。乾隆皇帝富有四海，还有什么东西没见过呢？就在众大臣苦思冥想的时候，刘罗锅却早已心中有数。等乾隆寿辰到来的那天，众臣子都送上了各地的宝物，乾隆皇帝虽然欣然接受，却并没有露出喜色。轮到刘罗锅了，只见他提着一个铁桶，里面装满了鲜姜，走上殿来。皇帝不认识鲜姜，大臣们也不知道刘罗锅葫芦里卖的什么药。刘罗锅说道：“我的礼物叫作‘一统(谐音桶)江山’，因为铁桶里装的是鲜姜。”乾隆听了，不禁龙颜大悦。

3. 适俗性

挑选礼品时，特别要在为交往不深或外地区人士和外国人挑选礼品时，注意了解受礼对象的个人忌讳，有意识地使赠品与对方所在地的风俗习惯一致。例如，一位著名教授(男士)到穆斯林聚集地讲学，当地的朋友热情好客，在送别时送给汉族教授一顶绿帽子，绿色是穆斯林民族最喜欢的颜色。这显然是不合适的，作为汉族教授，对“绿帽子”显然是有所禁忌的。同理在我国大部分地区，老年人忌讳发音为“终”的钟，恋人们反感于发音为“散”的伞不宜送人。阿拉伯地区严禁饮酒，在当地酒不宜作为礼品送人。在西方药品不宜送人。不能送给基督教徒一尊佛像，就算那是古玩也是不妥的。因此在涉外交往中，要根据不同国家、地区的习惯与个人的爱好做些必要的选择，赠礼问俗是我们不能忽视的，这也是一个重要标准。

【小故事】

尼克松的国礼

1972年，尼克松总统准备访华，急于寻求能代表国家的礼物。美国保业姆公司闻讯后，趁此良机，向尼克松总统献上公司生产的一尊精致的天鹅群瓷器珍品，因为瓷器的英文China也具有“中国”的意思。尼克松一见，非常高兴，于是把这尊具有双重意义而且具有很高艺术价值的瓷器珍品带到了中国。

4. 针对性

所谓“宝剑赠侠士，红粉赠佳人”，送礼一定要看对象，有针对性。不论是国际交流，还是国内交往，是正式活动还是私人应酬，交往对象因国家、民族不同，年龄、性别、职业、兴趣各异。选择时，务必要根据不同的对象选择不同的礼品，满足不同的需要。礼品不在价值高，而在受礼人喜爱。人有不同的品性和喜好，送礼要让受礼人喜爱、乐于接受，就要针对不同人的品性和喜好。在选择礼品时，要尽可能了解受礼人的性格、爱好、修养与品位，尽量把礼品送到受礼人心坎儿上。送礼主要不是考虑金钱，而是尽量让礼品起到增进友好关系的作用。针对性的另一方面是礼品要因事而异，即在不同情况下，向受礼人赠送不同的礼品。比如，出席家宴时，宜向女主人赠送鲜花、土特产和工艺品，或是向主人的孩子赠送糖果、玩具；探视病人，向对方赠送鲜花、水果为好；对旅游者，赠送有中国文化或民族地方特色的物品等。

【小案例】

馈赠技巧

在日本，有一个流传很广且很受用的商务礼仪故事。有一个部门主管在餐厅里与客户谈项目的时候，邻桌专门安插了一个公司的职员，这位职员不是来吃饭的，而是来记录上司与客户谈话的，但这里是用心记而不是用笔记录。当上司旁敲侧击地令对方将自己的喜好以及家人的喜好和盘托出时，这位职员立马行动，出去张罗礼物。当双方的会谈愉快结束之时，这位职员又不失时机地出现，拎着送给客户一家大小的礼物。客户当然是喜笑颜开了，不仅自己有礼物，家人也有，且都是大家喜欢的东西。结果自然不言而喻，他们的合作很成功。可见商务活动中，因人而异馈赠的重要性。

【点评】 馈赠礼品看起来事小，其实如果馈赠得体，针对性强，会收到意想不到的效果。既能表达对客人的尊重之心，又能传递主人对客人的真心诚意，且有助于商务活动的顺利开展。

5. 实用性

将日常生活用品作为礼物赠送给对方，不失为一个好选择。因为日常生活用品和人们的生活息息相关，人们每天都在和它打交道，或是做饭，或是品酒，或是饮茶，或是办公。所以，用日常生活用品作为礼物，往往会让客户觉得实用，也能增添亲切感。常见的礼品有炊具、餐具、茶具和酒具等，如将咖啡壶、咖啡杯送给有喝咖啡习惯的人就很受欢迎。此外，还有名片盒(刻上客户的名字更显示出独特性)、金笔、特别的笔筒、桌式玩具、相框、杂志架、各种摆饰、有激励意义的玩偶等大众化的礼品，更能提醒交际对象想起你对其的关爱。

【小案例】

一麻袋栗子

礼仪专家金正昆曾经历过这样一件事情：有一次，他到南方一个地方去。吃饭时有道菜叫栗子鸡，他就顺嘴说："这栗子很甜，好吃。"没想到第二天主人到了机场跟他握别时，送了他礼物，什么呢？一麻袋栗子，他能不要吗？但是，怎么带走呢？主人却没有想到。金正昆遗憾地说："说实话，托运花了不少钱不说，在首都机场提货又累又不容易，让人有点尴尬和难堪。"

【点评】 馈赠礼物还要考虑便携性，礼品通常必须便于携带。案例中的主人送给客人金教授一麻袋栗子，固然体现出其热情好客，但是让人怎么携带呢，反而成了负担。

6. 民族性

礼品要体现民族性。有句话说："越是民族的东西，就越是世界的。"每个民族、每个国家都有自己独特的文化传统和特点。“物以稀为贵”，在送礼时这个“贵”是珍贵，不是价格贵。

【小案例】

马 踏 飞 燕

2002 年 2 月美国总统布什访华，时值中国农历马年，国家主席江泽民把一个与原物同样大小、青铜镀金的“马踏飞燕”仿制品作为礼物送给布什总统。马年送“马”是中国人表示吉利的做法；“马踏飞燕”是古代中国东汉时期的奇思妙想，有 1800 多年的历史了，它表达的是快捷的意思。通过这件礼品，表达了中国希望更快地发展中美关系的美好愿望。这件礼品体现了很强的民族性。

【小幽默】

生 日 礼 物

约翰不知道该送什么礼物给他的同龄女友做生日礼物。于是，他问祖母道：“祖母，要是明天是你的十六岁生日，你想要什么？”

祖母欢快地回答：“我什么东西都不要了。”

【课堂训练】

我国有 56 个民族，每个民族在赠送、收受礼品方面有一些差异。将同学们分组，每组收集若干民族在馈赠礼仪禁忌方面的信息。

二、馈赠的时机和场合

把握好适宜的礼品馈赠时机和场合，是达到馈赠效果的关键。

1. 馈赠礼品的时机

馈赠礼品的时机包括以下方面。

(1) 节假日。通常在职场交际中，每逢我国传统节日或者法定节日等，都可以馈赠礼物给合作伙伴或者友人表示祝贺，比如，春节、元旦、端午节等。现在就连过西方传统的节日，也可以赠送礼品给他人。

(2) 表示庆贺。在交际中，当遇到同事或朋友生日、升学、毕业、乔迁新居、新婚、受奖等时候，一般应备礼相赠，以示庆贺。商务上的交往中也有一些需馈赠礼品的日子，如开业典礼、周年纪念等，此时备礼相送表示祝贺与纪念，也可以增进社会交往关系。

(3) 探视病人。在日常交际中，同事、领导或友人生病，可以到医院或病人家中探望，顺便带去病人喜欢的水果、食品和营养品等，表示问候与关心。

(4) 拜访、做客。当到同事或者友人家里拜访、做客时，可以备些礼物送给主人，特别是送给女主人或小孩。

(5) 答谢帮助。当在生活或工作中遇到困难时得到别人的帮助，为了表示感谢，也可以送些礼品。

(6) 惜别送行。朋友分别,为表示自己的惜别之情,可适当赠送一些礼品留作纪念,以示友谊天长地久。

【小故事】

毛泽东祝寿

1943 年元宵节前夕,即正月十四下午,毛泽东在枣园村散步,遇见了侯老汉和胡老汉,闲谈中得知两位老汉已年过六十,还是同年同月同日出生,巧的是第二天就是他们的生日。经了解,枣园村年过花甲的老人共有 24 位。说者无意,听者有心。毛泽东说:"你们都是六十花甲了,年高有德,应该给你们贺寿。"当晚他就派人邀请 24 位老人,第二天一起过生日。

1943 年 2 月 19 日农历正月十五。这天下午,24 位花甲老人一起来到位于枣园村的中央书记处会议室。毛泽东同老人们一起吸烟、喝茶、拉家常、吃饭、喝酒,为他们集体祝寿。毛泽东给老人们敬酒,祝老人们健康长寿,并送寿礼:每人一条蓝毛巾,一块肥皂。一辈子也没有做过寿的老人们接过毛泽东送的寿礼,笑得嘴都合不上了。这应当算是毛泽东送的最简朴、最实用的寿礼了。

2. 馈赠礼品的场合

一般来说,礼品应当在一见面时就送给对方,如果此时不太方便,也可以在分手道别时再赠送。通常情况下,面对一群人时,只给其中某一个人赠送礼物是不合适的。因为会让这个客户有受贿或受愚弄之感,而其他人则会有受冷落、受轻视的感觉。

即使给关系密切的客户馈赠礼品,也不宜在公开场合进行,以免给人留下营销人员与客户关系密切完全是靠物质支撑的感觉。只有礼轻情意重的特殊礼品,表达特殊情感的礼品,才适宜在大庭广众面前赠送。如一份特别的纪念品等,因为这时公众已变成商务人员与客户双方真挚友谊的见证人。

在会见、会谈时向客户馈赠礼品,一般选择在起身告别之际;拜访、赴宴、道喜、道贺时向客户馈赠礼品,通常选择在双方见面之初相赠;出席宴会时向主人赠送礼品,可在起身辞行时进行,也可选择在餐后吃水果之时;为专门的接待人员、工作人员准备的礼品,一般在抵达当地后尽早赠送给对方;如果向外宾馈赠礼品,可以在客户向自己馈赠礼品后进行回赠,也可以在外宾临行的前一天,在前往其下榻之处进行探访时赠送。①

送礼的时间间隔也很有讲究,过频过繁或间隔过长都不合适。不要经常大包小包地给商务伙伴送礼,这样的频繁送礼,既会让对方觉得送礼者肯定有所图,而且也会觉得比较浪费,会让对方对送礼者好感下降,难有理想的效果。

【小案例】

送错场合的茶具

高洪是李明的上司,两人私交甚好。一次,李明到外地出差时,发现了一套非常精致

① 未来之舟. 销售礼仪[M]. 北京:中国经济出版社,2009.

的茶具，他想起高洪对茶道有所研究，于是买下了这套茶具，准备送给高洪。出差回来后的第一天，李明兴高采烈地直奔高洪的办公室，当着好几个同事的面把那套茶具送给了高洪，并期待着高洪惊喜的神情。然而，李明发现，高洪的脸色不太自然，而且没有对那套茶具表现出特别的兴趣。起初，李明对此感到很迷惑，但稍经思考后立刻明白了这次赠礼的不妥之处。①

三、馈赠的现场礼仪

馈赠礼品还应当讲究相关礼仪，否则将难以发挥馈赠的作用，甚至可能适得其反。

1. 赠送礼品的礼仪

向交际对象馈赠礼品时，要注意以下礼仪规范，保证馈赠活动达到应有的效果。

(1) 精心包装。在正式场合赠送于人的礼品，在相赠之前，一般都应当认真地进行包装。这样一方面是表示送礼人把送礼作为很隆重的事，以此表达对受礼人的尊敬；另一方面，受礼人不能直接看到礼品，会使他产生一个悬念。如果是恰当的礼物，那么当受礼人打开包装看到中意的礼品时，一定会喜出望外，另有一番惊喜。这给送礼又添了一份情趣，加深了对送礼人的好印象，起到了增进关系的作用。因此作为礼品外衣的包装一定要有。

礼品包装要求不论礼品本身有没有盒子都要用彩色花纹纸包装，用彩色缎带捆扎好，并系成好看的结，如蝴蝶结、梅花结等。重视包装就要做到下面两点：一是包装所用的材料，要尽量好一点；二是在礼品包装纸的颜色、图案、包装后的形状、缎带的颜色、结法等方面多用心，要注意尊重受礼人的文化背景、风俗习惯和禁忌，不要犯忌。

在礼物包装上饰以精美贺卡也是很好的做法。小小的一张贺卡，好处可不少。送礼人不但能亲笔在贺卡上写下祝福，伴随礼物传达给受礼人，贺卡本身还能作为一种纪念物，让受礼人在时隔多年后，仍然记得送礼人的情意。商店销售的贺卡通常是按主题分类摆放，可以选择受礼人喜欢的主题或者表达自己心意的样式。不过自制贺卡会显得很特别，而且送礼人的诚意也会让受礼人感动不已。制作卡片时不必担心作品不够精美，请记住：令人感动的是制作卡片的心意，而非卡片本身。自制贺卡最简单的方法是剪下一小张长方形包装纸，对折后把贺词写在内页，再将卡片夹放在缎带下。

(2) 表现大方。现场赠送礼品时，要神态大方自然，举止大方，表现适当。千万不要像做了"亏心事"，小里小气，手足无措。一般在与客户会面之后，将礼品赠送给对方，届时应起身站立，走近受赠者，双手将礼品递给对方。礼品通常应当递到对方手中，不宜放下后由对方自取。如礼品过大，可由他人帮助递交，但赠送者本人最好还是要参与其事，并援之以手。若同时向多人赠送礼品，最好先长辈后晚辈、先女士后男士、先上级后下级，按照次序，依次有条不紊地进行。

(3) 认真说明。当面亲自赠送礼品时，除了说上与送礼品的目的相吻合的祝福的话，如送生日礼物时说一句"祝你生日快乐"，送结婚礼物时说一句"祝两位百年好合"等之外，如果有必要的话，还要辅以适当的、认真的说明。具体有以下几点。

① 万文斌，郝素玲，陈明华. 商务礼仪[M]. 北京：航空工业出版社，2012：58.

① 以说明因何送礼，即为送礼讨个绝妙的说法。

② 说明自己的态度。送礼时应当实事求是地说明自己的态度，比如，“这是我为你精心挑选的”“相信你一定会喜欢”等。

③ 说明礼品的寓意。在送礼时，介绍礼品的寓意，多讲几句吉祥话，是必不可少的。

④ 说明礼品的用途。对较为新颖的礼品可以说明礼品的用途、用法。

总地来说，得体的说明一是表达送礼者的心意；二是让受礼者受之心安。西方人在送礼时，喜欢向受礼者介绍礼品的独特意义和价值，以表示自己对对方特别重视。另外，对自己带去的礼品，不应自贬、自贱，说什么“是顺路买的”“随意买的”“没什么好东西，凑合着用吧”等，既没有必要，又容易让对方产生不被重视的误会。

(4) 正确反应。很多人在受礼的时候会再三推辞，所以馈赠时不要对方一谦虚马上就把礼品收回来，这样会让对方变得失望、难堪甚至恼羞成怒。当客户接受你赠送的礼品时，应报之以微笑，说一句：“真高兴您喜欢它。”

2. 接受礼品的礼仪

当他人赠送礼品时，作为受赠人的商务人员，应当根据具体情况礼貌地接受或者拒绝。

(1) 郑重接受。一般情况下，对于对方真心赠送的礼物不能拒收，因此没完没了地说“受之有愧”“我不能收下这样贵重的礼物”这类话是多余的，有时还会使人产生不愉快的感觉。即使礼物不称你心，也不能表露在脸上。

在特定场合，当他人宣布有礼品相送时，不管正在做什么事，都应当站起身面向对方做好接受的准备。对方取出礼品，准备赠送时，要保持风度，既要神态专注，又要稳重大方。

当对方递上礼品时，要用双手去接，面带微笑，两眼注视对方。接过礼品后，要注意在接过对方礼品的同时，应当恭敬、认真地向对方道谢，也可以与对方握一下手，表示感谢，然后谨慎地把礼品放好。千万不要虚情假意，推推躲躲，反复推辞，硬逼对方留下自用；或是心口不一，嘴上说“不要，不要”，手却早早伸了过去。

(2) 妥善处置。赠礼者如果是东方人，受礼者接过礼品后，可将礼品妥善地放在适当的地方，不可当着赠礼者的面将礼品随便丢弃一边。

赠礼者如果是西方人，手里接过礼品后，除了表示真诚的感谢外，还应当着赠礼者的面将礼品拆封。在拆封时，动作要井然有序，舒缓得当，不要乱扯、乱撕。拆封后还不要忘记用适当的动作和语言，显示自己对礼品的欣赏之意，如将他人所送鲜花捧在身前闻闻花香，然后再插入花瓶，并放置在醒目之处。

(3) 事后致谢。接受外方人员赠送的礼品后，尤其接受了对方所赠送的较为贵重的礼品后，最好在一周之内写信或打电话给送礼人，向对方正式致谢，不仅可以对礼品本身表示感谢，也可以对礼品传达的内在含义或送礼人对自己爱好的关心表示感谢。

若礼品是由他人代为转交的，则上述做法更是必不可缺的。以后有机会再与送礼人相见时，不妨在适当之时，再次当面向对方表示一下自己的谢意。或者是告诉对方，他送给自己的礼品，自己不但十分喜欢，而且经常使用。这种让对方感到他的礼品“物有所值”、备受重视的做法，会令其十分开心。

(4) 拒礼有方。商务人员之间送的礼物,只要是诚心诚意,一般都不能拒绝。如果礼品的价值过高,超过了一般朋友之间的情感和友谊时,就应当认真考虑一下,为什么送这份礼,收下后我承担什么样的责任。一般而言,以下三类物品不宜接受:一是违法违禁的物品;二是价格超过了规定的礼品,如现金、有价证券等;三是包含某种无法接受的暗示的礼品。由于以上这些原因不能接受他人的礼品,需要拒绝他人,这种情况很难处理,如果处理不好,很容易伤害别人,造成矛盾。拒绝的时候要注意,拒绝的是物品,情意一定要收下。拒收礼品时可选择以下方法。

① 言明理由。坦率地向送礼的人说明不能接受礼品的原因。这种方法尤其适用于公务交往中拒收礼品。运用这种方法时,态度要和蔼,语言要坚定,把握好分寸。如拒绝他人所赠的大额贵重礼品时,可以说:"依照有关规定,你送我的这件东西,必须登记上交。"

② 婉言拒绝。采用委婉的方式,不失礼貌地拒绝对方,找一个适当的借口,既让对方觉得你确实不能收,又不能让对方觉得没面子,拒绝的理由完全在于你自己,而不是对方。如当对方向自己赠送一部手机时,可以告知:"我已经有一台了。"

③ 事后退还。有时当场拒收礼品会使对方很尴尬,所以先将礼品收下,事后尽快将礼品退还。事后退还礼品也需要向赠送者说清理由,并致以谢意。

(5) 礼尚往来。收到他人的礼物,在适当的时机要有所回报,这才合乎礼仪规范。

① 把握还礼的时间。根据不同情况灵活对待,如果客人在刚进门时送礼,你可以在客人临走时回赠。有些也可以在接受礼物之后一段时间,登门回拜,带些礼品赠送。也可在节日、喜庆之日送上适宜的礼物,表示感谢。

② 选择还礼的礼物。在所还礼物的选择上,不要以对方赠送的同类礼物还礼,相赠之物的价格大体与对方礼品的价格相当。

当然,不一定要还礼给所有送礼给你的人。如果送礼给你的人出乎你的意料,最好不要还礼,这种人通常和你没有业务关系,你弄不清他送礼给你的原因,也许是你忘记了自己曾帮助过他,他送礼感谢你来了。如果是这样,你还礼给他,反而不近人情,因为你令他无法实现感谢你的心愿。

【小贴士】

礼品禁忌

在选择、准备礼品的时候,要自觉、主动地避开对方受礼的禁忌。要注意以下几种禁忌情况。

① 违法、犯规礼品。比如,国家公务员在执行公务时,即使关系再特殊,也不要赠送任何礼品。送外国友人礼品的时候,还要考虑到不违反对方所在国家的相关法律等。

② 败俗礼品。挑选礼品的时候,特别是要送给交往不深的对象或外地区人士、外国人的时候,就要有意识地使赠品不和对方所在地的风俗习惯相矛盾、相抵触。在任何情况下,都要坚决避免把对方认为属于伤风败俗的物品作为礼品相赠。

③ 私忌礼品。由于种种原因,人们会忌讳某些物品。比如,高血压患者不能吃含高脂肪、高胆固醇的食品,糖尿病患者不能吃含糖量高的食品。如果送私忌礼品给人,对方

反而会认为你没有把他放在心上，不尊重他。

④ 有害礼品。有一些东西，对人们的工作、学习、生活以及身体健康、家庭幸福不但无益，反而有害，比如，烈酒、赌具以及庸俗低级的书刊、音像制品等。送这些礼物，难免会有存心害人的嫌疑。

⑤ 广告礼品。轻易不要把带有广告标志或广告语的东西送人。不然，会让对方产生利用廉价劳动力、替你免费宣传的嫌疑。

除此之外，还要注意礼物的价格标签一定要撕下。否则会使得礼物的商业气息太浓，是非常失礼的。还有就是避免不要把同样的礼物同时送给相识的两个人，那样会让人觉得你在搞“批发”。

第四节　交　谈

【小故事】

载沣与孙中山

辛亥革命胜利后，革命的先行者孙中山做出了一个惊人的决定并付诸实施，即 1912 年 9 月 10 日下午，前往北京后海边的醇王府看望会见了前清摄政王载沣。会见时孙中山还把自己的一张半身近照送给载沣，照片后面写着：“醇亲王惠存，孙文敬赠。”这幅照片一直被载沣珍藏着，直到去世。然而，曾几何时，在载沣的王府里，细心的人会发现孙中山和袁世凯的照片，照片上的眼睛全被抠去，可见载沣对孙、袁两人曾有的忧愤心境。那么，是什么促使载沣对孙中山发生如此大的转变的呢？一个重要方面就是言谈。载沣后来在回忆这次会面时说，他原以为孙中山是一位盛气凌人、不可一世的勇武之夫，没想到他如此谦逊、和蔼和开朗。会见时，他们慢慢地呷着茶水，孙中山称赞载沣在大革命爆发后自动退位，承认共和，避免了国内一场血战，此乃明智之举；说今后中国当在共和的基础上，大家齐心协力，共济富强。还说，为了达成南北统一，自己已辞去正式大总统的候选人，自己将以在野之身，致力于社会建设工作，拟于 10 年内实现修筑 20 万里铁路的愿望……

交谈是一门艺术，正如古语云：“一言之辩，重于九鼎之宝；三寸之舌，强于百万之师。”精湛的语言艺术在人际交往中的威力是不可低估的。成功的交际活动往往依赖于成功的交谈，要提高交谈的质量，首先就要从交谈的礼仪入手，表达得体，说话得当，这样彼此的交往才会大为增色。

一、交谈的基本礼仪

交谈时要注意以下基本礼仪。

1. 态度谦虚诚恳

交谈首先要有一个正确的谈话态度。正确的谈话态度是坦率、真诚，要讲实话，讲肺腑之言。坦率往往能唤起彼此间的信任感和亲切感，加深双方的了解与友谊，这是交谈成功与否的关键所在。真诚是指话语从内容到语气都诚恳可信，愿意同你交往。同时，交谈中必须精神专注、思想集中，而不是糊弄应付；否则就会话不投机半句多，影响谈话效果。

2. 表情亲切自然

表情是人体语言最丰富的部分，人的喜、怒、哀、乐都可以通过表情来反映。交谈时的表情要亲切自然，首先应当注意保持微笑，因为真诚的微笑最能打动人；同时要养成用目光与对方交流的习惯，用目光传递真诚与尊重。

3. 语调平和沉稳

语气语调是说话者真情实感的“显示器”，恰当地运用语气语调，可以增强语言魅力；多姿多彩的语气，会给话语添上形象色彩、感情色彩、理性色彩、风格色彩。

要善于根据不同的交际对象，运用不同的音调恰当得体地表现不同的思想感情。如夫妻、母女等亲密者之间的交谈，语气语调应为“气徐声柔”，给人以温馨感；如果谈话对象是长辈、领导、师长，表达的是敬爱之情，语气语调应为“气平声谦”，给人以敬重感；如果对象是下级、晚辈或年幼者，表达关心与爱护之情，语气语调应为“气舒声长”，给人以亲切感；如果对象是朋友、同事，抒发信任之情，语气语调应为“气平声沉”，给人以诚挚感；如果对象是陌生人，语气语调应为“气缓声轻”，给人以礼貌之感。

4. 举止大方得体

为了表示交谈的诚意，举止一定要配合。坐姿要端正，不能懒散地靠在沙发上，诸如双腿叉开、高跷二郎腿等不雅坐姿都应该避免。手势要自然得体，不能过多，不要出现用笔敲击桌面、玩弄钥匙等小动作，也不要出现用手指指人等幅度过大的动作。

5. 话题贴切妥帖

话题选择得当，可使交谈有个良好的开端，引导双方各抒己见，深入交谈；话题选择不当，交谈就容易中断、错位，很快陷入困境。选择话题可以把握两个要点。

(1) 以对方感兴趣的事情为话题。只有双方都对某一话题感兴趣，才能你一言我一语地交谈下去。以对方感兴趣的事情为话题，就必须了解对方的兴趣。而与刚认识的人交谈是最不容易的，因为不了解对方的性格、爱好。这时宜从平淡处开口，而不要冒昧提出太深入或太特别的话题。最简单的是谈天气，或从所处的环境中找寻话题。比如，“今天来的人真不少！”“这儿您从前来过吗？”“盆花养得真不错！”等。另外，还可以询问对方的籍贯，然后引导对方详谈其家乡的风土人情。

(2) 以对方擅长的事情为话题。交谈犹如打乒乓球，你发的球要让对方容易接，才有可能一来二去地打出多个回合。人际关系也只有在不断的语言交往中才会逐渐融洽。如果你发的球对方不好接，双方的来往就会中断，对方甚至会认为你在故意为难他。这样，就会影响双方关系的进一步发展。

【小故事】

芭芭拉的采访

美国记者芭芭拉·华特初遇美国航空业巨头亚里士多德·欧纳西斯，午餐时趁他与大家谈论业务的短暂空隙，采访了他。“欧纳西斯先生，您在海运和空运方面，还有其他方面都取得了巨大的成就，这是令人震惊的，请问您是怎样开始的?”这个话题触动了欧纳西斯先生的心弦，他立即同芭芭拉侃侃而谈，动情地回顾了自己的奋斗史，而芭芭拉的采访也因此取得了成功。

6. 掌控周到适度

同时与几个人交谈，目光应照顾到在场的每一个人，不要把注意力只集中在你感兴趣的一两个人身上，冷落任何一个人都是失礼的。有人欲与你谈话，应乐于与之交谈。有人想参与你们的谈话，应点头示意，表示欢迎，并在谈话中不时朝向新来者，以示认可。

谈话要注意分寸。措辞要得体、文明，不庸俗，不粗鲁；要有放、有抑、有收，不过头，不嘲弄，把握好“度”；不要唱“独角戏”，夸夸其谈，忘乎所以，不给别人插嘴的机会，或者没完没了，以致影响别人的工作和休息；要察言观色，注意对方的情绪，对方不爱听的话少讲，一时接受不了的话不要急于讲。开玩笑要看对象和场合，一般不与性格内向、多疑敏感的人开玩笑，对方情绪低落、心情不快时不要开玩笑，庄重、肃穆的场合不要开玩笑。

谈话还要注意把握时间。和其他形式的交际活动一样，交谈也要有时间观念，要适可而止、见好就收，要多给他人留下说话的时间。如普通场合的小规模交谈，以 30 分钟内结束为宜，最长不要超过 1 个小时；个人每次的发言，最长也应控制在 3～5 分钟。

7. 寒暄恰当得体

寒暄是谈话之前的开场白，是谈话进入正题的必要过渡，寒暄可以打破陌生人之间的界限，缩短交谈双方的情感距离，顺利引出交谈的话题。因此，一个恰当的寒暄过程，往往预示着正式谈话的顺利进行。寒暄的内容常常是天气冷暖、身体状况、工作忙闲、最近活动、谈话环境等。

社交中和对方初次见面，标准的说法有“您好！”“很高兴认识您！”“见到您非常荣幸！”；比较文雅一点的，可以说“久仰！”“幸会！”。跟熟人寒暄，用语应该亲切一些，如“好久不见了！”“您的气色真不错！”“今天天气真好！”“上班去吗？”等。

【小贴士】

皮埃尔的“润滑原则”

法国古董商皮埃尔被朋友们称为“社交润滑剂”，他一张口就能够调动别人的愉悦情绪。然而，皮埃尔并不是口若悬河、无的放矢的滑稽大王，他有自己的一套“润滑原则”：“不在任何场合讲任何人的坏话，不传播任何坏消息，即使是纽约世贸大厦被飞机撞毁的消息，也由新闻记者去传播吧，我只谈那些能带给人们欢乐和他们感兴趣的话题。没有比谈论别人的缺点更破坏自己形象的事情了！我在谈话中努力寻找对方感兴趣的话题，我先询问别人的兴趣，如果恰好我也对他的兴趣在行，我们就能很快进入状态。由于对歌剧、品酒、油画和古董知识的了解，我结识了不少潜在客户，开拓了新的商业机会。”皮埃尔认为：“闲谈是建立个人良好形象的最佳方式，因为它能让人轻松、愉快，以最快、最简洁的方式消除人与人之间的距离。这是我与客户建立个人关系的唯一方法。”

二、交谈的语言艺术

交谈的语言艺术具体表现为以下几个方面。

1. 准确流畅

在交谈时如果词不达意、前言不搭后语，很容易被人误解，达不到交际的目的。因此在表达思想感情时，应做到口音标准、吐字清楚，说出的语句应符合规范，避免使用似是而非的语言。应去掉过多的口头语，以免语句割断；语句停顿要准确，思路要清晰，谈话要缓急有度，从而使交流活动畅通无阻。

【小幽默】

自作自受

古时有一笑话，说的是有一书生突然被蝎子蜇了，便对其妻子喊道："贤妻，速燃银烛，你夫为虫所袭！"他的妻子没有听明白，书生更着急了："身如琵琶，尾似钢锥，叫声贤妻，打个亮来，看看是什么东西！"其妻仍然没有领会他的意思，书生疼痛难熬，不得不大声吼道："快点灯，我被蝎子蜇了！"真乃自作自受。

2. 委婉表达

交谈是一种复杂的心理交往，人的微妙心理、自尊心往往在里面起到重要的控制作用，触及它，就有可能产生不愉快。因此，对一些只可意会不可言传的事情、人们回避忌讳的事情、可能引起对方不愉快的事情，不能直接陈述，只能用委婉、含蓄、动听的话去说。常见的委婉说话方式有以下几种。

(1) 避免使用主观武断的词语，如"只有""一定""唯一""就要"等不带余地的词语，要尽量采用与人商量的口气。

(2) 先肯定后否定，学会使用"是的……但是……"这个句式。把批评的话语放在表扬之后，就显得委婉一些。

(3) 间接地提醒他人的错误或拒绝他人。

【小故事】

柯立芝与女秘书

美国第30任总统柯立芝的女秘书可算得上是一位千里挑一的美女，但却是一个粗心之人，在处理公文时常常由于疏忽大意而出错，柯立芝一直想找机会提醒她。一天早上，这位秘书走进柯立芝的办公室送报纸，柯立芝看了看她说："你今天穿的这身衣服可真漂亮。"秘书一听受宠若惊，高兴地笑了。柯立芝接着说："我相信你的公文处理也能和你一样漂亮。"秘书听后脸红地点了点头。此后，秘书在公文处理上果真很少出错了。当然，用词委婉要适时恰当，适可而止，否则就会给人留下"学究""文绉绉""酸溜溜"的印象。

3. 适时赞美

善于发现他人的优点，并恰到好处地赞美他人，能促进人际关系的和谐，有利于交谈的顺利进行。但赞美别人也要讲究技巧，赞美要适时，并给人真诚的感觉。例如，当看到对方理了新发型、换了新衣服，如果适时地给予赞美，立刻能使对方感到愉悦，如"新发型真时尚啊！""你的新衣服真不错！"但赞美时也要注意表达，如果告诉对方："你的新衣服真不错，我从来没看到你穿得这么漂亮！”那么这句赞美将适得其反。

赞美别人千万不要过分地恭维，那样只会让人觉得是虚情假意。赞美应因人而异，要了解不同人群喜欢听什么样的赞美。男人喜欢别人称赞他幽默风趣、有风度、有才华；女人渴望别人注意自己年轻、漂亮、时尚；老人乐于别人欣赏自己身体健康、养生有道、经历丰富；孩子则爱听别人表扬自己聪明、懂事。

【小故事】

赞美成就了拿破仑

拿破仑从小就失去了母亲，因为没有受到应有的管教，整天在村里游手好闲、惹是生非，成了村里远近闻名的坏小孩，不论村里发生什么坏事，人们都要和他联系起来，认定就是他干的。幸运的是，在他十四岁那年，一个对他有重大影响的人来到了他的家庭，这个人就是他的继母。

他的父亲介绍说拿破仑是这些孩子中最最不听话的，继母却不以为然，她把自己的双手放在拿破仑的肩上，慈祥地看着拿破仑的眼睛，说：“这是最坏的孩子吗？不对吧，我看他恰好是这些孩子中最伶俐的一个，而我们所要做的一切，就是把他所具有的伶俐品质挖掘出来。”

靠着赞美的力量，拿破仑的继母赢得了一个孩子的心，也正是靠着赞美的力量，拿破仑走上正途、不断奋进，最终成就了一代伟业。

【课堂训练】

每5人为一组，确定一位被赞美对象，其他人依次进行赞美。完毕后互评赞美语是否得当，被赞美者致谢并说明自己的感受。

4. 幽默风趣

交谈本身就是一个寻求一致的过程，在这个过程中常常会出现不和谐的地方而产生争论或分歧，这就需要交谈者随机应变，凭借机智抛开或消除障碍。幽默还可以化解尴尬局面或增强语言的感染力。它建立在说话者高尚情趣、较深的涵养、丰富的想象、乐观的心境、对自我智慧和能力自信的基础上。它不是要小聪明或“卖嘴皮子”，它应使语言表达既诙谐又入情入理，应体现一定的修养和素质。

【小幽默】

还没插秧呢

有一次，梁实秋的幼女文蔷自美返台探望父亲，他们便邀请了几位亲友，到“鱼家庄”饭店欢宴。酒菜齐全，唯独白米饭久等不来。经一催再催之后，仍不见白米饭踪影。梁实秋无奈，待服务小姐入室上菜之际，戏问曰：“怎么饭还不来，是不是稻子还没收割？”服务小姐眼都没眨一下，答称：“还没插秧呢！”本是一个不愉快的场面，经服务小姐这一妙答，举座大乐。

5. 耐心倾听

有一句老话“人长着一张嘴巴，两只耳朵，就是为了少说多听”，是很有道理的。与人交谈不但要善于表达自己的意思，而且还要善于聆听对方的说话，这在社会交往活动中是个不容忽视的问题。认真听取他人讲话可以获得更多的信息，抓住机会向别人学习；可以避免和减少说话的失误，使谈话简而精；同时也是对对方的尊重。我们不仅口才要好，还要有一副好“耳才”，做一个善于倾听的人。

【小贴士】

我还要回来

美国知名主持人林克莱特有一天访问一名小朋友，问他说：“你长大后想要当什么呀？”小朋友天真地回答：“嗯……我要当飞机的驾驶员！”林克莱特接着问：“如果有一天，你的飞机飞到太平洋上空，所有引擎都熄火了，你会怎么办？”小朋友想了想：“我会先告诉坐在飞机上的人绑好安全带，然后我挂上我的降落伞跳出去。”当在场的观众笑得东倒西歪时，林克莱特继续注视着这孩子，想看他是不是自作聪明的家伙。没想到，接着孩子的两行热泪夺眶而出，这才使得林克莱特发觉这孩子的悲悯之心远非笔墨所能形容。于是林克莱特问他说：“为什么你要这么做？”小孩的答案透露了这个孩子真挚的想法：“我要去拿燃料，我还要回来！我还要回来！”

【点评】 通过这个故事，大家应该明白沟通是双向的，我们并不是单纯地向别人灌输自己的思想，还应该学会积极地倾听。

6. 用语礼貌

(1) 要求交谈中多使用礼貌用语。这样不仅会得到人们的尊重，提高自身的信誉和形象，还会对自己的事业起到良好的辅助作用。在现代交际中，日常礼貌用语归结起来，主要可划分为如表 4-4 所示的几个大类。

表 4-4 礼貌用语一览表

礼貌用语类型	举例
问候用语	您好！各位好！小姐好！××先生好！××主任好！早上好！中午好！下午好！晚安！各位下午好！××经理早上好
欢迎用语	欢迎！欢迎光临！见到您很高兴！恭候光临！××先生，欢迎光临！欢迎再次光临！欢迎您又一次光临本店
送别用语	再见！回头见！慢走！走好！欢迎再来！保重！一路平安！旅途顺利
请托用语	请稍候！请让一下！劳驾！拜托！打扰！请关照！请您帮我一个忙！劳驾您替我看一下这件东西！拜托您为这位女士让一个座位
致谢用语	谢谢！××先生，谢谢！谢谢，××小姐！谢谢您！十分感谢！万分感谢！多谢！有劳您了！让您替我们费心了！上次给您添了不少麻烦
征询用语	您需要帮助吗？我能为您做点什么？您需要点什么？您需要哪一种？您觉得这件工艺品怎么样？您不来一杯咖啡吗？您是不是很喜欢这种方式啊？你是不是先来试一试？您不介意帮助您吧？您打算预订雅座，还是散座？这里有三种颜色

续表

礼貌用语类型	举　例
应答用语	是的。好。很高兴能为您服务。好的,我明白您的意思。请不必客气。这是我们应该做的。请多多指教。过奖了。不要紧。没关系。不必,不必。我不会介意
赞赏用语	太好了！真不错！对极了！相当棒！非常出色！您真有眼光！还是您懂行！您的观点非常正确,看来您一定是一位内行。哪里,哪里,我做得还很不够。承蒙夸奖,真是不敢当。得到您的肯定,的确让我们很开心
祝贺用语	祝您成功！一帆风顺！心想事成！身体健康！生意兴隆！全家平安！节日快乐！活动顺利！新年好！春节快乐！生日快乐！旗开得胜,马到成功
推脱用语	您可以到对面的商场去看一看。我可以为您向其他专卖店询问一下。下班后我们酒店还有其他安排,很抱歉不能接受您的邀请
道歉用语	抱歉。对不起。请原谅。失礼了。失言了。失陪了。失敬了。失迎了。不好意思,多多包涵。很惭愧。真的过意不去

(2) 要求拒绝不文明语言。表 4-5 中的语言在交谈中均不宜采用。

表 4-5　不文明语言示例

粗话	为了显示自己为人粗犷,出言必粗,如把爹妈叫"老头儿""老太太";把吃饭叫"撮一顿",在交际中使用这种粗话是很失身份的
脏话	讲脏话,即口带脏字,讲起话来骂骂咧咧,出口成"脏";讲脏话的人,非但不文明,而且自我贬低,低级无聊
黑话	黑话,即流行于黑社会的行话,讲黑话会令人反感厌恶,难以与他人进行真正的沟通和交流
荤话	荤话,即说话者把艳事、绯闻、男女关系之事挂在口头,说话"带色""贩黄"不但表明说话者品位不高,而且对交谈对象也不够尊重
怪话	有些人说话或怪里怪气,或讥讽嘲弄,或怨天尤人,或黑白颠倒,或耸人听闻,专要以自己的谈吐之"怪"而令人刮目相看;爱讲怪话的人,难以令人对其产生好感
气话	气话,即说话时闹意气、泄私愤、图报复,大发牢骚,指桑骂槐;在交谈中说气话,不仅无助于沟通,还容易伤害人、得罪人

案例讨论

如此会面

小李今年刚大学毕业,在大华公司总经理办公室做秘书工作。一天,公司王总经理派他到机场去接广州明光公司销售部的吴丽晶经理。小李准时来到机场,在出口处吴经理见到小李手中的字牌,走到小李面前说:"你好！你是小李吧,我是吴丽晶!"小李连忙用不太标准的普通话说:"是的,是的,我是小李,您好！您就是广州过来的狐狸精(吴丽晶)吧？我是王总派来接您的。我是东方大学行政管理专业毕业的研究生,现在是王总的秘书。"一边说一边伸手准备与吴经理握手。面对小李这样的称呼、这样的自我介绍、这样的握手方式,吴经理会是什么感觉呢？

思考题:

(1) 小李在与吴经理会面中存在哪些礼仪问题？

(2) 日常交际中应注意哪些礼仪?

电话求职为何失败

毕业生小李前几天在学校"大学生就业网"上看到了一则昆明市某单位的招聘信息,小李觉得单位的基本条件不错,为了获得更大的录取机会,小李决定直接与单位人事部门通一次电话,进行一次电话自荐。小李在下午5点多向用人单位打去了电话,接电话的工作人员告诉他主管领导不在。小李为了稳妥,第二天8点就往单位打去了电话,不巧的是主管领导正在开会,他便向接电话工作人员介绍了自己的情况。经过15分钟的谈话,小李觉得自己还没有能完整地向单位展示自己,可接电话的工作人员却打断他的谈话,说自己已经清楚了,会向主管领导汇报情况。

思考题:

(1) 小李的电话自荐为何不成功,请你帮他分析原因。

(2) 本案例对你有何启示?

一个秘书的经历

王芳是在某公司工作多年的秘书,主要负责接待以及外线电话的转接。她现在已经是一名优秀的秘书了,可在她成长过程中也出现过许多大大小小的错误。现仅列举两个典型例子。

其一,王芳刚做秘书工作时,认为打电话不过是连3岁小孩都会做的简单事情,但发生的一件事情让她改变了这种观点。一次,总经理让她询问对方对合同中几个条款的看法。她没有认真研究这几个条款,也没有询问总经理的意见,马上拨通对方的电话。当对方提出几个方案时,她无法和对方进行任何交流,自然也无法达到通过她侧面了解对方真实意图的目的。慌乱之中,她竟忘了做电话记录,整整半个小时的通话,在她脑中是一片空白。幸好她比较坦诚,如实向总经理做了汇报。总经理亲自打电话,表示歉意,这才如期签署合同。王芳是一个负责任的秘书。自从事情发生后,她专门准备了一个笔记本,有关计算机文件也及时保存、备份。

其二,王芳每天负责处理大量的电子邮件,除了那些垃圾邮件外,她将所有往来邮件都保留在电子邮箱中。这样做确实也带来很多方便,即使出差也可以从电子邮箱中查阅历史文件。但有一段时间,她连续七天没有收到任何邮件,给客户的邮件也没有一个回复。她用电话跟客户联系,客户说发出去的邮件全部被退回。她赶紧请教有关计算机人员,这才发现这是由于邮箱空间爆满所致。

思考题:

(1) 打电话前应该思考哪些问题?

(2) 使用电子邮件应注意什么?

手　帕

有一次,国内某国际旅行社在接待来华的意大利游客时准备送每人一件小礼品。于是,该旅行社订购了一批真丝手帕,是杭州的著名厂家生产制作的,每个手帕上都绣着花草图案,十分美观大方。手帕装在特制的纸盒内,盒上印有旅行社的社徽,显然是很得体的小礼品,他们料想客人一定会喜欢。在即将结束一天的愉快行程时,导游给每位游客赠送了两盒包装精美的手帕作为礼品。没想到的是，礼品分发后车上一片哗然，议论纷纷，客人表现出了不高兴的样子。导游慌了，好心好意送的礼品，不但没得到感谢，怎么反而出现这般景象呢？

思考题：

(1) 旅行社精心准备的礼物，为什么会使意大利客人不高兴呢？

(2) 本案例对你有何启示？

实训项目

1. 见面礼仪训练

(1) 3～5 人一个小组，每组设计一个见面场景。

(2) 要求此场景将称呼、介绍、握手等见面礼、问候、递接名片等交际礼仪，连贯地演示下来。表演之前，每组应就设计的场景和成员的角色进行说明。

(3) 学生对各组的表演进行评价，找出不合规范之处。

(4) 授课教师总结点评学生存在的个性和共性问题。

(5) 最后全班评选出“最佳表现组”。

训练手记：通过训练，我的收获是____________________。

2. 电话(手机)礼仪训练

通过组织学生自编小品“打电话”活动，强化电话(手机)礼仪规范。具体操作如下。

(1) 实训准备：场地、电话等。

(2) 实训方法：学生 3～5 人分为一组，自编小品表演打电话(手机)，可以将打电话(手机)中不规范的礼仪表现演示出来。

(3) 表演后，师生点评。

训练手记：通过训练，我的收获是____________________。

课后练习

1. 设想几种不同的社交场景，说明应如何根据交往对象不同进行称呼。

2. 请面对全班同学作一分钟自我介绍。

3. 设计几个不同人物身份和场景，模拟训练正确的介绍方法。

4. 欣赏相声表演艺术家马季的相声《打电话》，讨论打电话应该注意的礼节。

5. 手机已经和人们的日常生活形影不离，不管是休息、聚会、吃饭，不管是坐姿、站姿、卧姿，甚至上课、开会，人们都可能放不下手机，讲讲你心目中人们的手机综合征有哪些，并说明还有哪些是不礼貌的行为。

6. 互联网给来自天南海北的人们提供了在线交流的平台，由于空间的虚拟性，人们只能“观其言，知其行”，请问在网络聊天时哪些不恰当的言语行为会有损自己的形象？

7. 给大家讲一个你亲身经历过（或者听说过）的有关微信的“故事”。

8. 以宿舍为单位，请谈谈不同的室友过生日，应分别选择什么样的礼品，并说明理由。

9. 讨论在交谈中遇到以下三种情况该如何处理。

(1) 对方不知不觉将话题扯远了。

(2) 对方心血来潮，忽然想到了他得意的事。

(3) 对方故意转移话题，不愿意再谈原来的事。

10. 赞美他人可以采用哪些方式？可以从哪些角度对他人进行赞美？

第五章 公共生活礼仪

礼节乃是一封通行四方的推荐书。

——[英]弗・培根

礼貌是人类共处的金钥匙。

——[西班牙]松内苏吉

学习目标

通过本章的学习，应该达到以下目标。

知识目标：了解校园生活中应该遵循的礼仪规范；了解旅行应做的准备；了解公共场所应该遵循的礼仪规范；做好求职面试的各项准备。

能力目标：乘坐各类交通工具符合礼仪要求；遵守入住酒店的礼仪规范；遵守公共场所的礼仪规范，塑造良好的公共形象；根据自身实际设计出引起用人单位关注的简历；面试符合礼仪规范，拥有职业化的举止；在面试中得体地与面试官沟通交流，展现良好的职业形象。

思政目标：在日常生活中时刻用社会主义核心价值观规范自身言行，体现出良好的礼仪素养，塑造良好的个人形象。

案例导入

公共礼仪

李帆准备利用星期日的时间和好朋友颜然一块儿看电影，两人约好在街心花园的公共汽车站见面。谁知到了约定时间，颜然还没来。李帆在焦急的等待中点燃了一支烟。过了一会儿，他远远地看到颜然正急匆匆地从马路对面跑过来，全然不顾是在闯红灯。李帆立即大声喊叫颜然的名字，引来周围人好奇的目光。电影放映时间快到了，两人赶紧登上公共汽车，一路上两人有说有笑。一到站，李帆不顾乘客的埋怨，拉着颜然强行挤下车。等他们来到电影院时，电影已经开始放映。找到座位坐定后，两人开始就剧情窃窃私语，一直到电影结束。

思考题：

1. 李帆和颜然的举止行为是否符合礼仪规范？如果不符合，应如何改进？
2. 公共场合应该注意哪些礼仪？

公共生活礼仪是人们公共道德的具体体现。公共生活礼仪包含了文明礼貌、助人为乐、保护环境、爱护公物等多方面内容。公共生活礼仪是维护和谐社会的重要条件，是促进经济社会健康发展的前提，是提高社会成员基本生活质量的基本保证，也是国家文明程度的重要标志。事实证明，一个国家、一个地区或一个部门的公共生活是否安定有序，公共场所是否井然有序，环境是否优美干净，道路是否整洁通畅，社会风气是否健康向上，人际关系是否和谐，人民生活是否安居乐业，公民是否讲礼貌、讲道德，不健康的行为出现的多少等都是衡量一个国家文明程度的重要标志。我们必须加倍重视社会公共生活礼仪！

判断一个人究竟是知礼讲礼，还是粗俗无礼，最重要的就是观察他的公共生活礼仪行为。上述案例中的主人公李帆和颜然的举止是不符合相关礼仪规范的，他们的行为将受到人们的鄙视。因此，作为一名现代人，应十分重视公共生活礼仪，自觉遵守社会公德，维持公共秩序，以较高的礼仪水准、良好的自我形象，对社会发挥出示范作用。

第一节　校园生活

一个人的成长期是在学校度过的，学校是人生中至关重要的阶段。在学校中树立的人生观、世界观和学到的知识能力，将会在未来的工作中受用不尽。同样在学校中掌握和理解的礼仪要求，也会成为一生的行为习惯，影响到未来的工作与生活。因此，学生在校期间的礼节礼仪要求就显得尤为重要。

一、尊师礼仪

尊师是我国传统的美德。教师像辛勤的园丁一样为学生“传道、授业、解惑”，被称为“人类灵魂的工程师”。作为学生应遵守以下尊师礼仪。

1. 尊重老师的劳动

教师的辛苦劳动体现在教学上，学生虚心学习，认真上好每一堂课，取得良好的学习成绩，这是对教师最大的尊重，没有什么比这更能使教师得到安慰和喜悦的了。教师的希望都寄托在学生身上，“小树成材，桃李满天下”，是教师辛苦劳动的最大偿付。

2. 尊重老师的人格

古人曰：“一日为师，终身为父。”可见教师在人们心中的地位。作为学生应从心里敬重教师，尊重教师的人格。学生和教师谈话时，应主动请教师坐，若教师不坐，学生应该和教师一起站着说话。同教师谈话，要集中精神，姿势端正、双目凝视教师，有不同看法时，可及时向教师请教、探讨。要虚心接受教师批评，不可当场顶撞教师。

3. 注重礼仪形式

见到教师应问好、行礼；下课要起立迎送；进教师办公室时要轻轻叩门，然后开门进去，行礼后说明来意；到教师办公室、寝室不能乱翻乱动教师物品；休息时间最好不打扰教师；到办公室或教师家不宜逗留过久，办完事应尽快离开等。

学生不仅要尊重自己的班主任、辅导员、任课教师，对学校其他教育工作者，包括医生、清洁工也应讲礼仪。

【小贴士】

对同学的礼仪

在学校生活中，同学相互之间应以礼相待，互相帮助，和睦相处。同学之间应注意：

① 互相帮助。同学之间朝夕相处，难免会产生矛盾，这时态度一定要冷静，虚心听取对方意见，多为对方着想，不要伤害对方的自尊心。不管对错在谁，都要以真诚、友善的态度去解决。当同学有困难或生病时，大家应安慰、探望和鼓励他，祝他早日战胜困难、恢复健康。同学间应时常互帮互助，共同进步。

② 宽容理解。虽然同学之间关系密切，但也不要忘记兼顾他人。同学之间，个人的兴趣、爱好、个性、生活习惯、为人处世等方面都有差异，因此，理解是化解差异、沟通与协调的润滑剂。人人都不以己好去苛求他人，不在小事上挑剔，不影响团结。

③ 讲究礼貌。同学之间也要讲礼貌，书面用语、日常生活用语等都要注意礼貌，与同学交往、活动的行为举止也要文明。

二、课堂礼仪

学生应在课前五分钟内进入教室，做好课前准备，脱帽端坐恭候教师到来。如果遇到特殊情况，不得已在教师上课后才进入教室时，应注意礼貌道歉：应先在教室门口轻轻叩门或喊“报告”，得到允许后，才能进入教室，然后要诚实地向教师说明迟到的原因，得到教师谅解和允许后，迅速而轻声地归座。

教师走进教室，班长喊“起立”，全体同学立即起立，并向教师问候“老师好”！声音要洪亮，待教师回礼后再轻轻坐下。课堂中应保持肃静的气氛，这一方面为教师教学创造良好环境；另一方面也有利于自己安心学习。课堂上集中精神，用心听课，积极发言。有问题未经教师允许不要在座位上大声喊，回答教师的问题时，表情要大方，声音要清晰，不要忸忸怩怩或故意做出滑稽的举止引人发笑。

下课铃响，教师说“下课”后，全班同学起立站好，说：“老师再见！”注目教师离去后再自由活动。

【小贴士】

实验(训)室礼仪

实验室及校内实习基地是学校实践性教学的主要场所，也是学生校内活动的重要场所之一。实验实习场所对大学生的行为规范有以下相应的要求。

实验实习课要按有关规定提前做好准备，要按时到指定的实习实验地点。

要自觉遵守实验室和实习基地的各项管理规定，尤其是对各种仪器设备不随意乱动，爱护各种设施及公物。

仪器设备使用和实习实验操作要按操作规程和指导教师要求的去做。有不清楚的地方，一定要向指导教师请教后再做，以免损坏仪器设备造成安全事故。

业余时间自行做实验，更要遵守实验室管理和仪器操作使用的各项规定。

要尊重实习实验指导教师和管理人员，要协助指导教师和管理人员交清仪器设备及相关物品，协助指导教师和管理人员整理好实习实验场所。

三、宿舍礼仪

宿舍是学生在校期间居住的场所，也是学生离开家庭住进学校后的"家"。与自己的家庭相比，这个"家"的成员来源更广，范围更大，因此，学生在宿舍应该注重礼仪。

1. 遵守作息制度

作息制度是学校为了确保学生睡眠充足，也是为了便于统一管理而制定的行为准则，遵守作息制度是学生起码应做到的。

按时回宿舍，自觉接受门卫人员的检查。各学校都规定了宿舍区的出入时间，夜间学生必须在规定时间以前回宿舍，如有特殊原因未能及时回宿舍的，要如实向门卫人员讲明原因。

按时作息。宿舍各成员在熄灯后应马上就寝，切忌在走廊里、宿舍里大声喧哗。休息时间要尽力避免使桌椅发出声响，以免影响他人休息，与其他宿舍产生矛盾。早晨要按时起床，坚持早操，养成良好的作息习惯。

熄灯后不卧谈。熄灯后谈话是目前学生宿舍内存在较为普遍的一种不良习惯。有这一不良习惯的同学既影响他人正常休息，也形成自己不良的作息习惯，影响自身休息，于人于己都是有害的，因此，有卧谈习惯的同学应改掉这一不良习惯。

2. 保持环境整洁

整洁卫生的生活环境，不仅有利于宿舍成员的身心健康，也给学生们创造了良好的生活条件。

养成良好的个人习惯。要按时洗脸、洗脚，经常洗澡。勤洗衣服勤刷鞋，认真整理内务，保持个人身体卫生和生活用品的整洁。

做好值日生工作。轮到值日的同学，认真做好整个宿舍的整理、清洁等工作。其他同学也应积极予以配合。

切忌随意向窗外乱抛杂物、泼水。随意向窗外乱抛杂物、泼水也是不尊重他人劳动、破坏公共优美环境的极不文明的行为。

保持宿舍楼公共场所卫生。有些同学注意了宿舍内卫生，却忽视了宿舍外卫生，以至于在盥洗室内乱倒剩余饭菜，在楼梯、过道扔杂物、泼脏水等，这些都是极为错误的行为。

3. 遵守各项规定

严禁私自撕毁或拆装宿舍设备。宿舍里配备的各种用具是学生正常生活、学习、休息的物质保证。违章撕毁或拆装，到头来只能是害人害己。

严禁留宿异性。留宿异性的行为不仅是违法乱纪，也是个人不文明、不道德的表现。

严禁随意留宿外来人员。随意留宿外来人员会给其他同学的学习、生活带来诸多不便，有时还会对宿舍区的安全产生不良后果。因此，未经学校有关部门的批准登记，学生不可留宿外来人员。

严禁酗酒、吸烟，这不但是学校明令禁止的，而且是易引发火灾和意外事故的不文明生活方式。看不健康的DVD，既违反校规校纪，也影响学生的健康成长。

4. 热情接待客人

对于来访的学校领导、教师、同学家长和外宿舍的同学要热情接待。如遇不认识的来访者，要认真询问其情况，以免出现上当受骗情况。

5. 坚持厉行节约

在盥洗室洗刷完毕或看到长流水时，要随手关好水龙头。在光线充足或离开宿舍时，要随手关灯。切不可因水电是学校的，对长明灯、长流水听之任之，造成不必要的浪费。

6. 互相尊重宽容

高校学生来自全国各地，在生活习惯、行为处世上各不相同，在集体生活中提倡养成"自觉"和"宽容"这两种美德，自觉地淡化生活中自己与大多数成员相异的习惯，学会宽容别人，宽容他人有意或无意的过失。只有求大同存小异，整个宿舍才能形成和谐、宽松的气氛。同时，尊重他人的独立性，不要将自己的思想强加于人。

四、就餐礼仪

1. 自觉排队

有秩序地进餐厅，不要冲、跑、挤。学生在食堂就餐，应自觉排队，以保持井然有序的次序。每天开饭的时间，食堂里人非常多，有的同学喜欢在排队等候的时候打打闹闹，有的同学则用勺子或筷子敲打饭碗，个别不自觉的同学插队，使原本已喧闹的餐厅显得更加嘈杂和混乱。因此，每位同学都应该按照先来后到的顺序自觉排队，养成良好的文明习惯。

2. 勤俭就餐

就餐时，不要铺张浪费，要勤俭节约。古人云："锄禾日当午，汗滴禾下土。谁知盘中餐，粒粒皆辛苦。"就餐时，要根据自己的食欲和饭量购买饭菜，丰俭由人；而不是有攀比之风，为了所谓的"面子"点菜，结果造成浪费，很可惜。应该爱惜食物，不要随便剩饭、剩菜。如果有吃剩下的饭、菜，要倒进指定的泔水桶，不要往洗碗池、洗手池里倒。

3. 礼让座位

在就餐高峰时，食堂里人满为患，找到空位子的确很难。

如果餐桌上已经有了一位就餐的同学，还有一个空位子的时候，后来者可以礼貌地问先来的同学："请问这里可以坐吗？"在得到肯定的回答后便入座。入座时，抽出椅子的动作要轻，还要注意和邻桌保持距离，留出空道。先到的同学对于后来的同学要求同桌用餐，应该表示欢迎，同时不妨酌情移动一下座位，方便他人入座。如果和师长在一起吃饭，要请师长先入座。

4. 文明进餐

吃饭时，要细嚼慢咽，不可狼吞虎咽。咀嚼食物时，嘴里不要发出太大的声音。骨、刺以及无法吃的其他东西，不要随地乱吐，可以放在餐具里或吐到自己准备的其他盛具里。不能当着别人的面剔牙，如果非剔不可时，也需要用一只手或其他物品遮嘴，另一只手剔牙。此外，进餐时不要大声喧哗，更不要肆意打闹。和师长、同学以及熟悉的人在一起吃饭，先吃完的时候要会说“大家慢慢吃”。

5. 保持清洁

在食堂就餐，大家都希望就餐环境清洁、卫生。保持食堂的清洁卫生，不仅仅是食堂工作人员的责任，广大同学也应该自觉地维护就餐环境。因此，在就餐过程中，注意不要把饭菜洒到桌面上或地上。如果有鱼刺、鸡骨之类的东西，要暂时把它们放在一边，而不要放在别人的眼前，以免影响他人就餐。就餐结束时，应清理好自己的餐具及遗弃物品。吃完饭后自觉把餐具放在指定的地方。

五、图书馆礼仪

图书馆是人们追求精神文化生活的地方，要求每位读者在求知的同时，爱护图书，遵守图书馆的规章制度。

出入图书馆、阅览室要保持安静，说话要轻，不可大声喧哗，也不得激烈讨论或大声争论问题，不吃零食，不吸烟，不随地吐痰，入座时移动椅子要轻拿轻放，不要发出声音。

借阅图书时，要自觉遵守借阅规定，主动出示证件，使用文明用语。要按次序凭借书证借书。检索卡片时，用力要轻缓，不要弄丢、弄坏。去书架找书，要轻拿轻放。图书看完后要放回原处。阅毕或借期已到，应及时归还，以便别人借阅，充分发挥图书的利用价值。

进入阅览室应寄存背包；不要在阅览室大吃大嚼，更不能吸烟；不要一个人占几个人的位置；在电子阅览室要爱护仪器设备，服从管理人员的管理，不能利用图书馆计算机进行网上非法及不道德的活动。借阅高潮人员拥挤时要自觉遵守公共秩序和维持公共卫生。

在阅览室要文明阅览，要维护阅览室的安静，阅览时翻书页要轻轻地翻，尽量不发出声音，翻页时不要沾唾沫。要爱护图书，不折叠、污损，不乱涂、乱画。对自己有用的资料可以用笔记本抄录或者复印。撕坏书或“开天窗”，甚至将书窃为己有，都是不道德的可耻行为。对于珍贵书籍要倍加珍惜，如有损坏，应主动按规定赔偿。

对开放书刊应逐册取阅，不要同时占有多份。阅后立即放回原处，以免影响他人阅读。

第二节 交通出行

随着人们生活水平的提高，平时和假日的旅行增多了，在国内或海外旅行的机会也增多了，所以掌握旅行的相关礼仪知识，不断培养自觉遵守旅行礼仪的习惯是十分重要的。否则，如果不注意交通出行礼仪，是没有人愿意与之合作的。

一、旅行的准备

旅行的准备工作至关重要，它具体包括以下两个方面的工作。

1. 制订旅行计划

(1) 确定旅行的任务。一次商务旅行有时可以完成多项任务，但这些任务应有主次之分，主要任务是争取完成或必须完成的，次要任务是要兼顾的。

如主要任务可能是去参加一个洽谈会议，与对方达成某个贸易协议，为此可能还需宴请对方、举行谈判会议等。再有时间，可能顺便参观当地名胜古迹。

(2) 日程安排。要计划日程，为自己的行程列一个清单，列出出发时间、旅程路线、到达时间、所到目的地、顺访地和停留时间，以及各项活动的日程安排。有时要考虑季节变化，有时甚至要考虑调整生物钟以适应时差变化。如果是长途旅行，则应提前一两天到达目的地以让自己适应。当到美国或欧洲旅行时，应在日程里留出整天时间来调整时差和由于高速飞行而造成的生理节奏紊乱。

(3) 选择交通工具。交通工具分为火车、飞机、轮船、汽车等，在旅行前，一定要确定好将要选择的交通工具，然后预订票。

(4) 选择下榻的酒店。酒店需要提前预订，旅游旺季更需要提早预订，临行前对预订酒店还需要确认。如果因故旅行计划发生改变，就应该及时取消预订，以免产生不必要的费用。

2. 资料和用品的准备

【小贴士】

旅行装备的原则

① 精简原则。合理选择旅行服装是旅行轻松愉快的前提。外出旅行不需要太多的衣饰，即使你要保持一贯的风格和形象，也应只准备用得着的衣饰。否则，去时一大箱行李，回来时又添几件行李，好不辛苦。

② 美观原则。注重组合系列化、多样化及时装化，体现前所未有的服饰审美要求和消费观念，注重美观及情趣是旅行服饰的新特色。有了这种全新观念，你就可以在衣橱中找出相对漂亮方便的衣饰作为旅行装束了。

③ 舒适方便原则。旅行服饰要注意面料的舒适性。一般来说，丝、棉、麻这些天然纤维，透气滑爽，适于在夏天及长途旅行中贴身穿着。外衣面料则应以混纺人造纤维及合成布等不易皱、弹性佳、牢度强且洗涤方便的面料为主。

(1) 业务资料的准备。业务资料是商务人员展现自我的有效装备，也是商务人员完成旅行任务的必备品。因此，商务人员出发前要做好充分的准备，一定要带齐旅行所需的全部业务资料。常用的业务资料一般有以下几种。

① 样品。包括给客户展示、试用的商品实物，以吸引客户。

② 商品说明书。包括商品的文字、图片等说明资料，让客户对商品有详尽的了解。

③ 商品品牌目录。将其他厂商生产经营的同类商品目录尽可能收集齐全，并印制成册，在客户了解其他品牌商品品质的基础上，便于介绍自己商品的优点。

④ 统计资料和图表。专门制作有关产量、销量、出口量、市场占有率等内容的统计资料和图表，使客户对商品和企业有更进一步的了解。

⑤ 企业介绍及公众舆论对本企业及企业产品的评价材料。权威机构的评价、报纸上的宣传、买主提货时兴高采烈的照片等。

⑥ 合同。随时准备同客户成交签约。

(2) 办公用品的准备。办公用品是商务人员在处理公务的时候，经常需要使用的一些备用品。它们不仅能为旅行带来方便，也是商务人员基本素质的体现。

① 公文包。公文包可用来放置需随身携带的贵重物品和重要的文件资料，但应注意公文包内的物品，应放置有序。应避免在外人面前拿包取物时，包内杂乱的物品一齐翻出仍找不到所需物品的混乱场面。

② 名片。需携带的名片应放在专门的名片盒内，名片盒可放在公文包内，使用时可随时从公文包内取出。对方赠送的名片，根据自己的工作需要分类后，放入专门的名片夹或名片册妥善保存。

③ 钢笔。随身携带一支好用的钢笔是十分必要的，因为在许多正规场合，只允许使用钢笔，圆珠笔、铅笔是不能代劳的。钢笔墨水的颜色宜选择纯黑或蓝黑。钢笔可放在公文包内或插在西装上衣左侧的内袋里。

④ 手机及计算机。手机是在旅行中必不可少的通信工具，一般应放在公文包或西装上衣左侧的内袋里，便于在使用时取出。在旅行中还应带上充电器和备用电池，以确保与他人保持正常的沟通和联系。计算机现已成为个人的资料库，各种文件资料应做好备份，以便在商务旅行中查找。

【小贴士】

出行的化妆品携带及其他

出门旅行，依旧保持在我们所熟悉的化妆品环境中，会更加从容舒适，尤其对于有工作目的的旅行。

旅行前把头发修剪到方便梳洗的长度，再把所有需要的化妆品清点后放进小包里，如夏天的防晒霜、冬季的护肤霜以及化妆盒。

还可带上方便的洁面巾，以便在旅行中及时净面。在飞机上多喝些淡盐水，会令皮肤保湿、眼神清澈，可以给接机的同行一种精力充沛、神采飞扬的感觉。

另外，下了飞机可立即去做一次面膜，帮助脸上肌肤恢复光泽。

二、旅途中的礼仪

1. 步行礼仪

无论外出到什么地方，借助何种交通工具，都离不开步行。在公共场所无处不在的步行，更能体现一个人的礼貌修养程度。

(1) 注意安全。遵守交通规则是步行安全的重要保障。城市的交通法规对行人和各种车辆的行驶均有严格的规定，人人都应自觉遵守。穿越马路时，一定要从人行横线处走过去，并注意红灯停、绿灯行，不可随意穿越，不可低头猛跑，更不可翻越栏杆，要注意避让来往车辆，确保安全。在有信号指示或交通警察指挥的地方，一定要遵守信号和听从指挥。

（2）行路文明。在行走之时，走路的姿势要端庄，不要弓腰、低头，不要东张西望，不要摇头晃膀，也不要哼着小调或吹着口哨。两人走路时不要勾肩搭背。多人走路时不要依仗人多而无所顾忌，高声说笑或横占半个马路而影响他人行走，应自觉排成单队或双队。男女同行时，通常男子应走在女子的左侧，需要调换位置时，男子应从女士背后绕过，不要胳膊相挽而行，更不要亲热得拥在一起行走。在街上遇到熟人不可话说个没完，交谈时不要站在马路中央，影响他人通行。如果遇到的是异性，更不要长时间交谈，确需长谈，应另约地点。在拥挤狭窄的路上行走，应自觉礼让，特别对年长者、妇女、患病体弱者一定要主动让路。

行走时以中速为宜，正常情况下不要猛跑。如果不小心碰到别人或踩了别人的脚，要主动向对方道声“对不起”，即使对方态度不好，也不要与对方发生口角。别人撞了自己或踩了自己的脚，应大度宽容，对主动道歉者说声“没关系”，不可以口出怨言，斥责对方。如果遇到残疾人不仅要主动让路，必要时还要主动上前搀扶一把，绝不可与其抢道，更不能以强欺弱，无视公德。行路时要维护马路卫生，不要边走边吃东西，更不要把瓜果皮核往马路上扔，应自觉地扔到马路边的果皮箱里。

（3）问路礼貌。需要问路时，首先，应选择合适的对象，最好不要去问正在急于行走的人或正在与人交谈的人以及正忙碌的人。如果民警正在指挥车辆，也应尽量不去打扰。可以另找那些不是很忙，或比较悠闲的人进行打听。其次，问路时要礼貌地称呼对方，可根据对方年龄、性别和当地的习惯来称呼，绝不能用“喂”“哎”等一些不礼貌的语气呼叫对方。最后，当别人给予回答后，要诚恳地表示感谢，若对方一时答不上我们的提问，也应礼貌地说声“再见”。

【小贴士】

用伞的小规则

垂直打开伞——而且应在户外打开伞而不是室内。四周无人时才能将伞撑开，以免妨碍他人或碰到他人。

经过比自己矮的行人时将雨伞略微举起。同样，经过比自己高的行人时应将雨伞拿低一些。

到达建筑物的前厅等干燥地方后，轻轻地前后晃动雨伞，甩掉伞上的水珠，要注意不要甩到周围人的身上。然后合上伞并扎紧。

拿着伞行走时，应让伞竖直垂放在身边，不要水平地将其夹在腋下，或将伞尖朝后一边走一边抡伞。打伞和别人擦肩而过时要将伞侧倾避让一下。

在拥挤的公共汽车或地铁车厢里，不要将湿漉漉的伞高高举起以免雨滴落到别人的身上或脸上，更不要用伞把勾住车厢内的吊环来维持身体的平衡。

乘坐电梯时不要用伞尖摁电梯按钮。

【小幽默】

遵守交通规则的人

一个人在马路上飞快地跑着。别人问他为什么跑这么快，他指着路牌气喘吁吁地说："你看，上面写着限制时速 20 千米，我不能违反交通规则呀！"

2. 乘车礼仪

(1) 自驾车礼仪。开自驾车时，应自觉遵守交通规则，文明开车，表现出良好的驾车风度。要注意礼让、考虑别人，要了解各路段的时速限制，注意路上的交通标志，集中精力、谨慎驾驶。

要遵守交通信号，不抢行，不乱按喇叭。道路拥挤或车辆堵塞时，应自觉循序而进或耐心等待，不可随意超车堵道。

在快慢车道分明的公路上行车，应根据自己的情况合理选择，既不要在快车道上开"蜗牛车"，也不要在慢车道上开"飞车"，不要来回频繁变换车道，影响后面车辆行驶。

夜晚开车时要适时变换远近灯光，绝不可一直用远光灯直射对方。

需要停车，应到允许停放的地方停放，停车不挡车道及出入口，不能违法占用应急车道随意停车。车内的废弃物等，不能往车外扔，要放在一起，到达目的地时集中处理。

要专心致志地开车，不要因流连于观赏周围的景色，交谈，打手势，左顾右盼，分散了注意力。

当别人的车从身边驶过时，应放慢速度，不要加速。更不要朝别的司机大喊大叫。如果因违反交通法规而被交警拦下，态度要礼貌，友善。即便你认为没有违反交通法规，也要平心静气地说明自己的理由。如果你确实是违反了交通法规，适时的道歉常会为你带来意想不到的结果。

当驾车到某人家中接某人时，应下车按主人家的门铃，而不是按汽车喇叭，除非是事先约定或是有紧急事情。

下雨天开车，要尽量慢行，尽量避开水坑，以免使污水溅到行人身上。孩子们是不可预测的，当你在学校附近，或者操场附近驾车时，必须特别机警，注意那些在步行或在骑单车的小孩子们。

当你加油时，如果前面的位置能加，就到前面去，不要一进去就停在最后一个加油位，导致前面的油枪空着，后面的车辆却要等待。

当你驾车去超市买东西时，如果把手推车推到了车前卸东西，请记住把手推车推回去或放到不碍事的地方。

亲切地帮助别人上下车尤其是对那些动作不便的老年人。出于礼貌男士应为女士开车门。

在车子离开时，要把车窗开着，说了再见离去后才可关上车窗。

【小贴士】

停车场与加油站礼仪

在停车场应谨慎慢行，留意各种标志和车辆行进方向。不要违反车辆通行标志的要求逆向行驶。穿过两行车中间的通道到停车场另一侧时，要多加小心，因为与之交叉的通道上的司机很难看到你在行驶。把车停在车位的正中间。切忌不切实际地试图把运动型多功能休闲车，或其他大型车辆硬塞进小型车的专用车位。

进入多岛加油站后，应减缓车速并谨慎驾驶，避免将站在加油泵前面的人挤在角落，或者阻碍在商场和加油泵间来来往往的人员。尽可能将车靠近自己正在使用的机油泵，以免妨碍其他司机使用别的加油泵。请特别留意加油泵上“只收现金”或“只收信用卡”的标志，这样就不会麻烦工作人员到其他加油泵上帮你交费，以便节省他的时间。

将车停在停车场后，再去商店买东西，或者在车内处理一些事情(你只有在车内付款才可以把车停在加油泵旁)。切记加油站是一个存在潜在危险的地方。加油未结束前不要发动引擎，而且未离开加油站不要吸烟。

【小幽默】

红灯与警察

有一个人晚上开着车，经过一个十字路口，这时黄灯已变成红灯，他心想反正没车，于是加速冲了过去，结果被警察拦了下来，警察问他：“你没看到红灯吗?”

“看到了!”他答道。

“那你怎么还闯红灯?”警察又问。

他说：“因为我没有看到你呀!”

(2) 乘出租车礼仪。乘坐出租车时，应注意以下几个方面的问题。

① 路边招停不影响公共交通。乘坐出租车时，一般应在出租车停靠站点或既不影响交通又安全的地方叫车。不要在路口，尤其是有红绿灯的路口和有黄色分道线的区域叫车，也不要在公共汽车站或快车道旁叫车。

② 礼貌上车与下车。一般情况下，乘客应当坐在后排，座次依据上下车是否方便、坐着是否舒适来排；多人乘车时，应由付费或带路的一方坐前面。同女士、长者、上司或嘉宾打车时，应当照顾其先上车，并请其坐在后排座位上。等对方入座后，自己再从车后绕到另一侧上车或于前排就座。出租车到达目的地后，要主动付费，和女士同行的男士更应如此。上下车及开关门时，要前后观察，以防伤及他人。

③ 保持车内卫生。不在车内吸烟，不往车外吐痰、扔杂物，不在车上脱鞋、脱袜或换衣服，不将湿雨伞和雨衣放在乘客座椅上，不要用脚蹬踩座位，更不要将手、腿及脚伸出车窗外。不要将垃圾、废弃物留在车上。

④ 注意交谈的礼貌。在出租车行驶过程中，乘车人之间可适当交谈，但不宜过多与司机交谈，以免司机分神。一般不要谈及车祸、劫车、凶杀或死亡等晦气的事。

⑤ 应按计价器付钱，不提无理要求。对出租车司机要谦和、有礼，下车时，应对司机说声“谢谢、再见”，让司机感到温暖和愉快。

(3) 乘地铁礼仪。随着我国轨道交通的快速发展，地铁作为一种快捷的现代交通工具也成为大家生活中非常重要的交通工具之一，商务人员在享受地铁带来方便的同时也应遵守乘坐地铁的礼仪及规定。

① 乘地铁应注意公共安全，遵守相关规定，严禁携带易燃、易爆、有毒、腐蚀性、放射性和杀伤性等危险品(如雷管、炸药、鞭炮、汽油等)上车。

② 进入地铁车站搭乘电动扶梯时，应面向正确行进方向靠右站立，以免挡到后面赶路的人。同时，紧握扶手，双脚踏稳立于黄色框线内。若有旅客在电动扶梯上跌倒，旁人

要立刻协助按下紧急按钮。

③ 乘坐地铁应凭票乘车，进入月台候车时禁止越过黄色安全线或倚靠屏蔽门，应按标志线排队候车，遵守“先下后上”的原则，杜绝拥挤、抢占座位等不良行为。上车后尽量往车厢里面行走，以方便上下车。保持车厢安静，手机最好调成静音。

④ 注意仪表仪态。女士乘坐地铁时，应注意基本仪态标准。如女士不应叉腿坐，男士也不应叉开双腿向后仰或歪向一侧，这都是很失礼的表现。

⑤ 注意保持环境卫生。在地铁车厢内不可吃东西或喝饮料，禁止随地吐痰、乱扔果皮纸屑。

⑥ 到站之后，不要争先恐后，要有秩序地先下后上。

(4) 乘坐高铁礼仪。高铁已成为重要的出行交通工具，良好的乘车环境需要大家共同努力，因此在乘高铁列车过程中，要讲文明、懂礼貌，多一份宽容，多一份礼让。这样，不仅能减少许多不必要的麻烦，还能保持良好的心情，减轻旅途疲劳。

① 遵守候车规则。乘客在候车时，要爱护候车室的公共设施，不大声喧哗，携带的物品要放在座位下方或前部，不抢占座位或多占座位，更不要躺在座位上使别人无法休息。

要保持候车室的卫生，瓜果皮核等废弃物要主动扔到果皮箱里，不要随手乱扔，不随地吐痰。检票时自觉排队，不乱拥乱挤，有秩序地上下车。

② 维护车厢秩序。要有秩序地进入车厢，按号就座。要按要求放好行李，大件行李应放在车厢两头行李处，小件行李可放在座位上方的行李架上，行李要摆放整齐，尽量不要压在别人的行李上。

高铁整个车厢是全程禁烟的，因此千万不要吸烟，不随地吐痰，不乱扔废弃物。

不在车厢内大声说话。到达目的地后，拿好自己的物品有礼貌地与邻座旅客道别，有序下车，不要抢道拥挤。

【小幽默】

不是德行，是惯性

公共汽车上非常拥挤。突然，汽车一个急刹车，一位男乘客踩到了一位女乘客的脚，女乘客随口来了一句：“德行！”男乘客风趣地回了一句：“对不起，这不是德行，是惯性。”其他乘客会意地笑了，这位女乘客也很不好意思。

3. 乘飞机礼仪

现代社会生活中，飞机已经成为非常普遍、快捷的交通工具之一，人们需要经常乘飞机出差或旅行。在乘坐飞机的过程中，机场和飞机舱内是我们与其他乘客接触最多的地方。因此，大家必须知道乘飞机时的礼仪。

(1) 机场候机礼仪。具体包括以下几点。

① 提前到达机场。由于乘坐飞机前要进行行李托运、机票检查、确认身份、安全检查等，因此国家民航局规定，乘坐国内航班应提前至少一个半小时到达机场，乘坐国际航班应提前至少两个小时到达机场，以便办理登机手续。

② 携带的行李应符合民航规定。随身携带的行李以轻便为原则，其他行李应进行托运。按民航规定，每位旅客的免费行李额(包括托运和随身携带的行李)：持成人或儿童

客票的头等舱旅客为40千克，公务舱旅客为30千克，经济舱旅客为20千克；持婴儿票的旅客，无免费行李额。

③ 过安检礼仪。领取登机牌后，应查看具体的登机时间，如航班因故延误，应听从工作人员的指挥，不能乱喊乱叫，造成秩序混乱；积极配合安检人员进行安全检查，不应拒绝合作，或无端进行指责；将有效证件（身份证、护照等）、机票、登机牌交安检人员查验；上机时不得携带有碍飞行安全的物品，如易燃、易爆、剧毒、放射性物质等危险物品，若有违禁物品，应积极配合妥善处理，不应妄加争辩，扰乱秩序。

④ 候机厅内的礼仪。在候机厅内，不要用行李占座，不要大声喧哗，不随地吐痰，不乱扔垃圾，严禁在候机厅内吸烟，吸烟应去专门的吸烟区；在前往登机口的途中，可乘坐扶梯，但要单排靠右站立，将左侧留给需要急行的人。

【小幽默】

头等舱的优待

机场服务员在登机服务台忙着迎接乘客。一位先生不顾前面排队的人，急匆匆上前问道："我是搭八点半班机飞多伦多的，飞机起飞了没有？"

机场服务员答："对不起，先生，飞机早已起飞了。"

他不死心又问："可我是坐头等舱的，没有优待吗？"

机场服务员又答："没有，先生，头等舱和经济舱同时起飞。"

(2) 乘坐飞机时机舱内礼仪，具体包括以下几点。

① 上下飞机时，应主动回应空乘服务人员的热情问候。

② 登机后，旅客需要根据飞机上座位的标号按秩序对号入座，随身携带的物品放在座位头顶的行李箱内，贵重物品自己保管好，不要在过道上停留时间过长，以免影响其他乘客。

③ 飞机起飞前，认真观看空乘人员对救生器具、氧气面具的示范表演，以防意外；在飞机起飞和降落以及飞行期间可能出现颠簸情况，因此乘客都要系好安全带；在飞行的过程中，禁止使用手机，以免干扰飞机的飞行，影响飞行安全。

【小幽默】

安 全 带

空姐向乘客广播："女士们，先生们，请扣好安全带。飞机马上就要起飞了。"飞机起飞后，喇叭里又传来空姐的声音。"请将安全带扣紧一些。很抱歉，今天的早餐，我们忘记装上飞机了。"

④ 飞机起飞后，需要放低座椅靠背休息时，应礼貌询问后面的乘客是否方便；每个座椅后背有供乘客使用的小桌，除用餐时间外，不宜长时间放下；要饮料的时候，只能先要一种，喝完了再要，以免饮料洒落；飞机上要遵守"禁止吸烟"的规定，禁止使用电子设备；飞机上的盥洗室和卫生间，应排队依次使用，并注意保持清洁；避免儿童在机舱内嬉戏喧闹。

【小幽默】

我要鸭汁

空姐："请问，您需要喝点什么？"

乘客："我要鸭汁(椰汁)。"

空姐："我们有可乐、雪碧、矿泉水……"

乘客："我要鸭汁。"

空姐："对不起，我们没有鸭汁……"

后来空姐才恍然大悟，原来那位乘客是要椰汁。

(3) 下飞机出机场的礼仪。飞机未停稳前，不可起立走动或拿取行李，以免摔落伤人；下飞机不要拥挤，应等飞机完全停稳后，带好随身物品，按次序下飞机领取行李时应按次序排队等候。

4. 乘客轮礼仪

人们出差、旅行经过江、河、湖、海需乘坐客轮，有时观光游览还可乘坐专门的游览船或游艇。乘坐客轮较飞机、火车活动空间大，因而更舒适、自由。然而乘客轮时只有人人都讲礼仪，才能使旅行更舒畅。

客轮的舱位是分等级的。我国的客轮舱位一般分特等舱、一等舱、二等舱、三等舱、四等舱、五等舱等几种。客轮实行提前售票，每人一个铺位，游船也实行对号入座。因船上的扶梯较陡，所以上下船大家应互相谦让，并照顾老年者、小孩和女士。

乘客轮时要注意安全，风浪大时要防止摔倒；到甲板上要小心；带孩子的乘客要看住自己的孩子；吸烟的乘客要避免火灾；不要在船头挥动丝巾或晚上拿手电乱晃，以免被其他船误认打旗语或灯光信号。

船上的服务设施齐全，有餐厅、阅览室、娱乐室、歌舞厅和录像厅等可供就餐或休闲，也可以去甲板散步，享受浪漫的诗情画意。如邀请其他乘客一起娱乐，一定要两相情愿，不可强求。若房中其他乘客出门，也不要好奇地去翻动同房乘客的物品。

乘船时要注意小节，如不要在船上四处追逐，忘乎所以；不要在甲板上将收录机放到很大声；不要在客房大吵大嚷；晕船呕吐去卫生间；遇上景点拍照不要挤抢等。另外，要注意船上的忌讳，如不要谈及翻船、撞船之类的话题，不要在吃鱼时说"翻过来"或说"翻了""沉了"之类的语言。

【小贴士】

《中国公民国内旅游文明行为公约》

营造文明、和谐的旅游环境，关系到每位游客的切身利益。做文明游客是我们大家的义务，请遵守以下公约。

① 维护环境卫生。不随地吐痰和口香糖，不乱扔废弃物，不在禁烟场所吸烟。

② 遵守公共秩序。不喧哗吵闹，排队遵守秩序，不并行挡道，不在公众场所高声交谈。

③ 保护生态环境。不踩踏绿地，不摘折花木和果实，不追捉、投打、乱喂动物。

④ 保护文物古迹。不在文物古迹上涂刻，不攀爬触摸文物，拍照摄像遵守规定。

⑤ 爱惜公共设施。不污损客房用品，不损坏公用设施，不贪占小便宜，节约用水用电，用餐不浪费。

⑥ 尊重别人权利。不强行和外宾合影，不对着别人打喷嚏，不长期占用公共设施，尊重服务人员的劳动，尊重各民族宗教习俗。

⑦ 讲究以礼待人。衣着整洁得体，不在公共场所袒胸赤膊；礼让老幼病残，礼让女士；不讲粗话。

⑧ 提倡健康娱乐。抵制封建迷信活动，拒绝黄、赌、毒。

【课堂训练】

以小组为单位，设置商务交际情境，模拟练习步行、乘车、乘飞机的礼仪。

三、入住酒店礼仪

酒店是为商务人士提供住宿和餐饮服务的场所，常被称为“家外之家”。身居酒店，要自觉遵守酒店的规章制度，做一个有礼貌的客人。

1. 预约礼仪

商务活动中外出旅行要提前预订酒店，这样既能方便自己，又利于酒店的管理。尤其是在旅游旺季出门，这项工作更是必不可少。在信息高度发达的今天，预订酒店的方式有很多，如电话、电传、上网都是可以的，但最常用的是网上预订，操作时要准确输入入住和停留的时间、入住的人数、房间的类型、申请住房人的姓名等信息，万一比预订时间晚到，应尽快打电话通知对方，否则预订就会被取消。

此外，随着服务业的发展，各酒店会越来越注重个性化服务，尽量满足客人的需求，所以如果对房间有什么特殊的要求，也可以在预约时提出，这样可使入住酒店后更加称心舒适。

【小幽默】

总统的房间

一位绅士到旅游胜地的一家宾馆要开个房间，侍者因为他没有预订而拒绝说：“房间全满，无法安排。”

“听着！”绅士说，“假如我告诉你，如果总统到这里来，你一定会马上向他提供一套客房吧？”

“当然啦，他是总统……”

“好了，我荣幸地通知你：总统今晚不来了，你把他的房间给我吧！”

2. 登记入住礼仪

到达预约的酒店后，首先应该到前台登记，如果行李过多，门童会帮助客人搬运行李，礼貌地表达谢意后便可登记入住。如果前面有正在登记的其他客人，应该静静地按顺序等候。注意应与其他客人保持一定的距离等待，不要贴得太近，虽然不必排成一队，也不能毫无秩序或采取任性无理的态度。入住酒店要出示身份证或其他证件，例如，结婚证或护照等。办理完入住登记，领取房门钥匙后，便可到客房休息。

【小幽默】

旅馆太低

一天，杜邦先生到一家小旅馆，他问老板："一个单间多少钱一天？"

老板回答："不同的楼层价格不同，二楼的房间是15马克一天，三楼的房间是12马克，四楼的房间是10马克，五楼的房间是7马克。"

杜邦听后转身走了，老板问："您觉得价格太高了吗？"

杜邦说："是您的旅馆太低了。"

3. 客房礼仪

客房，是客人付费享用的，主要用作休息的房间。客人在客房内休息，虽然拥有极大的个人自由，但是依然不能忘乎所以、随心所欲。在客房内应当遵守的礼仪主要有以下几个方面。

(1) 爱护客房内设施。酒店客房内备有供旅客生活使用的各种常用物品，如桌、椅、灯具、电视、空调以及盥洗用具等设施，使用时应予以爱护，如不慎损坏应主动赔偿，故意破坏房内物品或把房内不属于自己的东西带走等行为都是违背社会公德的不道德行为。

(2) 注意内外有别。室内着装，可相对随便。走出客房后则应衣着整齐，不可穿着背心、短裤、睡衣、拖鞋等在走廊或酒店内外的公共场合游逛。不可窥视他人居住的房间。如同室还有其他客人，出入房间应随手关门，不要将房门大开让别人一览无遗。休息的时候，可在门外悬挂特制的"请勿打扰"的牌子。

【小案例】

这样合适吗

南方某城市某酒店的餐厅和游泳池相隔较近，有些客人早上起床后就直接前往游泳池游泳。大部分客人游完泳后会回房间换好衣服再吃早餐，但也有个别客人为图方便，会直接穿着泳衣到餐厅吃早餐。

思考题：这些客人的做法是否得体？

(3) 保持房内卫生。在客房内衣物和鞋袜不要乱扔乱放。废弃物应放入垃圾桶内，也可放到茶几上让服务员来收拾，千万不要扔进马桶里，以免堵塞影响使用。吸烟者不要乱弹烟灰、乱抛烟头，以免烧坏地毯或家具，甚至引起火灾。出门擦鞋应用擦鞋器，用枕巾、床单擦鞋是不道德的行为。

【小贴士】

入住用餐礼仪

① 问清用餐情况。通常情况下，客人住宿的酒店一般会为住宿客人提供免费的早餐，部分酒店会为客人提供全日餐券，客人凭早餐券或全日餐券到指定餐厅就餐。作为

住宿客人在领取早餐券或全日餐券时，应向酒店服务员认真询问酒店提供早餐或全日餐的起止时间和地点，这样利于安排作息时间和方便住宿就餐。

② 用餐礼节。除了遵守一般的用餐礼节外，如果是免费早餐，还需要就餐时带好就餐凭证。如果是中晚餐也需要在宾馆里解决，就要当场付费或采取记账的方式，有的还要事先预订。此外，参加商务会议等活动时，会议餐一般不是分餐制，而是 8 人或 10 人一桌用餐，与不太熟识的人坐在一起用餐，是锻炼交际能力、拓展业务联系的好机会。应该尽量多与周围的人交谈，但是声音不能太大。可在就餐前或就餐后交换名片。在餐桌旁互相介绍时不需握手和站起来，只要欠身、微笑、问候即可。

(4) 不要影响他人休息。到别人的房间找人，应轻摇门铃或轻敲房门，不可重击房门或高声喊叫。开、关门时，动作要轻，声音要小。不要在房间内大声喧哗或举行吵闹声较大的聚会。晚间看电视也应尽可能放低音量，以免影响其他客人。在走廊里说话、走路也应注意不要发出太大的声音，尤其夜深时更应如此。

(5) 尊重服务人员的劳动。酒店内的服务一般都是比较周到的，服务人员会每天按时打扫房间，整理床铺，洗刷脸盆、浴缸等，当服务人员来房间送水或打扫卫生时，要起身相让，不可无动于衷。服务人员离去时，应表示感谢。当遇到一些特殊情况，譬如有客人来访而服务人员恰好来打扫房间，如果觉得不方便，可以有礼貌地请服务人员稍等一会儿再来打扫。

【小案例】

凌乱的房间

入住酒店的王先生认为："我住宿交钱了就应该享受服务，要不还要服务员干吗？"

王先生离开酒店了，服务员走进了王先生刚退的房间，只见房间内拖鞋乱扔，被子乱成了一团，而且还有一个枕头被扔在窗台上，茶几和书桌上堆着不少垃圾，没有丢进垃圾桶，而且床上还放着一些垃圾纸片。在茶壶旁边凌乱地放着一些食品包装盒，没有收拾。

思考题：你如何看待王先生的这种说法和做法？

(6) 注意安全。入住酒店，进入客房后应先阅读房间门后消防逃生路线图，熟悉所在房间的位置和逃生楼梯的方位。之后，要查看一下窗户和侧门是否锁好。如果酒店员工无法将侧门锁好，可以要求换一个房间。不要把钱或贵重物品留在房间里，要把护照等重要文件都锁在酒店的保险箱里。在房间时，把门关好并上好锁。除非在等人，否则不要开门；开门前要先问一声，或从窥孔查看一下来人是谁。如果对方宣称自己是酒店员工，但你有其他考虑，可以给前台打电话进行核实。房门钥匙要随身携带。

(7) 娱乐适度。设施完善的宾馆、饭店内经常会设有歌厅、舞厅、球厅、游泳池、桑拿浴等娱乐场所。在这些场所娱乐时，要注意着装打扮适宜得体，不能过于怪异，娱乐、健身时，如果与他人合作，如跳舞、打球等，不可强加于人或粗暴拒绝。特别要注意与异性保持一定的距离，男士有风度，女士要矜持。

(8) 购物规范。在大的宾馆、饭店里大都设有商品柜台甚至是超市、专卖店等，供客人选购地方特产等物品。在购物过程中，同样要做到规范个人言行，遵守购物礼仪，如尊重并善待营业员，礼貌称呼，和气交流；对想购买的商品可以多看看，对易碎易破商品要轻拿轻放，对不欲购买的商品要放回原处，对所购之物不可过分挑剔，甚至给人出难题。

【小贴士】

涉外住宿礼仪禁忌

① 不允许2名已经成年的同性共居于一室之内。唯有一家人才可例外。

② 不允许住客在自己住宿的客房内随意留宿其他外来人。

③ 不提倡住客在自己住宿的客房内会晤来访的人士，特别是不提倡住客在自己的客房内会晤异性来访者。在一般情况下，饭店的前厅或咖啡厅被视为住店客人会客的理想去处。

④ 不提倡互不相识的住店客人相互登门拜访。

⑤ 不允许住店客人身着内衣、睡裙、背心或裤衩之类的"卧室装"在饭店内的公共场所活动。

⑥ 不允许将客房或饭店内其他场所的公用物品随意带走。

4. 离店礼仪

结账离店是客人和酒店的最后一次接触，要给人留下一个完美的印象。在准备走之前，可以先给前台打个电话通告一声，如果行李很多，可以请前台安排一个人来帮忙提行李。不要从酒店拿走毛巾、睡衣或其他物品，酒店对物品的管理非常严格，这会导致你陷入尴尬的局面。如果不小心弄坏了酒店的物品，不要隐瞒抵赖，要勇于承担责任加以赔付。结完账，礼貌地致谢，道别。

【小贴士】

乘电梯礼仪

等电梯时，要主动面带微笑向熟人打招呼，只需轻轻地触摸电梯按钮即可，不要反反复复地按按钮。

进电梯时不争先恐后，要在出口处的右边等候，以方便其他乘客出电梯。等候电梯里的乘客都出来后，才按顺序进电梯，千万不要拥挤。电梯能够承载多少乘客是有限的，当警报铃响的时候，最后上电梯的人或在电梯门口的人应自动下电梯。

上下电梯自然应该排队，要遵循"尊老爱幼""女士优先"的原则。

先进电梯者要靠墙而站，不要以自己的背对着别人，可站成n字形。在电梯内要保持身体平衡，尽量不做动作，不要伸长胳膊去按按钮。礼貌的做法是，请靠近楼层显示屏的乘客帮助："劳驾，请您帮我按第8层，谢谢！"

在大型商场、地铁、火车站、飞机场等公共场所乘滚动电梯时，有一个重要的礼仪规则是乘客一律靠右站立，上下排成一列纵队，空出左边的小道给有急事的人上下跑动。这是国际惯例，请一定要记牢。

第三节 公共场所

公共场所，是为社会大众提供服务的地方，如公园、影剧院、文化馆、商店等。礼仪的作用，在公共场所表现得尤为明显。在社会交往中，良好的公共礼仪可以使人与人之间形成良好的关系，为社会公众创造一个高质量的生活环境。

一、娱乐场所礼仪

1. 剧院礼仪

歌剧院、芭蕾舞剧院的礼仪要求：首先，开演后迟到者要等到幕间休息时才能进场，这期间只能在场外的闭路电视中观看演出。其次，鼓掌应等歌声结束、精彩唱段结束或舞蹈结束。在一些国家，还伴有喝彩声，有时还会激动得站起来，但这要看当时情况，如大家都不站起来，也不要一人站起来。演出片段后的鼓掌，也应视情况而定，应尽快止息，以免打断或影响后面的演出。

20 世纪 80 年代，意大利著名歌唱家帕瓦罗蒂来北京演出，歌迷为之倾倒。在演出大厅里，掌声和欢呼声甚至压倒了艺术家雄厚的嗓音。演出从始至终，观众无不站立，挥动手中节目单，这虽表示了观众的热情，但这种观赏方式也显得有些过火。在观赏传统的歌剧、芭蕾节目时，应考虑到这些传统艺术需要典雅环境。这与看现代爵士乐、摇滚乐队的表演时，可以吹口哨、发怪声，演员激动的情绪与疯狂观众配合的环境是截然不同的。

2. 音乐会礼仪

西方人士把出席音乐会视为一件高雅而庄重的事，因而出席音乐会的服饰很讲究，男士西装革履、打领带，女士则要穿上礼服并化妆。衣冠不整进入音乐厅，必定会令人侧目。

听众均应于音乐会开始前入座。一旦演奏开始，听众就将被禁止入内，而只能在门外静听，等候中场休息时方可入内。音乐会上不允许中途退场。

音乐会上要保持肃静。观众来到音乐厅入口处应停止说话，脚步放轻，任何惊动场内观众的言行都是失礼的。因而在音乐会上是不允许交谈、打呵欠，甚至是咳嗽和翻动节目说明书的。

每支乐曲演奏完毕，听众应以掌声向演奏者致谢。但一曲未了或乐章之间不应鼓掌，否则就如同中途打断别人讲话一样，只会显示出自己的无知。如果某人或某组器乐演奏特别精彩，观众经久不息的掌声要求他再来一个是可以的，但不宜连续多次。

演出结束后可向演奏者献花，但在音乐会演出中途登台献花是不适宜的。演出结束后，听众应在座位上停留片刻，不要急于退场，待演奏者谢幕时，全场应起立鼓掌，以示尊敬，然后方可有秩序地退场。

【小幽默】

音乐会中的笑话

一位著名的歌唱家正在演唱。这时，有一位听众用颤音跟着唱起来。

“真像一头母牛!”她的邻座愤愤地说。

“谁?是我吗?”那人赶忙问。

“不,不是您,是这位歌唱家。她干扰了我们欣赏您的歌喉。”

【点评】 这虽说是一则笑话,但从中我们可以看出两位观众的谈话都不合乎礼仪。第一位观众当众跟着演员唱是影响了邻座,但邻座的讽刺同样也不礼貌。所以在我们指出别人的错误时,不要犯同样的错误。

3. 电影院礼仪

在电影院看电影较在剧院、音乐会上的礼仪要求相对松一些,但仍要求言行举止文明。具体做到:一是在售票处购票时要排队;二是进入电影院时,主动出示电影票,并对号入座;三是影院中不准许穿背心、短裤、拖鞋;四是不要随地乱扔瓜果皮核,不要吸烟;五是情侣们不要过分亲热,既不雅又挡他人视线;六是看电影过程中不要喧哗、交谈和叫好;七是应等影片结束,影院亮灯时才能起身离开。

4. 歌舞厅礼仪

改革开放后,中国的歌舞厅出现在大街小巷。如今,商业界晚上开展业务性应酬活动的地点多选择轻松自在的歌舞厅。在歌舞厅应注意的礼仪:一是服饰上可更艳丽,化妆可采用浓妆;二是男士应尽可能多邀请同去的女士跳舞;三是对于客人的邀请,不管是否会跳,应表现出乐于陪同,礼貌迎合;四是执行客人点歌曲目时,应征求客人的喜好;五是对演员和服务员要用语文明、举止得体;六是不要在客人还没有尽兴的时候,提前结束。

二、商场购物礼仪

商店营业员的工作是服务性的,我们应当以平等的关系文明相待、互相尊重。

1. 考虑周详

如果到商店购物,应在确定欲购买商品后再招呼营业员去取。若无意购买,就不要随便地让营业员拿商品给自己。如果是营业员主动推荐某种商品,也应视情况礼貌地给予答复。

2. 态度友善

到柜台前购物,招呼营业员时语气应和蔼,说明自己的购物要求,不要“喂、喂”叫人,更不能盛气凌人,用命令式的语气说话。如果当时营业员正在为别的顾客服务,应在旁边稍候片刻,不要高声喊叫,更不应敲击柜台。选购商品时,不要说话尖刻,过分挑剔,浪费时间,影响营业员为其他顾客服务。挑选容易污损的商品时要轻拿轻放,若不慎损坏,应主动赔偿。如实在难以选出满意商品,应向营业员打招呼交还,并表示歉意。顾客多时,要按顺序购买,并注意照顾老弱病残孕者,对于外宾也要礼让。

3. 排队购物

有时商场里顾客较多,特别是节假日或卖紧缺商品时,顾客更是拥挤,这时我们应注意礼貌,自觉遵守秩序,排队购物,不要加塞或乱挤。如果自己有急事需要先买,应向营业员和排在前面的顾客说明,征得他们同意后,方可购买。如遇外宾、老弱病残孕者,或有急事的旅客时，应该主动让他们先买。

4. 宽宏大量

当营业员出现差错时，顾客应给予谅解并善意提示，切忌争吵。如果遇到个别营业员态度不好，可找商店有关领导去解决，不要当场大吵大闹，出言不逊。如果需要退换商品，应向营业员耐心地说明原因。态度应平和，不要把对质量问题的火气，冲营业员发泄。购买按规定属于不能退换的商品之前，要仔细考虑，一旦买下，就不应再退。

5. 真诚道谢

应理解和尊重营业员的工作，购买完物品，应向营业员道谢。尤其是营业员帮助解决了你的特殊困难时，更要真诚致谢。

6. 爱护环境

在商店购物时，要自觉维护环境卫生，不要随地吐痰和乱扔果皮、包装纸，要使用环保购物袋购物，充分体现自己的文明修养。

7. 超市购物礼仪

进入超市前，随身携带的较大的背包要寄放在卖场入口处。不要为货物搬家，这是自选式商场中最基本的规则。可以想见，成为“流浪儿”的货物将给商场带来巨大的麻烦，浪费了人力、物力。要爱护超市中陈列的商品。不要为贪图小便宜违反规定抓紧“试吃”“试用”，这种行为更难登大雅之堂。

在超市，要学会为他人着想，当我们的购物车横在通道上的时候，要想到别人该怎么走过；当我们把价格牌弄倒的时候，要考虑其他顾客怎样了解价格；当我们把毛巾一条条抖开的时候，要想到工作人员折叠的辛苦；当我们的孩子顽皮地乱跑的时候，要预见到他可能会撞落商品或撞痛别人，而且这样也是不安全的。

三、就医探视礼仪

1. 在医院看病的礼仪

俗语说得好：“走进医院声要轻，候诊不要围医生；有序就诊必要静，不能再得烦躁病。”人们到医院就医，就是为能得到良好、及时的治疗，早日康复，因此，应该遵守以下几点礼仪规范。

(1) 轻声说话，保持安静。医院是病人集中的场所，很多人身体不适，如果有人在医院旁若无人地说话、打电话，其他人会感觉到不舒服，会感到烦躁。在医生身边大声喧哗或打电话，更会影响医生的诊治。同样，到病房探视病人，也不宜在病房内夸夸其谈，影响其他病人的休息。

(2) 遵守秩序，文明候诊。在医院，无论是病人还是病人家属，都要遵守公共场所的秩序。比如，不能在候诊室内吸烟、随地吐痰，不能随地乱扔棉签、果皮、纸屑，也不能让孩子随地大小便。挂号应依次排队。不要大声喧哗和随意走动，保持一个安静、清洁和舒适的诊治环境，既有利于医务人员的工作，又可减少对候诊病人的不良刺激。如果有病人在看病，应在门外等候，当医务人员叫到自己的名字时，应该礼貌地回应，再到指定的位子坐下。

(3) 如实陈述病情。当医生询问病情时，要如实地陈述。对病情和症状，既不可缩小、隐瞒，也不可以夸大，更不允许弄虚作假和无中生有地编造。如果为了骗取病假，千方百计地欺骗医生，甚至不择手段伪造体温、心率、血压、尿便的检查结果，乱涂化验单等的做法，不仅不道德，也会伤害自己，贻误对疾病的诊断和治疗。

(4) 妥善处理医疗纠纷。如果偶尔遇到不负责任的医生，对疾病做出了自己认为可疑的处理时，作为病人也切忌随便发火，而应该耐心地询问医生有关处理的依据，请医生采取必要的措施帮助解释疑虑。如果当时不能解决问题，可向其他医生或医院领导反映情况，请他们根据医务工作者的工作准则判断是非并做出处理。如果已肯定是医生失职，作为病人也不应随意吵闹，更不能纠集家属或同事、好友一起围攻医生，扩大事态，而应该通过正当途径来妥善地解决所存在的问题。

2. 到医院探视的礼仪

当亲友、同事、同学患病时，前往探望、慰问是人之常情，是一种礼节。但如果探望者言行举止失当，则会给病人造成不利影响。拜访是一门学问，看望病人更是一门艺术，在生活中，看望病人时需要注意以下几个方面的礼仪规范。

(1) 做好探望前准备。在探视前，应先向其家属、友人了解一下病人的病情、心情以及饮食起居，以便到病房后做些针对性的安慰。送给病人的礼品要精心挑选，鲜花、水果、书刊是普遍受到欢迎的。如果送食品或营养品要先考虑病人病情。

(2) 选择时机，提前预约。这一点在普通拜访时是一个基本礼仪，而在看望病人时则更显重要，探望病人应选择适当时机，尽量避开病人休息时间和医疗时间。由于病人的饮食和睡眠比常人更为重要，所以不宜在早晨、中午、深夜以及病人吃饭或休息时间前往探视。若病人在家静养，一般以下午探望为宜，其他时间最好不要去打扰。如果是探望住院的病人，应在规定的探视时间内前往，特别是在一些传染病医院、妇产医院，更要严格按照医院规定探视。同时，探望病人一定要提前预约，在了解清楚探视时间和病人接受治疗的安排情况后再去探望，若病人正在休息，应不予打扰，可稍候或留言相告。

(3) 准时到达，举止文明。住院期间，病人的生活相当有规律，接受治疗和休息时间都安排得很规范。因此，在探望病人时，一定要准时到达，严格按照约定的时间去看望，避免影响病人休息或者耽误其接受治疗，否则，不仅失礼，也容易空跑一趟。在进入病房前要先轻轻敲门，然后进去。到病床前，先把礼物放下，看到病人要同往常一样自然、平静、面带笑容，主动上前握手，不能握手时，可探身以示招呼，如有椅子，可在病人身旁坐下。不要大大咧咧，以免影响其他病人，或造成医疗设备损坏。

(4) 语言轻松自然，多鼓励病人。同病人交谈，语言要讲究分寸，说话时不可以兴高采烈，也不要表现出紧张、厌恶的表情，神情应该保持轻松和关切。一般应先询问病人身体状况及治疗效果。在病人讲述病情时，要认真地听，不要心不在焉，左顾右盼。不要详细地向病人询问其病情，或当着病人的面向主治医生询问医疗方法。不要向病人介绍道听途说的偏方、秘方，不推荐未经临床实验的药物。如病人的病情需要保密时，不要和病人一起去乱猜，已知道应保密的病情，更不能对病人进行暗示。要避免谈论可能刺激对方或有关忌讳的话题，而多说些安慰、开导的话，多说些以往的美好时光，也可以说一些逸闻趣事、社会新闻、战胜疾病的事例。让病人开心而暂时忘却病痛，安心休息，恢复自信，战胜病魔，早日康复。

(5) 适时结束访问。探望时间一般以十几分钟为宜，最多不超过半个小时，最好能够适时地、婉转地结束探望。一方面要避免因为自己探视时间过长影响了病房里的其他病人休息；另一方面也可以让病人早点休息，避免疲劳影响身体恢复。在离开时，询问一下病人有什么事情需要帮助，再嘱咐病人安心治疗，表示过两天再来探望。告别时，一般应谢绝病人送行，祝他(她)早日恢复健康。

四、体育运动礼仪

1. 观看体育比赛的礼仪

(1) 衣着。体育场所中的衣着一般是非正式的，以穿着适时、舒适为主，尤其是秋冬季的室外赛场，优先考虑的应是保暖。在室内体育馆里，坐在包厢里的观众通常比坐在看台上的观众要穿得正式，如果着运动装，也要求整洁大方。场内观众着装更随意。

(2) 入座。应准时到场，以免入座时打扰别人。观看比赛时，不能因情绪激动而用脚踩着座位看。

(3) 遵守秩序。观看体育比赛时要注意讲文明。可以在比赛中为自己所喜爱、支持的运动员和运动队欢呼呐喊，但不要辱骂对抗的一队，以免和另一队的支持观众发生争执，或被警察“保护”出场，更不要因不满赛况而向比赛场中投掷杂物、攻击裁判等。

(4) 照顾他人。和在其他公共场所一样，体育比赛中若想吸烟，要注意场内是否允许并要取得周围人同意。比赛期间不要频繁进进出出地买饮料、如厕等，避免影响其他观众。啦啦队、球迷队的欢呼助威也要照顾他人的观看。

(5) 退场。如果赛后有要事，可在终场前几分钟悄悄离去。若等到赛完才离去，就要按顺序退场，不要互相拥挤，以免人多发生意外。

2. 观赏体育表演赛的礼仪

体育明星的表演赛类型较多，如田径赛、球类、武术等。比赛由于云集国内、国际高手，技艺超群，因而比赛颇为精彩，更容易调动人的情绪。观赏表演赛应注意四个环节。

(1) 着装。观看体育表演赛同样是非正式的服饰要求，但在看一些国际性的表演赛时，应比看一般比赛要注意打扮，工作装、沙滩装和奇装异服一般是不适宜的。

(2) 入场。注意车辆要在指定地点存放，按时入场，不要在人群拥挤的入场处逗留，进场后尽快找到座位坐下。由于体育明星的表演赛入场券比较难买，如果想在入场口等退票，注意不要妨碍他人入场，不可纠缠他人。

(3) 文明观赏。观看表演赛要支持、鼓励运动员的表演，随着比赛高潮的出现，看台上的气氛也会热烈起来，可以鼓掌和文雅地加以赞扬，有时运动员表现反常，没有发挥应有水平，也要予以热情鼓励，不能吹口哨、怪叫，甚至喊带侮辱性的话。在观看国际性表演赛时，要注意表现出观众的胸怀。

(4) 退场。表演赛结束同看比赛一样要按秩序退场。但要注意退场时不要尾随、堵截体育明星和名人，不要拦住明星的汽车或纠缠明星签名留念。

3. 参加群众性体育活动的礼仪

目前，我国群众性体育活动项目繁多，许多正式比赛项目和非正式比赛项目都成为体育爱好者参加的项目。参加体育活动中应注意以下方面。

(1) 遵守比赛规则。虽然体育活动不同于正式比赛，但大家仍应遵守种种比赛的规则要求，才能使活动有秩序。运动比赛瞬息万变，比赛中裁判员难免失误，对这种情况，应支持裁判员工作，不要起哄。

(2) 讲求运动道德。以健身、娱乐、陶冶性情、社交等为目的的体育活动如板球、网球、高尔夫球、台球、保龄球等，多以增进友谊为目的，所以讲求运动道德更重要。进行活动时行为不可粗鲁，不可与对手冲突，不可嘲笑、挖苦对方的技艺。赛前、赛后都要与对手握手、拥抱致意。

(3) 保证安全。以猎奇、惊险和一定程度的冒险为乐趣的活动，一定要事先准备充分，措施得当，以保证活动时的人身安全。例如，在打猎活动中，要正确地使用枪支，保证参加者不受伤害。打猎的枪支管理要严格，打猎时要按组织者的计划与说明行动，只能向规定的方位射击，切记不能向其他猎手方向射击。另外，对野生保护动物不能猎取。

五、参加会议礼仪

会议是指人们集合在一起，有议题、有组织、有步骤、有针对性地探讨一些问题。在现代社会里，它已成为人们参与社会活动的主要方式之一。参加会议应遵守以下礼仪规范。

1. 提前准备，注意休息

参加会议前，要预备好必要的辅助工具，如纸、笔、录音机等，以便于记录。提前认真阅读会议下发的材料，以便全面了解会议情况，掌握会议主旨。另外，参会前要有充分的休息，避免开会时容易困乏、打瞌睡，无法集中精神，影响参会质量。

2. 准时到会，有始有终

严守会议时间，是保证会议顺利进行的基本条件之一。不仅要靠会议主持人、组织者的积极努力和得力措施，同时也要靠全体与会人员的自觉和认真遵守。

参加任何会议，都不应当迟到或者缺席。参加者应当按照通知上规定的具体时间，准时出席会议。一般应提前 5 分钟以上进入会场，以便办理报到手续、寻找座位等。参加会议，必须有始有终，不能“半途而废”、不辞而别。在他人讲话期间当众退场，不仅自己失礼，也是对对方不尊重的表现。如果确实有急事，应当向主持人说明原因并请假。

3. 遵守会议纪律，认真聆听发言

在会议进行期间认真倾听他人的发言，是与会者对对方尊重的具体表现，同时也是自己掌握会议精神的主要途径。因此，全体与会者应当自觉维护会场秩序，保持会场安静，不影响发言人的讲话与听众的倾听。开会时不应当随意走动，或者与周围人交头接耳。要聚精会神、全神贯注，注意专心聆听别人的讲话，抓住要点，发现问题。在一般情况下，不要带孩子到会议现场。

在发言人或主持人讲话时，不允许有意起哄，不应当在会场上使用手机，不应当收听 MP3 和收音机。不准吃东西、制造噪声等。与讲话者意见相左时，不应当在对方发言时予以打断，或是大声斥责、议论，更不能起哄、吹口哨、拍打桌椅等，应当寻找适当的渠道进行表达。当别人发言结束时，应当礼貌性地鼓掌。

【小贴士】

洗手间礼仪

洗手间是我们日常使用极为频繁的地方，由于公共场所的洗手间也是众人共用的，所以在使用时就必须遵守规则，以免影响下一位使用者的情绪，而且洗手间的使用礼仪是最能体现出文明程度的高低的。

不论男女，在洗手间都有人使用的情况下，后来者必须排队等待，应该是在洗手间最靠外处排队，一般是在入口处排队，按先来后到依序排成一排，一旦有其中某一间空出来时，排在第一的自然拥有优先使用权，这是国际通常的惯例，而不是每个人分别排在某一间门外，以赌运气的方式等待。如果不按国际通用习惯排队，必定会得到其他人的怒目相视，甚至指责。

洗手间最忌讳肮脏，所以在使用时应尽量小心，如果有污染也应尽可能加以清洁。有些人有不良习惯，不愿意去善后，那就会殃及下一位使用者。女性卫生用品千万不要顺手扔入马桶中，以免造成马桶堵塞。其他如踩在马桶上使用、大量浪费卫生纸导致后来者无纸可用等，都是不恰当的行为。

有的地方的冲水按钮或开关位置与平常所见的有所不同，但一般都是在水箱旁，有的在顶部且需要用拉绳来拉，或在马桶后方用手拉，也有一些设置在地上用脚踩。实际上，用脚踩的方式应该是最符合卫生标准的。若是怕冲水时手被污染，可用卫生纸包住冲水按钮，在无人排队的情况下，用完洗手间也不必把门关好。应该故意留下明显缝隙，让后来者不需要猜测就知道里面是空的。

在飞机、轮船、游览车、火车等交通工具上，洗手间是不分男女的，大家共用，此时无须讲究“女士优先”。

每个地方的标记各不相同，一般除用各国不同的文字注明外，也有不少地方是用图案来标识的，男厕多是烟斗、胡子、帽子、拐杖、男士头像等来表示。女厕则多以高跟鞋、裙子、洋伞、嘴唇、女士头像等来表示。

在欧洲的一些国家，上洗手间是须付小费的，客气一点是在出口处的桌子上摆着一个浅碟子，使用完毕可以随意放一些硬币等当作清洁费。严格一点的，则在入门处清楚标识使用卫生间的费用，有些要事先付费，若不付费，看守者就不打开锁着的厕门。还有一些用机械投币式，即在入口设有一自动投币机门，投下一枚硬币，旋转栅门就可以开一次。

原则上，使用完洗手间必须洗手，洗手台也会有擦手纸与烘干机。一般习惯是先用擦手纸擦干手，把用完的纸扔入垃圾桶后，再用烘干机把手吹干。干手机多为自动感应方式并有自动定时装置，所以不用考虑如何关闭电源的问题。清洁工人会不断巡视各洗手间并进行清洁。如遇到正在清洁地面暂停使用洗手间时，不可坚持使用，以免影响正常工作，但可以询问最近的洗手间在何处。

第四节　求 职 面 试

现代社会对每个人提出了种种挑战的同时,也提供了各种各样难得的机遇。如何在竞争激烈的人才市场中力挫群雄,一举应聘成功,在具备良好的专业素养的前提下,掌握必要的惯例与技巧也不容忽视,尤其是求职面试中的礼仪礼节,它往往还起着举足轻重的作用。

一、求职的心理准备

1. 调整心态

求职面试前的准备首先是求职心态上的准备,要调整择业心态,端正择业态度,正确评价自己,理想值与期望值不要过高,特别是大学生要先就业,再择业,自我定位过高不行。

【小案例】

不同的回答

在上海某单位组织的一次面试中,主考官先后向两位考生提出了同样的问题:"我们单位是全国数一数二的大公司,下面有很多子公司,凡被录用的人员都要到基层去锻炼,基层条件比较艰苦,请问你们是否有思想准备?"

毕业生 A 说:"吃苦对我来说不成问题,因为我从小在农村长大,父亲早逝,母亲年迈,我很乐意到基层去,只有在基层摸爬滚打才能积累丰富的工作经验,为今后发展打下基础。"

毕业生 B 则回答:"到基层去锻炼我认为很有必要,我会尽一切努力克服困难,好好工作,但作为年轻人总希望有发展的机会,不知贵公司安排我们下去的时间多长?还有可能上来吗?"

哪位学生被录用了呢?结果显而易见,当然是前一位学生被录用,后一位学生被淘汰。

【点评】 在面试过程中,回答问题的技巧非常重要。对有些问题的回答,表面上看来合情合理,无可厚非,但却令考官反感。这是因为,主试者并不在乎你回答的内容多少,而在于考查你对问题本身的态度,进而了解你对职业的态度等。显然,毕业生 A 对下基层的态度端正、诚恳,令主考官欣赏;而毕业生 B 思想上明显有顾虑,尽管乃人之常情,但这种场合提出很不合时宜。

现在有许多大学生求职时把自身看得很重,一味地追求待遇,你能给我什么待遇,每月少于多少钱不去,有的还挑岗位和专业。其实你站在企业的角度考虑一下,企业用人,那叫人力资源管理,也是有成本的,劳动力的价格是由什么决定的?是由你这个劳动力的价值决定的,你刚毕业,谈不上有什么工作实践、工作经历,实习经历也很有限,只是在课堂上学了点东西,考试靠突击,考完试就忘了。企业不知道你有什么本事,你有什么能力，它不可能给你高工资。

2. 知己知彼

每一个求职的人，都希望在面试时留给主考官一个好印象，从而增大录取的可能性。孙子说："知己知彼，百战不殆。"面试就如同一场试探性的战斗，战斗的双方就是面试单位的主考官和参加面试的你自己。你事先要了解用人单位的基本情况、研究好主考官、研究好你自己，才能在求职中争取主动，可以说，这是求职者迈向成功的第一步。

(1) 了解用人单位。求职前要了解一个单位的规模、声誉、发展潜力、人员构成、业务范围、硬件设施、工作性质、岗位培训、晋升机会、福利待遇等，并在此基础上制定相应的应聘策略。

(2) 研究主考官。这包括以下两个方面。

① 应聘者要明确主考官会从以下几个方面来考查、评价自己：一是主考官可能会先评价一个应聘者的衣着、外表、仪态和行为举止；二是主考官会对应聘者的专业知识、口才、谈话技巧做整体的考核；三是主考官可能会从面谈中来了解应聘者的性格和人际关系，并从谈话过程中了解应聘者的情绪状况以及人格成熟的程度；四是主考官会在面试时，观察应聘者对工作的热情程度和责任心，了解应聘者的人生理想、抱负和上进心。

② 面对不同类型的主考官，应预先制定相应的策略。主考官不同，注重的能力方面也不同。如果主考官是技术干部，他就会注重专业和处世能力；若是人事干部，就会注重应试者的社会意识和处世能力；若是领导干部，则注重合作精神、办事能力及处理紧急事件的应变能力。在面试时要学会察言观色，注意主考官更加注重哪一方面，在他感兴趣的方面充分表现一下。

(3) 研究自己。这包括以下几个方面。

① 了解自己的长处、兴趣、人生目标、就业倾向等。许多学校都会为毕业生就业求职开设一些辅导，帮助毕业生分析个人的专业和志向，作为毕业生的你，可以充分利用这个渠道，为求职预先做好准备。

② 听取家人和有社会经验的亲友的意见与建议，修正个人的志愿，也是很有必要的。

③ 参加面试一定要抱着谨慎的态度，不浪费每一次机会，并把每一次面试当作重要的经验积累起来。

④ 了解并演练一下必要的面试礼仪，可以放松紧张的心情，在面试时表现得轻松自如。

【小贴士】

招聘的绝招

用人单位为了招聘到合适的人才，在招聘过程中使用各种招数。下面这个故事就是用人单位考验人的意志和毅力的招数，能够吃苦者经受住了考验，成为笑到最后的人。

某家企业招聘推销员，来了许多应聘者。然而，企业人事经理刚和大家见面，便说："对不起，电梯坏了。"于是，一部分人不慌不忙地待在一楼等修理电梯，另外一部分人拾级而上。可是，该企业位于第 32 层楼，一些人半途而废，只有少数应聘者从一楼走到第 32 层楼。结果，这些不怕累的应聘者被企业聘用。

二、求职的材料准备

1. 求职信

求职信是求职者为了寻求一份比较理想的工作，或是谋求一个比较合适的职业，而向有关单位或领导集中介绍自己的实际才能、专长，表达自己的就业愿望的一种专业文书。写好它是求职者开启成功求职的第一步，同时也是求职者和用人单位接触与联系的桥梁、纽带。写好求职信要注意以下方面。

(1) 写全求职信的结构。求职信作为专用书信，为突出其目的性，一般要写明标题"求职信"；另外，在成文日期下靠左处要写清求职人的"联系方式(地址、电话、电子邮箱等)"，以便用人单位与求职者本人联系。

此外，为了更好地展示自己，求职者可以将有关证明材料，如学历证书、荣誉证书、技能证书等资料的复印件，附于求职信的后面。因此，在求职信的结尾部分或正文之后写明附件说明，说明求职信具有的附件数量和名称等。

(2) 写准求职信的称谓。求职信中，求职者和应聘单位的人事主管(经理)之间是一种特殊的人际关系，他们之间的人际关系不是建立在血缘或情缘基础上的人际交往，而是建立在机缘关系、平等基础上的人际往来，且双方多数是初次接触。所以，求职信的称谓多用"尊敬的×××"，而不使用"亲爱的×××"。

(3) 写好求职信的内容。求职者必须围绕"岗位"的需要，充分展示自己能够胜任所必须具有的职业知识、职业能力、职业素养、工作经历等，这是求职信的核心内容。

① 职业知识。职业知识就是社会实践中，人们完成职业岗位任务所必须具备的知识，一般包括基础知识和专业知识。

② 职业能力。指人们从事某一职业或专业所需要的能力，它直接影响着人们工作的质量和效率。因此，招聘方对求职者的"职业能力"最为关注。

③ 职业素养。指职业内在的规范和要求，是在职业过程中表现出来的综合品质，包含职业道德、职业行为、职业作风和职业意识等方面。具体体现为多个方面，如责任心、敬业精神、团队意识、职业操守等。求职者在求职信的写作中要有所关照。

④ 工作经历。指应聘者的所有工作历史，无论是有偿的还是无偿的，全职的还是兼职的。之所以要提供一些重要的工作经历，其目的是为了证明求职者自身的能力及其具备的职业经验，从而进一步提升自身的价值。如果是一位应届毕业生，则可以适当介绍自己的专业实习或实训经历、经验。

正文结尾部分可提醒用人单位回复消息，并且给用人单位更为肯定的确认，比如，"您给我一个机会，我会带给您无数个惊喜！"结束语后面写表示敬意的话，如"此致""敬礼"。

【小贴士】

求 职 信

尊敬的××货运公司领导：

您好！感谢您在百忙之中阅读我的求职信！

从贵公司网站发布的招聘启事得知贵公司要招聘4名报关员，我学的专业对口，所以我很想应聘这一岗位。我叫张××，是一名2019届专科毕业生，将于今年6月底从××职业学院经贸管理专业毕业。回首三年的大学生活，勤奋与收获同在，充实与快乐并存。三年中，我的学习成绩一直在本专业中排在前10名，并在大一时顺利通过普通话二级甲等、大二顺利通过全国计算机二级（VFP）考试，大三通过英语四级，并能熟练使用英语，同时已取得报关员和报检员资格证书，学习成绩和各种证书有附件中的复印件为证。

我性格开朗、乐观向上、自信稳重、勤奋务实、待人真诚。大一、大二时在系学生会担任办公室主任职务，工作认真负责、积极主动，培养了我能吃苦耐劳、在高强度工作环境下的抗高压能力。大二下学期我发起并成立了××志愿者协会，在组织活动的过程中，锻炼了组织协调能力、实际动手能力和迅速适应环境的能力，培养了团队协作精神。在学校与同学关系融洽，在各类社会实践活动如家教、企业产品的销售和推广等工作中，与同事建立了良好的人际关系。这些社会实践工作培养了我敏锐的洞察力、独立的思考判断能力、果断的行事作风，学会了为人处世之道。

最后，再次感谢您对我的关注，并真诚地希望我能成为贵公司的一员，为贵公司的繁荣昌盛贡献自己的绵薄之力，期待您的回复并盼在面试中相见。

祝贵公司事业蒸蒸日上！

附件：

(1) 大学三年学习成绩单；

(2) 普通话二级甲等证书、英语四级证书、计算机二级证书、报关员和报检员资格证书复印件。

联系方式（略）

张××

2019年3月18日

【点评】 这是一封规范而不失个性的求职信。它格式规范，通顺流畅，简洁质朴，语气真诚而委婉。其个性有三：一是信息量丰富，除必要的“软硬件”外，还将大学三年中取得的成绩按时间顺序列举出来，让人感觉这是一位勤奋学习、吃苦耐劳的好学生；二是自我分析不虚不矜，有理有据，没有套话空话，显得真实可信；三是礼仪周全，表达贴切，有问候、有致谢、有祝愿，产生了“以诚感人”的效果。这种知道对方“要什么”、自己能“给什么”、明确“为什么要我”的求职信，无疑会赢得招聘者青睐。①

(4) 写好求职信的注意事项。写求职信时最好选用署有本校校名的信封、信纸，避免选用带有外单位名称的信封、信纸。字迹要清晰工整，如能写一手漂亮的书法，手写求职信是很不错的选择，因为更多的人相信“字如其人”。如果字写得不好看，宜用打印件。篇幅要适中、不宜过长，1000字左右较为合适。

求职信是求职者与用人单位的第一次沟通，所以，文笔要自然流畅，既不要过高评价自己，也不要过于谦虚。行文可带有鲜明的个人风格，以给用人单位留下深刻的印象。

---

① 赵玉柱. 写出好的求职信需“三思”[J]. 应用写作，2015(4)：30-31.

【小故事】

达·芬奇的求职信

1482年,31岁的达·芬奇离开故乡佛罗伦萨,来到米兰。他给当时的最高统治者、米兰大公鲁多维柯斯查写了一封求职信,希望谋得一个军事工程师的职位。

尊敬的大公阁下:

来自佛罗伦萨的作战机械发明者达·芬奇,希望可以成为阁下的军事工程师,同时求见阁下,以便面陈机密。

一、我能建造坚固、轻便又耐用的桥梁,可用来野外行军。这种桥梁装卸非常方便。我也能破坏敌军的桥梁。

二、我能制造出围攻城池的云梯和其他类似设备。

三、我能制造出一种易于搬运的大炮,可用来投射小石块,犹如下冰雹一般,可以给敌军造成重大损失和混乱。

四、我能制造出装有大炮的铁甲车,可用来冲破敌军密集的队伍,为我军的进攻开辟道路。

五、我能设计出各种地道,无论是直的还是弯的,必要时还可以设计出在河流下面挖地道的方法。

六、倘若您要在海上作战,我能设计出多种适宜进攻的兵舰,这些兵舰的防护力很好,能够抵御敌军的炮火攻击。

此外,我还擅长建造其他民用设施,同时擅长绘画和雕塑。

如果有人认为上述任何一项我办不到,我愿在您的花园,或您指定的其他任何地点进行试验。

向阁下问安!

达·芬奇

米兰大公收到此信不久,就召见了达·芬奇。在短暂的面试后,正式聘用达·芬奇为军事工程师,待遇十分优厚。

【点评】 当时,米兰大公的处境可谓强敌环伺,他需要军事制造方面的人才。达·芬奇深切地了解他的需要,有针对性地设计了求职信,无比自信地在求职信中一连使用了六个"我能",一项一项、有条不紊地列举自己军事工程方面的才能,精练简洁,让人一目了然,就等于告诉米兰大公:"我清楚您的处境,我会帮助您赢得战争!"所以,后者毫不犹豫地给了达·芬奇面试的机会。

2. 简历

求职简历是求职者将自己与所求职岗位紧密相关的信息,经过分析整理后清晰简要地表述出来的书面求职资料。求职者到招聘单位要做的第一件事情就是投递简历,而简历则成了招聘单位了解求职者的最初载体。一份优秀的简历,往往可以在众多求职简历中脱颖而出,给招聘单位人力资源部门或人员(以下简称 HR)留下深刻印象,从而帮助求职者成功谋取职位。

【小贴士】

HR 筛选简历的过程

HR 筛选简历就两个过程：先是初选。这个过程很快，每份简历只看几个关键词，10～20 秒就会看完一份简历，大概选出 20%的简历进行复选。然后是复选，HR 对每份简历看得比较仔细，主要是为了进一步了解每位求职者，在简历中寻找几个有针对性的面试问题。这个阶段，淘汰率不是很高，基本上都会得到面试机会。

(1) 形式赏心悦目。传统的表格式简历因信息散落于表格之中，不宜让 HR 立即发现求职者的闪光点，且线条过多，显得不够简洁明了。赏心悦目是简历在形式上的设计目标，这里建议将传统表格的线条去除，改散点式表格为模块式形式，这样因信息集中会让 HR 很容易找到关注点。且去除表格后的简历更显简洁、新颖、大气，收到传统表格式简历所达不到的效果。

模块式简历，即根据简历的内容划分为若干块状结构进行信息描述。模块式简历首先要考虑的是布局及框架的问题，一份简历大致包括姓名、性别、年龄、籍贯、照片、联系方式、自我评价、求职意向、教育背景、个人技能及所获奖项、在校及社会工作经历或项目经历等内容。从逻辑关系角度来看，简历中的姓名、性别、年龄、籍贯、照片、联系方式等一般都可归为基本信息范畴。弄清这种逻辑关系后，就可以将基本信息与其他模块进行切割，即将基本信息作为首部，将其他模块作为主体进行设计。在设计时，可以将基本信息置于简历的上部，或者分栏后放于左边或右边，有时为了突出其他模块也可将基本信息放在尾部。模块式结构不仅让简历从视觉上更加鲜明，重要的信息更加突出，布局更加合理，而且降低了阅读障碍。

【小贴士】

加入个性化因素的简历

简历中可加入个性化元素，个性突出、特征鲜明的简历往往会散发出独有的光芒，从而吸引 HR 的目光。个性化简历可从以下几个方面来构思。

① 从招聘单位角度构思。设计者事先要对应聘单位有所了解，设计新产品、企业标识、企业名称等企业识别元素，激发 HR 的好感和注意，比如，将简历设计成新产品说明书的形式来应聘某制药企业。

② 从应聘的岗位角度构思。求职者可以根据岗位特征来设计带有岗位元素的简历形式，比如，针对人力资源管理岗位，求职者可将简历做成计划引进的人才档案，内容可以是人才引进原因及人才主要成绩等。

③ 从专业角度构思。求职者可以根据专业特征来设计带有专业色彩的简历形式，比如，针对广告专业，求职者可将简历设计成一份精美的广告。但创新应有“度”，不可让形式淹没了内容，过于花哨反而会带来负面效果。

(2) 内容简洁明了。形式只是外表，简历的内容才是关键。求职者在描述内容时务必简洁明了，对 HR 来说，每天可能会浏览数以百计的简历，一般不可能有时间把每份简历都仔细看完，如果写得繁芜冗长、词不达意、空洞无物，反而会使简历的亮点被忽视。

下面分别介绍各模块的写法。

① 基本信息。基本信息主要包括姓名、性别、年龄、籍贯、照片、联系方式等。

- 照片：照片一定要采用穿正装的证件照，要给 HR 以正式、严肃之感，不宜采用大头照或生活照。照片往往具有文字无法比拟的优势，网上投递简历的求职者更要加以重视。
- 联系方式：一般可以依次注明手机号码及 E-mail，邮箱不宜选择 QQ 邮箱，宜选择比较正式的网易邮箱、新浪邮箱等。

② 求职意向。求职意向宜适当宽泛，采用岗位群（核心岗位与相关岗位相结合）的形式描述会比较好，特别是参加招聘会的大学毕业生的简历更应如此。但如果应聘者已获悉确定的岗位，此时的求职意向应明确。

③ 教育背景。教育背景一般应注明最高学历、专业、毕业学校，对于所学课程，可以列核心或特色专业课，公共课、基础课等可不列。

④ 个人技能及所获奖项。个人技能主要从语言能力、计算机应用能力、专业能力三个方面介绍。语言能力包括中文、外语等；计算机应用能力包括各类计算机软件的使用技能等；专业能力包括与专业相关的各项能力或相关证书。所获奖项应列举级别较高、分量较重的奖项，为突出自身能力可以在奖项之后注明级别或获奖名次/参赛人数等。

⑤ 在校及社会工作经历或项目经历。大学毕业生的经历一般包括在校工作经历、课外活动、义务工作、参加的社团、勤工俭学、实习经历等；社会人员则应强调自身的社会工作经历或项目经历等。为简洁起见，每一部分只需列出最重要、最具代表性的 3～4 条即可，不宜过多。

描述经历时，宜用动宾结构的分句，按由近及远的顺序分条列举。可按照 4W（When、Where、What、How）法则或 STAR（Situation、Task、Action、Result）法则来描述，即以一句话概括时间段、单位、从事的职位及做了什么、如何做的及结果如何，确保描述的清晰性、条理性和逻辑性，让人一目了然。其模式为时间段＋单位＋职位＋工作内容＋能力的提高＋评价或成绩。举例如下。

2017.6—2018.7：××自动化股份有限公司。职位：技术人员。负责生产流水线的现场监控。适应能力更强，做事效率更高。实习成绩为优。

社会人员还要特别注意项目经历的描述，其模式为时间段＋单位＋项目名称＋职位＋工作内容＋工作业绩等。举例如下。

2017.7—2018.8：中国农业部重点农产品加工与贮藏实验室项目（北京）。职务：研究助理。制订工作计划进度表，亲自参与采样测定鸭梨果肉和种子经过不同处理的各种酶指标，初步判断“早采收、急降温”为防止黑心病的有效方案，创造性地提出微波处理钝化酶活力的方法，得到教授和博士的认可。增强了办事能力、科研能力及团队合作意识。

⑥ 自我评价。自我评价主要包括爱好、特长、性格、能力等，要根据自己的专业特点及求职岗位有针对性地介绍。

（3）注重细节，包括以下方面。

① 仔细对照所投公司岗位的要求，突出自己的能力，增强简历的针对性、目的性。

② 多使用数字语言提高简历含金量，在强调工作经历或与之相关的技能时，尽量将

自己的经历具体化、数字化，增强简历的说服力。

③ 简历要精益求精，不断修订，确保没有语法错误、字词错误及标点错误等。

④ 简历的语体应使用事务语体，做到准确平实、简明扼要。

⑤ 简历宜多用名词性短语及动宾结构的短语，少用修辞。

⑥ 简历要注意编辑排版，注意字体、字号、行距及颜色的搭配，做到疏密有致、主次分明。

⑦ 字体宜选微软雅黑，需要引起注意的地方可以加黑突出。网上投递简历时，应制成 PDF 格式文件连同 Word 文档一起投递，以免因版本或字体不同带来格式上的改变，从而影响阅读效果。

⑧ 简历要用 A4 纸制作，页数不宜过多，专科毕业生的简历一般以 1 页为宜，本科毕业生或社会人员的简历宜控制在 2 页之内。

【小贴士】

简历投递有礼仪

① 在邮件主题处，详细标明了求职人的身份（如“大连职业技术学院、程成同学”），这样非常方便需方查找。

② 简历文本在邮件中出现了两次，第一次是作为“附件”添加的。

③ 文中部分有称呼（尊敬的老师）、有自我简介，也有寒暄语，完整而且很有礼貌。如：“您好！我是来自大连职业技术学院软件技术专业的程成同学。通过对计算机行业的了解，得知贵公司在软件开发方面获得了很多荣誉，希望有幸可以加入贵公司担任软件测试一职。我的个人简历请详见附件。”

④ 在邮件正下方再次添加简历文本，方便需方打开邮件后马上阅读。

这样一份简历，可以让用人单位感受到应聘者的礼貌、涵养以及细心，让面试官在面见应聘者前，已经对他产生了一个好印象，真是一举两得。

三、面试的仪表礼仪

【小案例】

杨澜的领悟

著名媒体人杨澜有一句名言：“没有人有义务必须透过邋遢的外表去发现你优秀的内在。”这其实是她从自己失败的异国面试经历中得出的教训：她（面试官）竟然说我的形象和我的简历不相符，而拒绝继续向我提问。我低头看看自己的打扮，很明显，因为穿着问题，我被她鄙视了。我发誓可以用自己的能力让她收回鄙视，但我没有得到表现能力的机会。杨澜领悟到形象走在能力前面！

1. 妆容适度

求职时，妆容应简洁、大方、淡雅、自然，以给人庄重感。对刚毕业的大学生而言，充满朝气的青春之美是任何化妆品都不能取代的。当然，如在此基础上适当加以修饰，增加美感也是可行的。

女士妆容要有“度”，宜化淡妆，追求一种雅致的感觉，妆不要过分浓烈，化妆过度，效果会适得其反。例如，口红涂得太红，指甲油颜色太刺眼，香水味刺鼻，都会使人反感。女性求职者“浓妆艳抹”去面试不可取，但“素面朝天”容易给考官一种为人不拘小节甚至懒散的印象，也不足取。

男士要剃须，保证面部清爽，鼻毛不可外露。男女求职者均要注意保持手部卫生，女性尤其不能留长指甲或染指甲。

2. 发式适宜

发式是仪表的重要方面，求职者应保持头发的清洁，并加以修饰，充分显示自己的生机和活力。

男士的头发，前面不可以遮住眉毛，不可过于凌乱，保证头发整洁无头屑。发型要大方又有朝气，不可求新、求怪，更不能染发。

女士要保证头发柔顺，不毛躁，不凌乱，不染夸张的颜色，发式美观大方，不要太过新潮、前卫，如有职业要求，最好将头发束起。

3. 服装得体

服装得体就是要做到简洁、大方、雅致。男士面试以西装、衬衫、皮鞋为主。可以穿着一套深色的西装。西装颜色不要过于艳丽，以藏青、深蓝、深灰冷色调为主，做工精细、质量考究的套装为佳，过于艳丽的颜色会给人轻浮之感。女士以得体大方的职业套装和连衣裙为主。如果穿裙子，不可过短，最好也不要太长，短的容易显得轻浮，长的可能会显得邋遢。刚到膝盖上或者膝盖下为最好。女士可以穿着颜色较为鲜艳和款式较为时尚的服装，但不能穿着奇装异服，不能追求所谓的前卫、新潮、另类。

求职者的装束应与自己的个性相符合。女性如拥有一张“娃娃脸”，应选择颜色深沉的套装，给人一种稳重的印象；如果相貌老成，应选择色调柔和的套装，显得充满活力，以免给对方造成跟不上时代步伐的感觉。

服装还要与谋求的职位相适应。在应聘与艺术有关的行业时，如广告设计、室内装饰或化妆品公司等，服装应尽量穿得时尚而富有创意，以凸显个性；而应聘企业文化比较传统保守的行业，如金融、保险、国际贸易、法律等，应穿着能展示权威和能力的传统而保守的服装，西装与套装是面试的适宜服装。

4. 配饰得当

配饰在人的整体装束中很重要，配饰用得好，似画龙点睛，使人更加潇洒飘逸；反之，如画蛇添足，会破坏人的整体形象。领带在男性求职者的配饰中占重要位置，在选择领带颜色时要考虑与西装颜色搭配，领带的质地、图案也要与西装颜色和个人的身材、体型协调。鞋袜的处理要注意，鞋子一定要干净，如是皮鞋要擦干净、锃亮，鞋带要系好。女性的皮鞋注意要款式简单、大方。鞋跟高度为3～5厘米较好。注意不要穿走路会发出声音的鞋子。袜子颜色以与上衣颜色接近为好，不要过于鲜亮，一般以肉色为佳。去面试的时候要多准备一双袜子，以防袜子钩破的尴尬。

一般除手表外，不要佩戴过多饰品，且不能佩戴过于炫目、过于怪异的首饰。求职者的妆饰要衬托出自身的青春朝气，又不至于浮华浅薄。

四、面试过程中的礼仪

【小贴士】

礼貌接听面试电话通知

简历发送后，如果用人单位有意面试你的话，接下来就会电话通知了。面试从你接到电话通知的那一刻就已经开始了，千万要重视这接电话的短短一两分钟，因为只要稍有不慎，你就很有可能被淘汰出局。这个环节，记住要做到下面三点。

① 开头有称呼(比如××老师)，结尾要致谢。

② 通话过程中，要始终保持微笑，虽然对方看不见你的脸。

③ 通话结束之际，一定要等对方挂电话后，你才可以挂断。

这样的一次通话一定会给你加分，因为你的礼貌修养已经体现在通话中了。

1. 提前到达

参加面试时要按照事先约定的时间、地点准时到达，而且一定要计划出提前量。至少应该提前15分钟到达，以表示求职者的诚意，给用人方以信任感，增加对用人单位的一些感性了解；同时也有利于自己做好充分的个人准备，简单修整仪表，调整可能紧张的心态。如果迟到了，肯定会给用人方留下不好的印象。尤其是有吸引力的单位，组织一次面试往往要安排很多人，迟到几分钟，就可能会失去面试的机会。

但是，我们要允许和宽容招聘人员迟到。招聘人员迟到了，无论什么原因，我们都不能流露出不满情绪，要表现得大度、开朗和宽容，否则招聘人员对我们的第一印象就会大打折扣，尤其有时面试官出于某种目的而故意迟到，更应当警惕。

【小案例】

面 试 迟 到

张杰第二天要到恒达商业集团公司应聘秘书一职。他本打算要早点休息，第二天早点到。谁知晚上几个同学约他出去吃饭，吃过饭又一起去唱歌，很晚才回去睡觉。第二天张杰没被闹钟叫醒，等他醒来时，发现离约定的面试时间已经不足1小时了。他慌忙穿衣、洗漱，匆匆忙忙地往恒达商业集团公司赶。等他赶到的时候，已经迟到了将近20分钟。他急忙向面试官道歉，然后面试开始了。

2. 耐心等待

等待面试的过程应注意以下方面。

(1) 到了办公大楼，最好径直去面试单位，而不要四处张望，甚至被保安盯上。

(2) 走进面试单位之前，把口香糖和香烟都收起来，因为大多数的面试官都无法忍受你在办公场所嚼口香糖或吸烟，何况现在公共场所是禁烟的。

(3) 坚决不要开手机，避免面试时造成尴尬局面，同时也分散你的精力，影响你的成绩。

(4) 一进面试单位，若有前台，则开门见山说明来意，报上来访的目的、有无约定、被访者的名字和自己的名字。经指导到指定区域落座，若无前台，则找工作人员求助，这时要注意用语文明，开始的“你好”和被指导后的“谢谢”是必说的，这体现了你的教养。

(5) 到达面试地点后应在等候室耐心等候，并保持安静及正确的坐姿。如果此时有的单位为使面试能尽可能多地略过单位情况介绍这一步骤，尽快进入实质性阶段，准备了公司的介绍材料，应该仔细阅读以先期了解其情况。也可自带一些试题重温，而不要来回走动表现得浮躁不安，也不要与别的应聘者聊天，因为这可能是你未来的同事，甚至是决定你能否称职的人。你的谈话对周围的影响是你难以把握的，这也许会导致你应聘的失败。更要坚决杜绝的行为是，在接待室恰巧遇到朋友或熟人，就旁若无人地大声说话或嬉闹。

(6) 一些小企业若没有等候室，就在面试办公室的门外等候；当办公室门打开时应有礼貌地说一声“打扰了”，然后向室内考官表明自己是来面试的，绝不可贸然闯入；假如有工作人员告诉你面试地点及时间，应当表示感谢；不要驻足观看其他工作人员的工作，不要询问单位情况或向其索要材料，且无权对单位加以品评，以免给人肤浅、嘴快的印象。

3. 礼貌入场

进入面试场合要礼貌得体而不紧张焦虑。如果没有人通知，即使前面一个人已经面试结束，也应该在门外耐心等待，不要擅自走进面试房间。

自己的名字被喊到，就有力地答一声“是”，然后再敲门进入。即使面试房间的门是虚掩的，也应敲门。敲门时要注意敲门声的大小和敲门的速率。正确的是用右手背的手指关节，主要是食指和中指的手指关节轻轻地敲三下，不可敲得太用劲儿了，以里面听得见的力度为准。听到里面说“请进”后，要回答“打扰了”，再进入房间。千万不要用巴掌拍门，像查户口一样。

开门、关门尽量要轻，进门后不要用后手随手将门关上，应转过身去正对着门，用手轻轻将门合上。回过身来将上半身前倾 30°左右向面试官鞠躬行礼，面带微笑称呼一声“你好”，彬彬有礼而大方得体，不要过分殷勤、拘谨或过分谦让。

应等主考官示意坐下才可就座，并应道声“谢谢”。如果有指定座位，则应坐在指定的位子；若无指定位置时，可以选择主考官对面的位子坐定，如此方便与主考官面对面交谈。坐下后要保持良好的体态，正襟危坐，双手自然放在膝盖上，千万不要大大咧咧，满不在乎。

入场后与面试官打招呼，还要注意正确称呼对方。如果考官有职务，一般采用姓氏加职务称呼的形式，如“张部长”“刘经理”等；如果考官职务较低，可以不采用职务称呼，而以“老师”相称；如果对方职务是副职，则按照就高不就低的习惯略去“副”字，以正职相称。

【小幽默】

英语面试

哥仨去外企面试，面试前互相叮嘱：“千万别忘了老师传授的面试秘籍第一条，即进去后，必先向面试官问好！”

老大面试完了，垂头丧气地出来，望着初升的太阳，说：“一进门，本来是想说 Good

morning 的，结果一紧张说成了 Good afternoon。”老二、老三报以鄙视的表情。

老二面试完了，时间比老大还要短。他垂头丧气地出来，说：“还真容易紧张，我说 Good evening 了，面试官奇怪地说怎么你们连时间都搞不清。”

大家都想这下该职位非老三莫属了，谁知老三刚进去就又出来了。他垂头丧气地说：“我一进去，就直哆嗦，不小心，就说了 Good bye。”

4. 自我介绍

求职者自我介绍的根本目的，是使面试考官对自己有个初步的、大概的了解，并且尽可能留下好的印象，以便使面试能够深入进行下去，最终赢得面试的成功。求职面试的自我介绍必须讲究技巧，成功的自我介绍往往会给面试考官留下深刻的印象，那样求职就成功了一半。在人的思想意识中，往往存在这样的误区，认为最了解自己的人一定是自己，把介绍自己当成是一件很容易的事。其实不然，说人易，说己难。在求职面试中，介绍自己是最难的部分，要成功地进行自我介绍，就要从以下几个方面着手。

(1) 礼貌的问候。在进行自我介绍之前，求职者先要向面试主考官问好，这是最起码的礼貌。比如，“经理，您好，谢谢您给我这个机会，现在，我向您作个简单的自我介绍……”介绍完毕以后，要注意向面试主考官致谢，并且还要向在场的其他面试人员致谢。

(2) 主题要鲜明。求职面试中的自我介绍一般包括以下基本要素：姓名、年龄、籍贯、学历、学业情况、性格、特长、爱好、工作能力和工作经验等。在作自我介绍时，不必面面俱到，而要主题鲜明，直截了当，切入正题，不拖泥带水，对于材料的组织要合理，做到详略得当、重点突出。一般来说，应按招聘方的要求来组织介绍材料，围绕中心说话。假如招聘单位对应聘的人的工作能力和工作经验很重视，那么，求职者就得从自己的工作能力及经验出发作详细的叙述，而且整个介绍都是以这个重点为中心。

【小案例】

某家工艺品总公司招聘业务员的一则对话

面试考官：我公司主要是经营有地方特色或民族特色的工艺品，如北京的景泰蓝、景德镇的陶瓷和湖州的抽纱等。这次招聘的对象主要是能开拓海内外业务的湖州抽纱的业务员。现在，请你介绍一下自己的情况。

求职者：我叫李伟，今年 24 岁，是湖州市人，今年毕业于湖州市商业学校，读市场营销专业。我一直生活在湖州，小时候就经常帮妈妈和奶奶做抽纱工作，对于传统的抽纱工艺可以说是比较了解的。在商校学习的两年中，我掌握了营销方面的专业知识，这是我将来搞好业务的资本。我的口才较好，曾参加省属中专学校的求职口才竞赛，获得了二等奖，并且还具备一定的英语口语能力。我这个人的特点是头脑灵活、反应快，平时喜欢看报纸，对国内外的经济发展动态很感兴趣，喜欢从事具有挑战性的工作。

应聘的求职者一般应从最高学历讲起，只要面试考官不问，完全没有必要谈及小学、中学甚至是大学。谈所学的专业、课程时，不必说明成绩。谈求职的经历，不要漫无边际、东拉西扯，最好在 1～3 分钟完成自我介绍，要简洁、明快、干脆、有力。

(3) 让事实说话。在面试时,有的人为了能给面试考官留下深刻的印象,往往喜欢对自己进行过多的夸张,动辄就“我的业务水平是很高的”“我的成绩是全年级最好的”,其实,这样反倒会给面试考官留下不好的印象。现在的用人单位往往更注重应聘者的真本事。“事实胜于雄辩”,虽然面试的时间很有限,不可能完全展示出求职者的才能,但是求职者可以通过实际的事例来证明自己的能力,把自己的才华展示给面试考官。

【小案例】

小刘的独到之处

××大学中文系学生小刘,毕业后到报社应聘记者,面对着上百个新闻专业出身的应聘者,可以说小刘并没有什么优势。但小刘对此早有准备,他对面试考官介绍自己时是这样说的:“我叫刘晓明,山西人,毕业于××大学中文系。虽然我不是新闻专业的,但我对记者这个行业十分感兴趣。在大学期间我是学校校报的记者。4年间,我进行了多次较为重大的校内外采访,积累了一定的采访经验,再加上我的中文功底,我相信我可以胜任贵报的工作。这是我在大学期间发表过的报道稿,请各位编辑领导批评指正。”

面试考官们看过小刘的报道材料后,觉得眼光独到、语言深刻,都很满意。结果小刘击败了众多的竞争者,不久就收到了录用通知。

(4) 给自己留条退路。面试中的自我介绍既要坦诚,又要有所保留;既要介绍自己的能力,也不要把自己搞成事事皆能,使自己进退维谷。在自我介绍中,求职者要尽可能客观地显示自己的实力,但同时应尽可能地避免使用保证式或绝对式的语言,如“我非常熟悉这项业务,我保证让部门改变面貌!”这些话往往没有具体内容,反倒会引起面试考官的反感,如果遇到较为平和、内敛的面试考官也许不会为难你,但是如果遇到个性较强的面试考官进行追问时,求职者会因无法回答而张口结舌、尴尬万分。

【小贴士】

教　训

小赵去面试一家国际旅行社的导游。他自我介绍说:“我这个人喜欢旅游,熟悉各处的名胜古迹,全国的风景名胜几乎都去过。”面试考官很感兴趣,就问:“那你去过云南大理吗?”因为面试考官就是大理人,对自己的家乡再熟悉不过了。可惜小赵根本就没去过大理,心想若说没去过这么有名的地方,刚才的话不就成了吹牛了吗?于是硬着头皮说:“去过。”面试考官又问:“你住的是哪家宾馆?”小赵再也回答不上来,只好说:“那时我是住在一个朋友家的。”面试考官又问:“你的这位朋友在大理的什么地方啊?”小赵这下没词儿了,东拉西扯答非所问,结果可想而知。

5. 谈吐文雅

求职者在与考官交谈的过程中,一定要重视自己的语言、语气、语调等,追求标准和礼貌。回答问题要完整准确,不要东拉西扯;要讲普通话,不说方言土语,少用虚词、感叹词等;要注意说话连贯有序,一气呵成,不要吞吞吐吐,首尾不衔接。无论是自我介绍还是回答问题,力求简明扼要,不可拖泥带水,不说废话,不多说话,不说重复话,还要使用必要的谦辞敬语。

6. 学会倾听

倾听是与考官进行有效交流的前提，尤其在回答考官提出的问题时，只有专心致志地倾听，才能够抓住问题的实质，同时也无声地表达了对考官的尊重。倾听过程中，要做到以下几点。

(1) 抓住重点。集中精力，认真去听考官的每一句话，抓住说话人讲话的内容重点。

(2) 目光专注。有礼貌地注视考官并与之进行眼神交流，不要目光游离，也不能死盯着考官。

(3) 面带微笑。微笑是最好的表情，具有打动人心的力量，表情过分严肃不适于面试场合。

(4) 适当回应。如用点头、会意地微笑等对考官的话做出反应，并适时辅以“对”“是的”等简短而肯定的话语。

(5) 察言观色。根据考官目光、表情等体态语的变化，揣测考官对自己的认知和态度，力争掌握主动权。

7. 应答得体

答问往往是面试中的重头戏，求职者除了把握紧扣问题、重点突出、观点鲜明、论据充分、见解独到、分析透彻、论证有力、有的放矢、简洁回答、多用数据和事实说话等基本要求之外，还需特别注意不要出现以下禁忌。

(1) 滔滔不绝。在面试考官面前口若悬河，喋喋不休，使对方没有开口的机会。

(2) 打断对方。不等面试考官把话说完，就插嘴抢答，怕失去表现的机会。

(3) 贬低他人。试图以贬低以前的上司、同事或其他任何人来获得面试考官的好感。

(4) 不懂装懂。试图掩盖某些自己不懂的问题，结果往往欲盖弥彰。

(5) 随声附和。试图“讨好”面试考官，结果往往也失去了独立的个性。

(6) 争强好辩。当自己的意见与面试考官不一致时，直接反驳，据理力争，说话不讲技巧。

【小贴士】

面试经典问题解答

(1) 你为什么选择我们公司？

思路：①面试考官试图从中了解你求职的动机、愿望以及对此项工作的态度；②建议从行业、企业和岗位这三个角度来回答；③参考答案——“我十分看好贵公司所在的行业，我认为贵公司十分重视人才，而且这份工作很适合我，我相信自己一定能做好。”

(2) 你有什么业余爱好？

思路：①业余爱好能在一定程度上反映应聘者的性格、观念、心态，这是招聘单位问该问题的主要原因；②最好不要说自己没有业余爱好；③不要说自己有哪些庸俗的、令人感觉不好的爱好；④最好不要说自己仅限于读书、听音乐、上网，否则可能令面试考官怀疑应聘者性格孤僻；⑤最好能有一些户外的业余爱好来“点缀”你的形象。

(3) 谈谈你的缺点。

思路：①不宜说自己没缺点；②不宜把那些明显的优点说成缺点；③不宜说出严重影响所招聘工作的缺点；④不宜说出令人不放心、不舒服的缺点；⑤可以说出一些对于所应聘工作"无关紧要"的缺点，甚至是一些表面上看是缺点，从工作的角度看却是优点的缺点。

(4) 谈一谈你的一次失败经历。

思路：①不宜说自己没有失败的经历；②不宜把那些明显的成功说成是失败；③不宜说出严重影响所应聘工作的失败经历；④所谈经历的结果应是失败的；⑤宜说明失败之前自己曾信心百倍，尽心尽力；⑥说明仅仅是由于外在客观原因导致失败；⑦失败后自己很快振作起来，以更加饱满的热情面对以后的工作。

(5) 对这份工作，你有哪些可预见的困难？

思路：①不宜直接说出具体困难，否则可能令对方怀疑应聘者不行；②可以尝试迂回战术，说出应聘者对困难所持有的态度——工作中出现一些困难是正常的，也是难免的，但是只要有坚韧不拔的毅力、良好的合作精神以及事前周密而充分的准备，任何困难都是可以克服的。

(6) 如果我录用你，你将怎样开展工作？

思路：①如果应聘者对于应聘的职位缺乏足够的了解，最好不要直接说出自己开展工作的具体办法；②可以尝试采用迂回战术来回答，如"首先听取领导的指示和要求；其次就有关情况进行了解和熟悉；再次制订一份近期的工作计划并报领导批准；最后根据计划开展工作"。

(7) 我们为什么要录用你？

思路：①应聘者最好站在招聘单位的角度来回答；②招聘单位一定会录用这样的应聘者，即基本符合条件、对这份工作感兴趣、有足够的信心；③如"我符合贵公司的招聘条件，凭我目前掌握的技能、高度的责任感和良好的适应能力及学习能力，完全能胜任这份工作。我十分希望能为贵公司服务，如果贵公司给我这个机会，我一定能成为贵公司的栋梁"！

(8) 你能为我们做什么？

思路：①基本原则是"投其所好"；②回答这个问题前应聘者最好能"先发制人"，了解招聘单位期待这个职位所能发挥的作用；③应聘者可以根据自己的了解，结合自己在专业领域的优势来回答这个问题。

(9) 你是应届毕业生，缺乏经验，如何能胜任这项工作？

思路：①如果招聘单位对应届毕业生的招聘提出这个问题，说明招聘单位并不真正在乎"经验"，关键看应聘者怎样回答；②对这个问题的回答最好要体现出应聘者的诚恳、机智、果敢及敬业；③如"作为应届毕业生，在工作经验方面的确会有所欠缺，因此在读书期间我一直利用各种机会在这个行业做兼职。我也发现，实际工作远比书本知识丰富、复杂。但我有较强的责任心、适应能力和学习能力，而且比较勤奋，所以在兼职中均能圆满完成这项工作，从中获取的经验也令我受益匪浅。请贵公司放心，学校所学及兼职的工作经验使我一定能胜任这份职位"。

(10) 你在前一家公司的离职原因是什么？

思路：①最重要的是应聘者使招聘单位相信，应聘者在过往的单位的“离职原因”在此家招聘单位里不存在；②避免把“离职原因”说得太详细、太具体；③不能掺杂主观的负面感受，如“太辛苦”“人际关系复杂”“管理太混乱”“公司不重视人才”“公司排斥我们某某员工”等；④但也不能躲闪、回避，如“想换换环境”“个人原因”等；⑤不能涉及自己负面的人格特征，如不诚实、懒惰、缺乏责任感、不随和等；⑥尽量使解释的理由为应聘者个人形象添彩；⑦如“我离职是因为这家公司倒闭。我在公司工作了二年多，有较深的感情。从去年开始，由于市场形势突变，公司的局面急转直下。到眼下这一步我觉得很遗憾，但还要面对现实。重新寻找能发挥我能力的舞台”。

同一个面试问题并非只有一个答案，而同一个答案并不是在任何面试场合都有效，关键在于应聘者掌握了规律后，对面试的具体情况进行把握，有意识地揣摩面试考官提出问题的心理背景，然后投其所好。

【小贴士】

谈薪酬典型问题及其辅导

① 典型问题：在我们公司工作，你希望得到什么样的薪金待遇？

辅导：面试前要早做准备，在心里确定好自己希望的薪金范围。先了解该公司的所在地区、所属行业、公司规模，然后尽量了解本行业现在的工资水平。在告知对方自己希望的薪金待遇时，尽可能给出一个你希望的薪水范围，避免说出具体的数字，除非对方有这样的要求。

参考答案：工资并不是我决定是否加盟的唯一因素，如果您一定要我回答，那我当然希望自己的薪水符合我的学历水平和实践经验，我希望自己的工资不低于年薪××万元。

② 典型问题：你觉得自己每年加薪的幅度是多少？

辅导：通常情况下，面试考官可以接受的答案是“收入的增长和生活水平提高保持一致”。除此之外，你还应该提到，自己工作业绩的提高是加薪的决定性因素。

参考答案：我想，自己薪水的提高取决于所在公司的经营业绩和赢利状况，但我也希望自己收入的增长至少和我生活水平的提高保持一致。

③ 典型问题：你愿意降低自己的薪水标准吗？

辅导：如果确实非常想得到眼前的这份工作，那开始工作时降低自己的薪金标准是可以考虑的。面对面试考官，你要首先强调自己可以把工作做好，并且设法了解公司什么时候能够给你调整工资待遇。此外，对自己能够承受的工资底线要心中有数，但是不要把这个底线告诉你的面试考官。

参考答案：我对这个职位非常感兴趣，所以我可以考虑降低自己的薪金标准，但我也希望公司能给我时间让我证明自己的能力。我相信自己可以让公司满意我的工作，如果我出色地完成了自己的任务，您是否会考虑对我的薪水做一些调整呢？

④ 典型问题：从现在开始的三年内，你的薪金目标是什么？

辅导：在面试前最好能了解一下同行业从业人员工资的增长情况，如果你能通过朋友打听到这家公司的薪金增长幅度更好。可以对面试官说出一个大概的数字范围或者百分比。

参考答案：我相信通过一段时间的实践，自己将成为这个行业中的佼佼者，我也希望自己以后的收入能和我的能力相符合。我希望自己的年收入在××元到××元。

8. 举止得体

一家医疗机构为了选拔护士长进行了一次面试。一位应试者在笔试中是佼佼者，但在面试过程中，她不仅拍桌子，脚不断地敲打地板，身体还时不时地扭动。她认为自己很有希望，但结果却落选了。她为什么会落选呢？原因就是她缺乏职业化的举止。许多面试者往往只注重衣着和话语，而忽略了胜过有声语言的形体语言。举止得体要着重从以下几个方面入手。

(1) 站姿。站姿给人的印象非常重要，可人们往往认为其简单而忽略它的重要性。站立时应当身体挺直、舒展、收腹，眼睛平视前方，手臂自然下垂，这样的站姿给人一种端正、庄重、稳定、朝气蓬勃的感觉。如果站立时歪头、扭腰、斜伸着腿，会给人留下轻浮、没有教养的印象。

(2) 坐姿。进入面试房间之后应等面试考官示意坐下才可就座。如果有指定座位，则坐在指定的位子，但如觉得座位不舒适或光线正好直射，可以对面试考官说："有较强光线直接照射我的眼睛，令我感觉不舒服，如果主考官不介意，我是否可换个位置？"若无指定座位，可以选择面试考官对面的位子坐定，这样方便与面试考官面对面交谈。

面试时的坐，不要贪图舒服。许多人养成了瘫坐的习惯，在面试中一下子就表现出来了。正确的坐姿从入座开始，入座的动作要轻而缓，不要随意拖拉椅子，身体不要前后左右晃动，背部要与椅背平行，沉着安静地坐下。落座后，上身要保持直立状态，既不前倾，也不后仰，双手自然下垂，肩部放松，五指并拢。男女的坐姿还有一定的区别：男士可以微分双脚，这样给人以自信、豁达的感觉，双手可以随意放置；女士一般要并拢双膝，或者小腿交叉端坐，这样给人端庄、矜持的感觉，双手一般要放在膝盖上。

【小贴士】

面试中应避免的"坐"法

拖拉椅子，发出很大的声音；一屁股坐在椅子上；坐在椅子上，耷拉着肩膀，含胸驼背，给人萎靡不振的感觉；半躺半坐，男生跷着二郎腿，女生的双膝分开、叉开腿等，给人放肆和缺乏教养的感觉；坐在椅子上，脚或者腿自觉不自觉地颤动或晃动。

(3) 走姿。走姿是在站姿的基础上展示人的动态美的极好方式。对于求职面谈而言，展现走姿主要是指从进入面谈室到入座或站定和面谈结束后离开房间的两个过程。求职者要注意，步入面谈室前先轻轻敲门，听见"请进"后，再轻轻推开门，并主动向屋内的人打招呼，然后神态自然、步履稳健、面带微笑地走进房间。面谈结束后，不管自己对于面谈的预感是怎样的，步履仍然应该自信从容，到门口时再轻轻把门带一下。切记不可失去常态，慌慌张张地快步走出，也不能漫不经心、一步三晃地下去，这样可能会使招聘人员对你的整个面谈失去好感。

面试时重要的是自信，这种自信也是通过面试者的走姿表现出来的。自信的走姿应该是，身体重心稍微前倾，挺胸收腹，上身保持正直，双手自然前后摆动，脚步要轻而稳，两眼平视前方。步伐要稳健，步履自然，有节奏感。

(4) 手势。面试者在运用手势时要注意紧密配合有声语言，做到协调一致“该出手时就出手”，不要“想出不敢出”，反倒给人胆小拘谨之感。手势还要大方自然，幅度适中。手势过大让人觉得性格不稳定，无节制地挥手或无规律地乱摆都会让人觉得说话者轻浮或狂妄；过小显得呆板，缺少风度。

一些下意识的举动，如揉眼睛、玩手指、双手交叉在胸前、拉耳掰手、扯衣挠发，甚至腿无意识地抖动等，这些都可能反映出求职者内心的不安、慌张、窘迫，会分散人的注意力，给面试考官留下不好的印象。所以，上述情形一定要在面试中加以杜绝。

【小案例】

手插裤兜，帅小伙与名校失之交臂

沈阳某师范大学的小军，英俊帅气。小军口才很好，也有比较强的人际沟通能力。

小军的心很高，他准备到南方高薪私立学校去应聘。他主动来到广州一所私立高中毛遂自荐。学校领导很重视这个东北来的求职者，五个校领导亲自参与面试。在面试中无论是知识结构还是语言和表达能力，小军都很出色。唯一让五个校领导都觉得不舒服的是，小军站着时双手喜欢插在裤兜里，或者大拇指插在裤兜里，其余四根手指留在外面。

手插裤兜里，给人以傲慢、自负的感觉，也会让人觉得这样的人难以服从领导。小军远远地赶到了广州，却因为手势不当没有得到想要的工作，实在遗憾。

(5) 眼神。在求职面谈中，求职者要敢于和善于同招聘人员进行视线接触，这既是一种礼貌，又能帮助维持一种联系，使谈话在频频的视线接触中持续下去。一般情况下，视线接触的范围是双眼与嘴部之间的三角形区域，这样既保持了接触又避免了因直直地盯着而引起对方的不快。正确地运用眼神目视对方，体现了你的礼貌，说明你对话题有兴趣而且不怕挑战。有的求职者总习惯于低着头看地板，几乎不看招聘人员，或者左顾右盼，还有的总是窥探招聘人员的桌子、稿纸或笔记本，这些行为会传递出求职者性格不稳定、不诚实、怯懦、缺乏自信心等信息，很不利于面谈。

此外，求职者在面试时还要注意微笑，这显得亲切自然，是充满自信心的又一表现。

【小贴士】

不看考官，高才生失去“银行”的机会

辽宁某大学的小强面试某大银行的职位，参与面试的有一个行长、两个副行长，还有单位的人事部主任。小强在求职中亮出了多个获奖证书：美文大赛一等奖、三好学生、优秀学生干部。小强又高又帅，口才也比较好。可是，他不看考官说话，在面试现场，他的眼睛时而向下看、时而向上看、时而左右看。

通常来说，面试时喜欢向下看、看地面的人有自卑心理，向上看、看房顶的人有傲慢的特点，而向左右看，给人以焦虑和惶恐的感觉。

银行行长很惋惜地对小强说：“你很优秀，可是你一直不看我，我以为你不喜欢我。我希望你以后无论和谁说话，都要看着别人的眼睛。”

太可惜了，高才生就这样失去了银行工作的机会。

在面试时，一定要看着考官的眼睛说话。如果有很多考官，初见时要微笑着与每个人对视3秒钟，这样会给人以自信和稳定感。

总之，“此时无声胜有声”。面试者要用无声的、职业化的举止，向招聘人员表明“我是最适合的人选”。

【小贴士】

网络视频面试礼仪

网络视频面试是企业求职面试的方式之一，它可为外地求职者提供一个更为便捷的信息平台，让用人单位和外地求职者以最低廉的成本、最快捷的方式实现实时沟通。

网络视频面试相较于传统面试，求职者与面试官更多的是一种平等的交流，没有面试考官高高在上的压力感。因此，网络视频面试相对来说还是比较轻松的。想从众多的网络竞争者中脱颖而出，就要掌握好网络视频面试的相关技巧。

① 调整好摄像头。这能把自己最具风采的一面展示给面试考官。注意在使用中，不要把麦克风对着音箱，否则会产生杂音。另外，不要让强光直接对着摄像头的镜头，应该采用柔和明亮的灯光，这样整个面容会呈现一个很好的效果。

② 服饰。尽量做到干净整洁、朴素大方，符合大学生的身份，这是给面试考官留下好印象的开始。

③ 谈吐。注意口齿清晰，逻辑思维有条理。另外，可能由于网络不稳定，会出现没有听清楚或视频突然中断的情况，这时就要非常礼貌地解释清楚，然后也要很有礼貌地请面试考官复述一次，面试考官会通过这些小意外来判断我们的应变能力。

④ 细节。面试考官可能通过我们的言行举止来判断我们的个人素质。假若面试考官很年轻，性格非常幽默，也很健谈，我们也不要放松警惕，不要将整个身体靠在椅子上，不要摇头晃脑，面试官很擅长捕捉这些小动作。另外，准备两份履历表，给自己的一份是用来提示自己各项成就或经历的细节，另一份则为备用，以免面试考官手边没准备我们的履历表。

⑤ 个人介绍。要突出重点，有的放矢。用事实说话，多说动词，如参加、组织、从事、担任等；少用副词或形容词，如很、非常、丰富等。另外，网络视频面试的时间有严格规定，注意语言要精练，把握好自我介绍的时间。如果有别具一格的才艺，可以借用视频做一个简单的展示，引起面试考官的兴趣。

⑥ 微笑。不要吝啬我们的微笑，微笑永远是职场制胜的法宝，它能将怀疑变为信任，使疏远成为亲近，但要注意该笑则笑，但不能哈哈大笑。

⑦ 投其所好。求职成功的奥妙在于如何使面试考官满意，所以面试考官喜欢什么就展示什么，应聘企业需要什么就提供什么，这也是他们录用我们最重要的因素。

五、面试后的礼仪

在求职过程中，许多求职者只留意面试过程中的礼仪，而忽略了面试后的工作。事实上，用人单位决定录用名单的过程相当复杂，面试后注意跟进，完全有可能改写面试结果。所以,面试者要注意以下几点。

1. 及时总结

面试之后,应该仔细记录整个面试经过。面试成功与否并不是最重要的,最重要的是从上一次面试中总结经验,吸取教训,下次面试才会做得更好。

2. 调节情绪

一般来说,一位求职者会同时向几家公司求职。因此,一次面试结束后,要及时调整自己的情绪,全身心投入第二家单位的面试。在接到聘用通知前,面试结果都是个未知数,求职者不应该放弃其他机会。

3. 耐心等待

从面试结束到最后确定录用人选,这个阶段可能需要三五天的时间。求职者在这段时间内一定要耐心等待消息,不要过早打听面试结果。

4. 主动联系

如果过了一两个星期或者已过了承诺答复期,我们必须与用人单位联系,询问录取结果。也许这时用人单位正好难以取舍,主动联系就让我们取得了被录取的主动权。另外,主动联系还可以有效地避免用人单位通知不到或是忘了通知的情形。

5. 做好再冲刺的准备

求职过程是艰辛的,不可能人人都获得成功的机会,每一个人都要坚信一点:“道路是曲折的,前途是光明的。”困难是暂时的,关键是要找出失败的原因,找出差距,并积极准备下一轮的面试,以求“东山再起”。

【小贴士】

鞠躬道别

小何毕业那年,就业形势严峻,连续几次应聘失败,但是她依然鼓起勇气继续找。一天,按照银行招聘通知,她来到某银行面试,应聘者很多。排在前面的女孩长得很漂亮,身材凸凹有致,而她相貌平平,身材一般。轮到她,她整理好衣服,鼓起勇气大胆走进考场……很幸运,问题很简单,答完后主考官点点头,面无表情地说:“你可以走了。”她心想没戏了,走到门口,出于礼貌又返身朝他们鞠一躬说:“谢谢!”然后轻轻开门,又随手关门。

20天后,小何被该银行录取了。她上班的第一天遇到了主考官,他向小何祝贺。小何好奇地问录用她的原因,他说:“那天接待了300多个应聘者,你是唯一向我们鞠躬道别的应聘者,并且关门那么有礼貌。我们是服务业,礼貌待人是我们对员工的基本要求。”

案例讨论

校园离文明还有多远

某高校在举办高雅音乐欣赏会,学生观众头脑中似乎还没有丝毫的“观剧礼仪”意识，他们有的把会场当成休闲娱乐场所，时而乱走，时而使劲摇椅子；有的则带零食和饮料进场，演出进行中，还不时听到各种器物碰撞摩擦的声响，时而还有喧哗声和随意走动者。演出结束后，工作人员花了大量时间清理满地的易拉罐、果皮、包装纸等。一些演奏家说，因为秩序混乱，他们在台上很难进入角色，演出水准不免要大打折扣。

这样的情形在我们的校园中发生是令人感到遗憾的，其实这是一种极不礼貌、缺少礼仪修养的表现。

思考题：

(1) 本案例对你有何启示？

(2) 列举在你的校园不符合礼仪的种种表现，并谈谈如何改进。

规则之美

那是一个傍晚，我们乘车从澳大利亚的墨尔本出发，赶往南端的菲律普岛。菲律普岛是澳大利亚著名的企鹅岛，我们是去那儿一睹企鹅归巢的美景。

从车子上的收音机里我们知道，那里正举办一场大规模的摩托车赛。据估计，这场大规模的摩托车赛会在我们到达企鹅岛前约1小时结束。到时候，观众散场，会有成千上万辆的汽车驶往墨尔本方向。因为这条路只有两条车道，我们担心会因此塞车，要知道可以看到企鹅归巢的时间只有短短半小时。离企鹅岛还有60多千米时，大批的车辆向我们驶来。此时此刻目力所及，从北向南开的车只有我们一辆，可是由南向北的却成千上万辆！

出乎我们意料的是，双方的车子却依然行驶得非常顺畅。我们终于注意到，对面驶来的所有车辆没有一辆越过中线！这是一个左右极不“平衡”“对称”的车道，一边是光光的道路，一边是密密麻麻的车子。然而没有一个“聪明人”试图去破坏这样的秩序，要知道这是荒凉的澳大利亚最南端，没有警察，也没有监控，有的只是车道中间的一道白线，看起来没有任何约束力的白线。这种“失衡”的图景在视觉上没有美感可言，可是我却渐渐地感受到了一种规则之美。

思考题：

(1) 阅读上面的文字，你有何感想？

(2) 怎样才能体现出“规则之美”？

迎　宾

在一个秋高气爽的日子里，迎宾员小贺着一身剪裁得体的新装，第一次独立地走上了迎宾员的岗位。一辆黑色高级轿车向饭店驶来，稳稳当当地将车停靠在饭店豪华大转门的雨棚下。小贺看到后排坐着两位男士、前排副驾驶座上坐着一位身材较高的外国女宾。小贺一步上前，以优雅姿态和职业性动作，先为后排客人打开了车门，做好护顶关好车门后，小贺迅速走向前门，准备以同样的礼仪迎接那位女宾下车，但那位女宾满脸不悦，使小贺茫然不知所措。通常后排座为上座，一般凡有身份的人不都是皆在此就座吗？

思考题：

(1) 女宾满脸不悦的原因是什么？

(2) 本案例对你有何启示？

乘机的味道

有一次我坐加拿大航空公司的飞机，从北京到温哥华，然后再从温哥华到华盛顿。在北京上了飞机，放好行李，系上安全带，刚想闭眼睡觉，就闻到一阵极其可怕的臭脚丫子味儿，直冲脑门。回头一看，原来是坐在我右边过道后侧的那位老兄和他十几岁的女儿把鞋脱了。我屏住呼吸狂按呼唤灯叫来空姐，要求换个座位，哪怕是最后一排挨着厕所的中间的位子都行。空姐万分理解，可是实在是飞机上满员，没有座位可以换。再看周围的各位乘客，全都紧皱眉头，不敢喘气。估计空姐她们是有什么规定，不能伤害乘客的自尊心，所以她拿来一个大塑料袋，对那个老兄说："我帮你们把鞋收好吧。"空姐手脚麻利地把四只臭球鞋放进袋子里把袋口系得死死的。他们竟然无动于衷。把鞋包起来依然不能解决任何问题。空姐又给周围的人每人发了一袋咖啡，是那种滤纸包装的，所以咖啡粉不会撒，但仍可以闻到咖啡的味道，也能起到吸味儿的作用。

从北京到温哥华，飞了大约 10 个小时，我一直就是用双手捧着那袋咖啡粉，放在鼻子前面，一路体会着"被熏得头疼"的感觉。飞机上的饭菜一口都没有吃，实在是吃不下啊，也不敢睡觉，生怕睡着了以后把咖啡弄掉，或者没有知觉地大口呼吸。到了温哥华换了一架飞机，终于解脱了，于是放心地一路大睡 5 个半小时，抵达华盛顿。老公来机场接我，回家路上对我爱搭不理的，开着车窗使劲抽烟。刚进家门，老公便勒令："你赶紧去洗澡，好好洗洗，真恶心，什么味儿啊。"我说："什么什么味儿啊?"老公说："臭脚丫子跟咖啡混一起的那种味儿，真让人受不了。"我郁闷啊，闹了半天，前一程的飞机上我还怪那对父女呢，后面这程飞机上，我周围的乘客不了解情况，肯定心里都恨死我了。那天的衣服被我老公在洗衣机里使劲地洗了两遍。

思考题：

（1）请结合案例谈谈乘坐飞机最基本的礼仪要求。

（2）本案例对你有何启示？

小马出差

小马出差，中途因要转一趟火车，需要在当地住一晚。因为是公差，单位给报销住宿费和路费等，所以下车后，他找了一家高级宾馆入住。本来是可以住两人房的，但是他考虑到单位给报销，于是就不假思索地开了一个单人间。进入房间后，他就把电视打开了，在洗澡时也一直开着电视。平时洗澡最多要半个小时，可是这次他却洗了 2 个小时。他觉得已花了那么多钱，就住一晚上，什么都不用太亏了。于是他随心所欲，想到什么就做什么，电视也一直开到第二天早上，灯也一直亮着……

思考题：

（1）小马的行为错在何处？

（2）本案例对我们有哪些启示？

我的成功从电梯口开始

两年前，我到一家国外的化妆品公司参加面试。刚刚走出社会的我，没有丰富的面试经验，也不具备较好的外在条件。面试在市中心的写字楼里，看着出入大厅的靓丽都市白领，再瞅瞅自己特地从室友那儿借来的略显肥大的套裙，唉！

下午 2:30 面试，我是提早 15 分钟到达的，面试在大厦的 12 层。

电梯来了，大家鱼贯而入，满满当当地挤了十几个，刚要关门，一个西装笔挺的人跑了进来，电梯间里立刻响起了刺耳的警报声，超载了。

大家都把目光投向了那个最后进来的人身上，但他丝毫不为所动。顿时，电梯间陷入了刹那的尴尬之中，虽然还有时间等下一班电梯，但谁也不愿意冒这个险，毕竟大家都想给主考人员留个不错的印象。

我站在靠边的位置，自然地走了出去，转过身，在关门的瞬间，不自觉地冲电梯中的人微扬了一下嘴角。

考试进行得紧张而顺利，每个人都回家等通知。第三天，我被这家公司正式聘用了。

上班后，我见到了面试那天那个最后跑上电梯的男人。他是我的同事，进公司已经两年了。当我问他那天面试时的详情，他说，他也只是依照上级老板的意思，在电梯门口等待时机，公司除了要看应聘人与主考人员的交流外，还会参考很多因素，比如，到会场的时间，与周围人的沟通等。

他说："许许多多的测试都是无形之中就完成了的——面试在你一迈进大楼就已经开始了。"

思考题：

(1) 为什么说面试在你一迈进大楼就已经开始了？

(2) 从本案例中你学到了什么？

小徐的面试经历

"第一次求职就成功了，很多人都觉得我很幸运，当然主要得益于自己'诚信的简历'。"同样是应届毕业生，小徐算是最早找到工作的一批了。

面试在下午四点，肚子比较饿，别人都紧张地在走来走去，小徐却一边吃巧克力一边闭目养神。对面墙上贴着一张上海国际艺术节演唱会的海报，作为一名"追星族"，她心情格外好。进去之后，面试考官对她也很客气。

双方的交流在一种自然、平和的状态下开始。那天，她和面试考官除了讲到了她在国内核心期刊发表的论文、自己大学期间的成绩外，更多的是讲到了她喜欢的巧克力，讲到了崇拜的歌星，讲到了她在上海电视台参与拍摄的短剧……这些经历足够让面试考官了解她是一个兴趣广泛、精力充沛、热爱生活的人。

由于专业不是会计，而是经济学，她在简历上明确写出了自己没有在会计事务所工作或实习的经历，本来这是个劣势，面试考官却认为她具备了一个会计师需要的品德——诚实。在她离开的时候，她拿到了面试考官递过来的录用通知书，她成功了。

思考题：

(1) 小徐面试成功得益于哪些方面？

(2) 本案例对你有何启示？

不善沟通的应聘者

某公司要招聘一位市场部经理，一位名校硕士的简历深深地吸引了老总。这位应聘者有相关理论著述，而且在两家单位任过职，有一定经验。公司通知他 3 天后来公司面试，但面试的结果竟然是没能通过。老总后来说，那次面试是他亲自主持的。他发现这位应聘者有个特点，就是不管什么时候都双眉紧锁，不会微笑，且在近 20 分钟的谈话过程中，只与自己有过很少的眼神交流，他的眼睛一直看着自己的脚尖或墙角、显出很沉闷的样子。这位老总还提到，虽然他的专业知识非常扎实，长的也仪表堂堂，但坐下后，双脚一直在不停地抖动，还不时把手夹在两腿中间。老总认为：这种人是典型的不擅做沟通工作的人，而作为市场部的负责人，沟通则是重要的工作内容。

思考题：

(1) 案例中的应聘者在仪态上存在哪些问题？

(2) 善于沟通的人在仪态上应是怎样的？

实训项目

1. 编写"校园文明公约"

通过组织班级学生编写"校园文明公约"的形式，提高对校园文明礼仪的认知，具体操作如下。

(1) 学生分成小组，每组 5～6 人，每组选一名同学担任组长，首先大家一起列举校园内的不文明、不符合礼仪规范要求的种种表现，在明确校园文明状况的基础上，共同编写一份"校园文明公约"，字数为 200～300 字，形式不限，应浅显易懂，朗朗上口。

(2) 各组组长在全班展示各组制定的"校园文明公约"。

(3) 学生自我评价，授课教师总结点评学生存在的个性和共性问题。

(4) 最后全班评选出最佳"校园文明公约"。

(5) 将"校园文明公约"提供给学院有关部门做参考。

训练手记：通过训练，我的收获是____________________。

2. 组织模拟招聘会

通过举行模拟招聘会的形式可以考查学生面试礼仪掌握情况，锻炼学生自我推销能力，积累应聘经验，掌握应聘礼仪，增强自信心，全面认知自我。

实训准备：需要准备模拟招聘企业情况、需求岗位、面试问题、面试桌椅等。

实训方法：

(1) 选 3～4 名学生担任某企业面试考官，其他同学担任求职者。

(2) 面试考官先介绍单位及岗位需求情况，然后求职者依次进行 1 分钟自我介绍，面试考官提问，求职者回答问题。

(3) 最后教师总结、点评。

训练手记：通过训练，我的收获是____________________。

课后练习

1. 讨论一下，在与教师的交往中下述情况发生时，你应该怎样做？

① 当教师不重视我时；②当我与教师意见不一致时；③当教师因不明真相而错怪我时；④当教师当众批评我时；⑤当教师当众表扬我时；⑥当教师指派我去干活时。

2. 利用教师节等机会，召开一次师生联欢会，增进师生之间的了解和友谊。

3. 你校启用了新餐厅，但是就餐秩序却不令人满意，系学生会准备举行"就餐礼仪改良活动"，以改善就餐状况。请你为这次活动起草一份校内文明就餐倡议书。

4. 作为职业院校的学生，经常需要到企业顶岗实习，请你谈谈在实习期间应该注意哪些礼仪。

5. 如果下星期你打算到南方（如果你现在在南方，那就去北方）出差，打开你的衣橱，谈谈携带哪些衣服比较合适。

6. 自驾车应注意哪些礼仪？

7. 入住酒店有哪些礼仪规范？

8. 怎样在自己住宿的酒店里接待来访者？

9. 情境表演与客户同乘电梯。

10. 如果用人单位通知你明天去面试，你需要做哪些准备？

11. 针对两个不同单位的招聘广告，给自己写两份侧重点不同的简历。

12. 关于面试的基本程序你都清楚了吗？找个机会，将面试过程中的这些礼仪悉数演习一遍吧。

13. 假如你是一位将要到某酒店应聘大堂经理的毕业生，请设计一份简短的自我介绍。

14. 请结合个人实际试着回答下列面试问题。

(1) 你为什么来应聘本公司？

(2) 你的座右铭是什么？

(3) 你如何评价自己的大学生活？

(4) 与上级意见不一致，你将怎么办？

(5) 哪位教师对你的影响最大？

(6) 你对工资有什么期望？

(7) 你最崇拜谁？

(8) 恐怕我们不能录用你呀！

15. 观看美国励志电影《当幸福来敲门》，思考面试着装规范及其补救技巧。

参考文献

[1] 王玉苓. 商务礼仪案例与实践[M]. 北京：人民邮电出版社,2018.
[2] 韩江峰. 秘书手机微信礼仪[J]. 秘书之友,2018(7).
[3] 陈致雅. 礼仪：打赢职场第一仗[J]. 成才与就业,2018(7).
[4] 王芳. 公关礼仪与口才[M]. 北京：人民邮电出版社,2017.
[5] 孙玲,江美丽. 商务礼仪实务与操作[M]. 北京：对外经贸大学出版社,2017.
[6] 高琳. 人际沟通与礼仪[M]. 北京：人民邮电出版社,2017.
[7] 张永红. 商务礼仪实践[M]. 北京：北京理工大学出版社,2017.
[8] 张铭. 现代实用社交礼仪[M]. 北京：人民邮电出版社,2017.
[9] 孙淑艳,兰福. 商务礼仪[M]. 北京：北京理工大学出版社,2017.
[10] 张家平. 赏心悦目 简洁明了 让求职简历靓起来[J]. 秘书之友,2017(1).
[11] 张岩松. 知书达礼——现代交际礼仪畅讲[M]. 北京：清华大学出版社,2016.
[12] 秦保红. 职场礼仪教程[M]. 北京：中国人民大学出版社,2016.
[13] 徐汉文,张云河. 商务礼仪[M]. 北京：高等教育出版社,2015.
[14] 魏丽平. 学生现代文明礼仪实用教程[M]. 成都：西南财经大学出版社,2014.
[15] 高慕婵. 礼仪教程[M]. 西安：西安电子科技大学出版社,2014.
[16] 徐汉文,张云河. 商务礼仪[M]. 大连：东北财经大学出版社,2014.
[17] 王玉苓,徐春晖. 商务礼仪[M]. 北京：人民邮电出版社,2014.
[18] 于丽新. 礼仪文化教程[M]. 南京：南京大学出版社,2013.
[19] 黄京一. 中西生日习俗趣谈[J]. 新湘评论,2013(6).
[20] 吴尚忠. 说故事 学礼仪：常用公务商务礼仪趣谈[M]. 南京：东南大学出版社,2013.
[21] 颜培金,严凤鸣. 优雅：懂礼仪是一种美丽的人生姿态[M]. 长沙：湖南科学技术出版社,2013.
[22] 王莲华. "礼"所应当——大学生文明礼仪读本[M]. 上海：上海学林出版社,2012.
[23] 毕文杰. 你的职场礼仪价值百万[M]. 北京：中国画报出版社,2012.
[24] 孔洁,张葵葵. 大学生职业礼仪与社交礼仪[M]. 北京：中国电力出版社,2012.
[25] 李国辉. 生客卖礼貌,熟客卖热情：一本书学会销售礼仪[M]. 北京：机械工业出版社,2012.
[26] 金常德. 现代交际礼仪[M]. 大连：大连出版社,2012.
[27] 何爱华,张学娟. 实用商务礼仪[M]. 北京：人民邮电出版社,2011.
[28] 张建宏. 现代商务礼仪教程[M]. 北京：国防工业出版社,2011.
[29] 汪连天. 职场礼仪心得：祝寿礼仪[J]. 工友,2011(11).
[30] 张岩松,罗建华. 社交与家庭礼仪[M]. 北京：北京大学出版社,2010.
[31] 张文. 礼仪修养与实训教程[M]. 广州：华南理工大学出版社,2009.
[32] 樊丽丽. 实用生活礼仪常识[M]. 北京：中国经济出版社,2008.
[33] 崔志峰. 礼仪[M]. 北京：科学出版社,2008.
[34] 张振鹏. 名家教子书——父亲的榜样[M]. 青岛：青岛出版社,2008.
[35] 杨友苏,石达平. 品礼：中外礼仪故事选评[M]. 北京：学林出版社,2008.
[36] 关小燕. 礼仪：规范行为的学问[M]. 北京：清华大学出版社,2008.
[37] 鲍日新. 社交礼仪,让你的形象更美好：献给大学生朋友[M]. 上海：上海教育出版社,2005.

参考文献